与最聪明的人共同进化

HERE COMES EVERYBODY

CHEERS

# 超越数字化
## BEYOND DIGITAL

[美]保罗·林文德　　　著
Paul Leinwand
[美]马哈德瓦·马特·马尼
Mahadeva Matt Mani

普华永道思略特中国　译

How Great Leaders
Transform Their Organizations and
Shape the Future

浙江教育出版社·杭州

# 你对企业的超越数字化转型了解多少

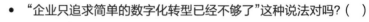

- "企业只追求简单的数字化转型已经不够了"这种说法对吗?（  ）

  A. 对

  B. 不对

- 使企业面对的竞争格局发生改变的变化不包括（  ）

  A. 需求变革

  B. 供应变革

  C. 商业环境变革

  D. 员工变革

- 企业开展超越数字化的转型的要务不包括（  ）

  A. 内部要务

  B. 外部要务

  C. 领导者要务

  D. 扩展要务

致所有

激励我们持续学习的人

# 回归本质思考，超越数字化

单小虎

普华永道思略特中国主管合伙人

过去 3 年，伴随着数字中国的建设步伐加快，数字化转型已经成为中国企业的重要议题。在移动互联网、物联网、大数据、云计算、SaaS①以及人工智能等技术创新的加持下，规模企业有了更多的"抓手"来加快推进数字化转型工作，从而应对"双循环"、产业升级等新形势、新格局下提出的新要求。

然而，企业在数字化转型的道路上普遍面临着各种困惑和误区：究竟什么是数字化？企业为什么要数字化？转型到底往哪里转？最终目的又是什么？很多企业没有深刻理解数字化转型的核心所在，缺乏以数字化为核心的

---

① Software as a Service 的缩写，指基于云计算的软件运营服务，通常被译为软件即服务。——编者注

长期差异化竞争力，未能从根本上改变企业的发展轨迹。

普华永道思略特基于多年研究，在最新出版的《超越数字化》一书中提出了对企业数字化转型发展的最新观察和思考：回归数字化转型的本质，从全新的视角剖析数字化时代下企业的定位、核心能力、组织、领导力等议题，指引企业打破"数字化转型"的工具困境，聚焦"数字化发展""数字化原生"的企业发展理念。此书是普华永道思略特继《让战略落地》和《重塑增长》后，最新一本以数字化为主题的专著，既传承了思略特能力驱动型战略的核心思想，又紧贴数字化时代的新特征。

在本书的成书过程中，整个世界正在发生深刻而剧烈的变化。随着数字经济在现代社会中的持续渗透，数字化不仅改变了人们的生活方式和企业的生存、发展方式，更是深深改变了社会资源配置的方式，带来需求侧、供应侧和整体经营环境的根本变化。而部分产业的逆全球化带来了全球产业链重构，加之气候变化、疫情冲击，加剧了企业经营的不确定性和风险敞口。在如此纷繁复杂的外部环境下，帮助企业探究生存与发展之道，成为数字化时代咨询顾问肩负的重任。

为寻找普适性的应对思维和举措，《超越数字化》在全球数百家企业中甄选出 12 家来自不同国家、不同行业的领先企业，对其数智重塑转型之路进行深入跟踪研究，从如何面对外部世界、如何打造核心优势、如何领导企业走向未来 3 个方面，揭示了以能力驱动战略体系为基础、以全新方式创造价值为导向的 7 大战略举措。本书以这些领先企业的发展历程、在外部环境发生巨变时面临的危机，以及企业领导人在面临危机时的决策思路为牵引，结合大量转型前后的具体措施和经营数据，精准详实地绘制出 7 大战略举措如何帮助企业成功实现数字化转型并扭转经营困局的商业长卷。

在此次发行的中文版中，普华永道中国相关业务领域的合伙人还结合中国市场的现状，为各个章节撰写了深入的观点，分析了中国企业所面临的独特挑战，并针对典型行业内企业数字化转型思路提出了中肯的建议。

与全球同行相比，中国企业在政策、市场和技术层面面临着双倍的机遇。一方面，中国政府深刻地认识到了数字化对于国家未来竞争力的重要性，以建设"数字中国"为目标，不断加大政策力度来加快建立高质量的现代产业体系，推动数字产业化与产业数字化深度融合，助力传统产业数字化转型全面提速。另一方面，国内国际双循环发展格局为产业转型升级带来强大内生动力，消费升级与扩容需求叠加并进带来巨大的市场机会。此外，以5G基站、大数据中心、智算中心、工业互联网为核心的新型基础设施建设，为新型产业生态的形成和传统产业生态的转型升级提供了重要支撑。中国企业的数字化转型可谓天时地利人和俱全。

但与此同时，中国企业所面临的挑战也是双倍的。中国经济历经40年的高速增长后，进入增速换挡期和结构调整期，各行业普遍面临发展模式转换的难题，急需新的业务增长点与转型突破口。外部环境"黑天鹅"冲击不断、市场与客户需求瞬息万变、技术革新不断颠覆过去成熟且成功的商业模式，在种种前所未有的挑战下，要持续赢得市场并获得可持续的发展机会，意味着企业不仅要在市场上继续博弈，还要在高速运转中不断拓展企业和领导团队的新核心能力。

中国企业既要研究国际市场中典型企业的数字化转型经验和教训，更要结合中国市场的独特情况，探寻解决中国企业当前面临的问题的答案。关于数字化转型的书汗牛充栋，但鲜有像本书一样，基于对多家企业长期扎实的跟踪研究，结合对决策者、当事人的访谈探讨，进而总结和归纳数字化转型的成功洞察与实践指引。

数字化只是手段，发展和构建核心竞争力才是目标。

不要为了数字化而数字化，让我们回归本质思考，超越数字化。

2023 年 6 月

　　《超越数字化》一书探讨了在一个正在发生根本性变化的世界中，企业如何重新思考自身定位，并通过数字化转型建立可持续的竞争优势。该书研究了一些领先企业，如百思买等，它们选择了与其他公司不同的发展道路，通过明确的目标和能力体系塑造自己的未来。此外，书中还强调了企业领导者在转型过程中的重要性，他们必须颠覆自身的领导方式，重构组织结构和领导团队，以实现成功的数字化转型。在现今一切讲求效率的世界，"快即是慢"的道理，绝对不会是主流的价值观。在象征高速发展的互联网及平台经济中，追求百年老店的理念可以说是痴人说梦！

　　《超越数字化》是一本引人深思的书籍。作者以深入浅出的方式解释了数字化的概念，并提供了实用的建议和策略，帮助企业在这个快速变化的世界中保持竞争力。这本书不仅仅是关于技术的，它还涉及人类与技术的关系，以及如何在数字化时代找到平衡。如果你想了解数字化对我们的工作和生活带来的挑战和机遇，我强烈推荐你阅读《超越数字化》。

**车品觉**

阿里巴巴集团前副总裁

红杉资本中国基金专家合伙人

数智化是全球企业正在推进的最大进步进程，是从产品与业务创新到组织与管理变革的全面商业创新。本书给出了全球实践与中国做法相结合的指引，值得研读。

**王文京**

用友网络董事长兼 CEO

数字化转型已经成为每家企业的必答题，但转型不是目标，关键是要通过数字化帮助企业构建面向未来的可持续竞争优势，为客户带来独特价值。如何才能做到？普华永道美国和中国团队通过本书为我们带来了不同的视角和解读，还有可以快速实践和落地的 7 大战略要务，是数字化领域不可多得的必读书籍。

**高　宇**

明源云创始人

数字化转型对于很多企业而言，要么是一张膏药——治标不治本，要么是一剂猛药——让虚不受补的公司加速坠亡。这本书教会我们如何找到并且回到商业的本质，用最恰当的方式在最合适的场景发挥数字化的最佳价值！

**周　涛**

电子科技大学教授

　　《超越数字化》把数字化作为一种技术和生态背景，专注于谈企业和组织那些跨越技术进化的"不变量"在数字化时代的机遇和挑战——这里的"超越"，是穿透技术概念的迷雾、抓住商业和服务本质的意思。比如，超越数字化转型的 3 大外部要务部分，从重新定义组织定位、拥抱网络生态中的位置和贴近洞察客户需求来阐述，互联网和数字技术的应用，其实是加深了这三点的重要性。我在阿里云 6 年学到最重要的东西，就是在对企业客户贴身服务中，那种对客户需求的近距离、高频度理解，让产品开发有了"与客户共创"的源头活水。这本书举出 12 家全球企业"超越数字化转型"的例子，它们的成功其实和有没有"数字化"并没有必然关系，数字化和网络效应只是将这种商业本质的转型做了最高效的放大。我自己发明了一句口头禅，"对人生而言，一切物质都是道具"，就是感慨一路走来，或多或少为物质和条件投入了过多的关注。同样，"数字化"本身也是企业和组织的"道具"而已，而那些真正的转型，是独立于道具之外的变革。飞利浦退出照明和消费电子，重新定义企业使命为医疗新技术；Adobe 和 Microsoft 专项云计算 SaaS 服务和软件订阅模式，礼来从利润最高的专利药物生意转向专注提高新药研发速度，甚至霍尼韦尔创建"互联飞机"改变机上乘客和工作人员的交流方式这小小的创新，其实都不是从"数字化"技术本身出发，而是从新的技术生态下和技术可能性下，"人们有什么样不变的诉求"来考虑问题。

　　这就抓住了问题的根本，超越道具，远离那些把人带离本质的"technical noise"（技术噪音），才能"beyond digital"（超越数字化）。

　　商业畅销书并不多，这本书和《基业长青》类似，深入思考商业本质的思路是一样的。我觉得，这本书总结的 7 个数字化转型的要务是一个很好的检查清单，每个在数字化转型的组织都可以对照一下，一个不能少，但是不同阶段应有不同侧重。

何万青

英特尔中国数据中心与人工智能集团首席工程师

《超越数字化》这本书的重点在于如何帮助公司在 21 世纪进行转型和获得成功。作者指出，技术的普及正在改变人们工作的各个方面，这种变革的规模与农业和工业革命时期的规模相当，但有两个自身特点：第一，变化比以前快得多；第二，现代技术通过收集数据、判断和决策来补充收集数据、判断、决策作为现代技术的补充，这种对数字技术的运用甚至改变了我们人类的特质。

这本书完全可以作为企业进行数字化转型的必备指南，它详细阐述了现代企业面临的转型所需的核心要素，并提供了解决方案。它从如何面对外部世界、如何建立优势以及作为领导者需要如何进化等方面，为企业转型提供了全方位的指导。

作者是普华永道两位长期从事战略和组织发展咨询的专家，他们在书中提出了 7 个变革领导力的原则，以及相匹配的工具和框架，并通过 12 家企业转型案例介绍了具体的实践经验，以及它们的方法和建议，帮助企业高管们了解如何有效地进行组织转型。这 7 条领导力法则包括：

1. 反思价值创造之道，畅想定位；

2. 拥抱生态网络体系，共创价值；

3. 紧贴客户真实需求，深入洞察；

4. 建立结果导向组织，打破孤岛；

5. 转变领导团队重心，同心协力；

6.再造员工社会契约，赋能前线；

7.颠覆自身领导方式，兼容并蓄。

如果要选一条法则推荐给中国企业做实践指导，我会推荐第二条——建立数字化生态系统。因为数字化生态系统是数字化转型的核心，它可以帮助企业实现数字化创新和协同创新，提高企业的创新能力和竞争力。数字化生态系统包括数字化平台、数字化技术、数字化人才和数字化文化等方面，需要企业领导者在数字化转型过程中进行全面规划和建设。

以数字化生态系统为抓手，它可以帮助企业实现数字化创新和协同创新，提高企业的创新能力和竞争力。

檀　林

前海再保科技董事长

海创汇首席生态官

# 第二部分　超越数字化转型的 3 大内部要务

## 第三部分　超越数字化转型的领导者要务

# BEYOND DIGITAL

## 引 言

### 塑造企业未来,
### 推动成功转型的7大要务

我们无法预测未来,但可以创造未来。

——丹尼斯·加博尔
诺贝尔物理学奖获得者

　　大约 70 多年前，晶体管的发明拉开了数字化时代的序幕。互联网出现至今已有 50 多年的历史，IBM 在 40 多年前推出了个人电脑。那些曾被视为数字化先锋的企业也在逐渐成为市场老将：苹果已有 47 岁，而谷歌也迎来了 25 岁的生日。30 多年前，自世界上首个商业互联网浏览器诞生以来，"数字化"一词就被企业奉为圭臬，但现在这已不能满足时代的需求。我们必须致力于建立新的竞争优势，而不仅仅是对我们过往所做的事情进行数字化。

　　毋庸置疑，现代企业以数字化为基础，但数字化转型已成为一条通往同质化的漫漫长路，且代价高昂。**企业创造可持续优势需要的不仅仅是数字化转型，我们必须认识到，企业获得竞争优势的本质发生了改变，简单意义上的数字化转型已然不够。**

　　是时候进行超越数字化的变革了。

零售业的发展证明了超越数字化的必要性。和大多数行业一样，零售企业从 20 世纪 90 年代下半叶开始进行数字化转型。数字化极大地提高了企业产品的库存管理效率，加快了交易处理速度，且便于开展与采购和销售业务相关的分析。尽管这些变化有助于降低产品价格并改善客户体验，但并没有从根本上改变零售流程。企业仍然主要致力于构建零售业务布局并扩大零售业务规模，采购他们所认为的能够满足客户需要的库存，所以经常出现过度采购非必需商品并对滞销的商品进行打折处理的现象。数字化促使企业员工工作效率提升，减少了人们的工作量，但加快业务流程的处理速度也加快了企业犯错的速度。

以美国大型电子产品零售商百思买（Best Buy）为例，面对来自线上零售商的激烈价格竞争，百思买并不只是将业务进行简单的数字化，而是做了一些更大胆的尝试：除了销售电子产品，公司还帮助消费者解决他们在购买电子产品后遇到的实际问题。百思买建立了极客团队，为客户提供店内和上门技术支持与服务，并利用许多领先的数字技术来高效解决客户可能面临的一些问题。基于此项服务，百思买与客户之间建立了更深层次的联系，在提供技术协助的过程中深入了解客户的购买习惯和产品需求，并促使客户在电子产品和技术方面的投资能够发挥全部价值。百思买不仅将传统业务进行了数字化转型，而且还重新构想了公司在与消费者的关系中扮演的角色，以及如何通过数字化手段履行这一角色。因此，在当时尽管有许多零售巨头相继关闭门店，百思买却迎来了蓬勃的发展。

在超越数字化的世界中，企业必须与众不同。这就促使企业重新思考自己能够为客户提供的独特价值。**企业利用数字化技术不仅可以把事情做得更好，还可以做更有价值的事情，甚至可以在重新构想未来发展方向时，构建出全新的商业模式。**

如果你期望本书向你讲述"如何实现数字化转型",那你可能会感到失望,因为本书并非着眼于此,而是探讨了在一个正在发生根本性变化的世界里,所有企业应如何重新思考自身定位,以及该如何通过企业数字化转型来建立可持续的竞争优势。

百思买以及本书中所研究的其他公司,他们所选择的发展道路与当前许多公司正在做的事情形成了鲜明对比。这些领先企业并非盲目地走向不确定的未来,而是怀抱着雄伟而明确的目标,从根本上重新思考能让他们实现这一目标的能力体系,努力塑造他们的未来。

当今的商业世界究竟发生了怎样的变化呢? 随着产品的生命周期缩短,企业意识到,若只专注于产品和服务,将无法维持自身的差异化定位。你在今日能够提供最佳的产品和服务,并不意味着明日依旧如此。睿智的企业目前致力于在业务内容及运营模式上打造差异化,而非只是销售产品和服务。如果企业能精准获得维持自身差异化的能力,那么产品、服务、商业解决方案和体验上的优势都会随之而来。

以苹果公司为例,借助在设计能力上的独特优势,苹果公司在进入电脑、音乐设备、手机、相机和手表等每一个行业时都具备产品竞争力; 又如亚马逊拥有的零售界面设计能力,通过复杂搜索、评论、链接和在线支付功能,推动了几乎所有消费类产品从线下向线上转移; 还有菲多利 (Frito-Lay) 拥有的能够快速创新产品口味的能力,每当感知到客户需求时,菲多利就能迅速推出新口味,例如,为奇多零食制作出一种奶酪通心粉的口味。

在这些差异化能力的背后,数字技术发挥着重要作用,但这些能力的形式绝不仅仅是依靠数字技术,而是知识储备、流程、技术、数据、技能、文化和组织模式的高度集成和动态组合, 这使得企业能够以别人无法模仿的方式创造价值。这种对于集成的需求以及集成本身的复杂性, 使得这些差异化能力难以被复制, 所以那些通过开展的业务来定义自身的企业往往与众不同, 并且能持续创造竞争优势。[1]

在超越数字化的世界里, 未来将属于那些企业: 它们愿意摆脱过往的信念体系, 并大胆定义全新的价值主张; 它们与网络及生态系统中的其他伙伴合作, 以单个组织无法实现的方式共同创造价值、不断突破各种界限; 它们能够明确和诚实地回答以下两个基本问题: "我们为当今世界贡献了什么独特价值? "以及"哪些能力能让我们比他人更好地创造价值? "

问题是, 这一切说起来容易做起来难。打造真正的企业差异化能力并非一朝一夕就能实现, 也不能指望企业在沿用旧模式运作的同时, 以新的能力驱动的方式创造价值。在这个充满颠覆性的时代, 让企业转型并以新的方式创造价值是一项艰巨的任务, 它需要领导者敢于挑战企业内部方方面面的旧有模式, 包括企业宗旨、商业模式、运营模式和员工管理模式等, 领导者需要有意愿且有能力挑战自我, 并对企业一直以来的基本运作方式提出质疑。

所幸的是, 这一切都是可以实现的。我们在日常咨询工作中遇到的以及本书中深入研究的企业案例, 都可以作为佐证。这些企业在金融、制药、珠宝、软件、航空和建筑等多个行业展开竞争, 它们都将战略重心放在构建差异化能力上, 并展示出超越数字化的力量。

# 成功转型的 12 家知名企业

为深入了解那些知名企业在超越数字化的过程中如何保持领先，我们展开了一项为期 3 年（2018—2021 年）的研究，主要针对那些经历过重大变革并取得成功的企业。

我们首先对业内同行和专家进行了广泛调研，以确定研究对象是各自行业领域中最有能力制定并执行新战略方向的知名企业。从这些行业专家推荐的数十家企业中，我们按照特定标准选择了下列 12 家企业作为研究对象。我们调查了这些企业是否开展了重大业务转型，以及其转型与此后持续的业务成功之间的相关性。我们确保这些企业来自不同的行业和地区，涵盖了一些在困难时期崛起的企业，以及一些实力强劲却仍然坚持转型的企业。此外，我们选择的这些企业的领导团队也都愿意敞开心扉，在一系列深度访谈中分享他们的见解和经验。

在下面的章节中，我们将详细探讨 12 家企业的转型案例，以下是对各家企业的简短介绍：

飞利浦（**Philips**）：总部位于荷兰阿姆斯特丹的跨国企业，成立于 19 世纪末期，最初是一家照明灯泡制造商。飞利浦选择退出照明和消费电子领域的主营业务，将其在制造医疗设备方面的经验与新兴技术及提供医疗解决方案的能力相结合，重塑企业未来定位。随着转型向前推进，飞利浦目前正在致力于改善全球数十亿人的健康状况。

日立（**Hitachi**）：大型日本企业集团，业务涉及发电机、电器和半导体等领域。在迅速变化的全球市场环境和竞争格局下，日立集团通过调整自身业务，专注于提供"社会创新业务"，提高世界各国人民的生活质量，并营造具备环保意识的社会环境。通过此次业务调整，日立以其在信息技术、运营技术和产品方面的优势为基础，致力于打造覆盖信息技术、能源、产业、智能生活和移动出行5大领域的解决方案。

**泰坦（Titan）**：印度塔塔集团（Tata Group）旗下珠宝及手表制造商，背靠强大的生态系统，在现代化的零售体验中传承印度传统匠心、品质与信任，从而重塑印度珠宝行业。

**礼来（Eli Lilly）**：美国知名制药厂商，曾因其数款销量极大、利润极高的药品专利保护到期而陷入危机。企业通过转型，显著提高了药品研发成功率并缩短了药品上市时间，重新回归制药行业领先地位。

**花旗集团（Citigroup）**：曾坚持"金融超市"模式的美国全球性银行，在2007年至2008年爆发的金融危机中几乎破产，随后反思并重新定义了企业的独特地位，创建花旗控股公司来控股，并剥离一切不符合其新身份的业务。在此基础上，花旗集团运用在金融危机期间得到的经验和教训来更新战略，并进一步转变核心业务，成为一家面向未来的领先的数字化全球性银行。

**奥多比（Adobe）**：美国硅谷著名的图形软件公司，通过将业务模式转变为基于云计算的订阅服务，优化自身产品，并找到新的业务关联性。随后，该公司利用由此产生的可用数据和对消费者的洞察，有效创建和运营数字化业务。

小松（**Komatsu**）：公司总部位于日本，从制造和销售建筑设备转型为数字化智能施工解决方案领域的领导者，帮助客户大幅提高生产效率和安全性。

霍尼韦尔（**Honeywell**）：总部位于美国的跨国企业集团，因意识到数字化将会改变竞争激烈的商用航空销售和服务市场，通过创建"互联飞机"业务，改变机上乘客及工作人员的交流方式，在确保飞行更安全、更高效的同时也更有趣。

微软（**Microsoft**）：在美国华盛顿州雷德蒙德市成立的软件巨头，从根本上适应了云优先、移动优先的时代，从一家从事软件授权和产品销售的技术提供商，转向采用以客户云服务消费为基础的商业模式，支持组织和个人改善他们的运营及日常生活体验。为了实现这一转变，微软致力于实现一场巨大的组织与文化转型，成为以客户成功为驱动力的全球化企业。

克利夫兰诊所（**Cleveland Clinic**）：以创新而闻名的美国医疗保健机构，致力于将领先的患者护理能力进一步扩展至世界各地，并将自己在不断发展的生态系统中积累的经验推广开来，以改善诊所在各地提供的医疗服务，造福更多患者。

印地纺（**Inditex**）：西班牙跨国零售商，长期以来凭借旗下飒拉（ZARA）品牌占据中档时装市场。近年来，为在竞争中保持领先，公司进行了业务转型，将实体店和在线销售渠道无缝整合，在深化并加快对于客户需求的理解的同时，能够更好地满足这些需求。

**STC 支付（STC Pay）**：沙特电信公司旗下金融初创企业，打造了一个非常成功的金融科技平台，为沙特企业、公民和外籍劳工提供了创新的财务解决方案、银行技术和数字化体验。在以往服务水平不佳的伊斯兰银行系统中，STC 支付为人们带来了前所未有的线上支付体验。

尽管这些企业的发展历程各不相同，但他们都重新思考了自己所处的行业和自身的商业模式。有些企业是基于自己的实力地位做出反应，有些则是因为面临生存威胁，但这些企业都意识到，在超越数字化的环境中，他们必须以一种全新的方式展开竞争，并决心走在市场变革的前沿，塑造属于自己的未来。

我们对以上 12 家企业进行了分析研究，确定了企业在超越数字化世界中成功转型的 7 大战略要务。我们相信，这些要务能够为企业取得持久成功提供强有力的指引，我们将在下文对此一一详述。按照逻辑顺序，让我们首先来了解一下竞争格局是如何发生变化的（详见"速度陷阱"专栏）。

How Great Leaders Transform Their Organizations and Shape the Future

## 速度陷阱

当谈到超越数字化的时代与以往有何不同时，我们的一位同事说："我一听到有人讨论加速变革，就会觉得浑身不舒服。1970

年,《未来的冲击》(*Future Shock*)一书出版。[1] 同年，披头士乐队（Beatles）宣布解散。"

人们关注变化，因为它是新生事物；人们忽视连续性，则是因为它并非全新的事物，就像在停电或漏水之前，很少会有人关注供水或供电设施的运转。但正如亚马逊首席执行官杰夫·贝佐斯（Jeff Bezos）在 2012 年的一次访谈中所说："经常有人问我：'未来 10 年会发生什么变化？'这个问题很有趣，也经常被问起。但几乎没有人问过我：'未来 10 年有什么事物不会改变？'我认为第二个问题其实更重要，因为这样你就可以围绕在一段时间内保持稳定的事情来建立商业战略。"

如何描绘这个新的时代呢？人们首先想到的是"速度"一词，但与本书所描述的更有趣、更多面的新时代相比，以"速度"作为答案不仅显得有些肤浅，同时也暗含着危机，因为一味强调速度只会让你成为跑轮上跑得最快的仓鼠，这显然是错误的答案——如果你只想着提高速度，就只会更快地犯同样的错误。

你需要寻找那些不会迅速改变的事物——世界上存在着大量有待解决的问题、客户持续拥有的基本需求和期望，以及企业所具备的独特能力。

需要明确的是，速度确实是一个重要因素，只是它并非人们所想的那样。人们通常会关注外部驱动因素的速度，比如事物变化的速度，但关键的因素在于企业内部作出决策的速度有多快。

---

[1]    Alvin Toffler, *Future Shock* (New York: Random House, 1970).

人们尤其关注技术上的惊人变化，但更重要的因素其实是商业模式颠覆的速度，尽管这种颠覆往往也是由技术驱动的，但它发生的速度通常要比技术慢得多。

如果企业将这些不会很快改变的事物作为发展的锚点，就可以将精力放在客户最为关注的领域以及企业正在解决的问题上。这样做会让企业走在变化的前面，塑造属于自己的未来。企业将会掌控并创造他想要看到的变化，而不是永远被动地对外部因素作出反应。

# 新的竞争格局

我们的首要任务是回顾并重新思考当前促使企业成功的基本因素。这些因素不是一长串的新技术、流行的商业模式、最新的工具和应用程序，而是令竞争优势发生改变的本质因素，是决定竞争输赢的新力量。

我们看到的主要变化可以分为三类：**需求变革、供应变革以及商业环境变革。**

## 需求变革

互联网让客户可以通过各个公司的官网，或是通过亚马逊、易贝和阿里巴巴等电商平台购买产品或服务，不仅满足了客户的需求，也为客户提供了更广泛的选择。这种可比性选择导致每家公司的竞争对手数量大幅增加，因为客户可以查看并购买来自世界各地供应商的产品和服务。在线评论功能也极大提高了客户比较店铺及了解其他客户购物体验的能力。那些口碑不佳又不能提供差异化价值的公司将会被市场淘汰。

随着数字化市场的出现，客户每次购买产品或服务时都可以方便地重新评估供应商的表现以选择能够提供最优价值主张的供应商，这也导致客户忠诚度和留存率持续下降。[2] 虽然客户关系仍具有价值，但如果没有真正的差异化优势，企业会越来越难以建立和维系与客户的关系。由于客户每次购买产品或服务都意味着对供应商的表现进行重新评估，因此客户对产品的信任度、品质、体验和价值的最低期望阈值也在不断变化。此外，客户越来越不愿意自己来整合产品和服务，他们希望由企业扮演整合者的角色来解决问题，而非自己来拼凑解决方案。

不同行业的客户提出需求，企业为响应这些需求提供了更多选择，而客户又不断提出更多具体的需求。客户可以使用多种沟通渠道表达需求并坚持让这些需求得到满足。客户不再迎合简单化的市场细分，这使得企业需要去满足客户几乎无限的期望。

此外，客户对产品和服务的体验需求也在提升。从搜索、购买到交付的速度，再到各种持续的服务关系，这些体验的质量往往与产品或服务本身的质量同样重要。

客户偏好的强烈程度，以及价值可见性的提升，大大提高了企业的参与门槛，仅仅参与其中已然不够，随波逐流只会导致企业越来越边缘化。**未来属于那些具有实质性的差异化优势、能够创造可衡量且有意义的价值的企业。**

## 供应变革

供应方面尽管还留存着过去的痕迹，但供应领域的巨大变化正在影响企业参与竞争的方式。

**首先是规模问题。**几十年来，大公司可以利用生产、分销、营销和后台运营的规模化优势在市场中占据主导地位。如今，企业无须拥有这些要素也能够轻松实现规模化。我们可以思考一下云计算是如何蚕食大公司曾经拥有的后台优势的，当前精密制造的资本密集程度何以比过去低得多。采用替代性融资①方式的小公司现在已经可以与成熟企业展开正面竞争。想一想美国的罗宾汉（Robinhood）、德国的 N26 或英国的 OakNorth 银行等金融科技公司是如何影响金融服务市场的。随着既有玩家实力减弱，进入市场的门槛已经降低。

**其次是企业和机构之间的分歧减少，极大地减少了合作障碍。**30 年前，企业若想要通过电子线路进行数据交换，必须支付数万美元才能与选定的合作伙伴建立专用通信线路。现在，无论规模大小，企业与多个合作伙伴的联系都变得更加容易。虽然分歧很难消除，但随着合作成本的降低和合作障碍的减少，企业和机构得以构建生态系统，共同创造价值，这是任何企业都无法独自实现的。这种生态系统驱动型经济具有一些令人印象深刻的内涵：

1.　提供更具雄心的价值主张，解决真正的客户问题（比如满足人们

---

①　替代性融资是指除金融中介和金融市场以外所有的外部融资渠道，包括向亲友借款。这个概念可以解释我国资本市场商业信用的大量存在。商业信用的大量存在主要源自信贷配给。难以从银行获得贷款的企业通常转而求助供应商，商业信用因此成为银行贷款的重要替代性融资方式。——译者注

对移动出行或医疗保健的需求），并促使其他企业也这样做。

2.　阿里巴巴和亚马逊等平台提供商的崛起，创造了巨大的网络规模效应，并将其他企业吸引到这些生态系统中来。

3.　企业专业化程度提高，专注于自己真正擅长的领域，并与提供其他服务的伙伴合作。当我们提到一家企业擅长营销的时候，实际上意味着这家企业需要精通分析、网页设计、用户体验设计、数字资产管理、付费搜索和社交媒体运营、公共关系维护、品牌打造、广告推广等各个方面的业务。现如今专业服务的获取是如此便捷，以至于选择自己构建一切业务的公司就显得庞大而笨拙，完全无法参与竞争。

4.　竞争更加激烈，因为任何企业都能够轻松进入行业生态系统中，就意味着行业中的每个角色都必须随时准备好捍卫自己的地位。

　　**最后，获取、存储和分析数据的能力有助于企业大幅度提高各项业务，包括客户、供应链、制造或其他方面的业务的质量。**事实上，扩大数据规模已成为许多商业计划的驱动力，无论是与拥有企业所需数据的公司建立合作伙伴关系，还是建立客户互动渠道自行获取数据，都能够帮助企业更好地了解客户的需求与期望。

## 商业环境变革

　　我们观察到的外部环境变化趋势是，世界已变得更加复杂。过去企业的领导者几乎只受利润驱使，而今天的领导者在考虑如何创造价值时需要平衡更多因素。在为股东创造长期价值的同时，他们还需要为客户提供价值，对员工进行投资，与供应商进行公平且合乎道德的交易，确保环境的可持续性，并支持企业所在社区的发展。[3]如今，任何一家企业都需要制定环境、社会和治理（ESG①）议程并将其整合到企业塑造未来的目标中。利益相关者越来越多地要求企业在对 ESG 信息的披露方面保持透明，这使得在全面评估一家企业或一项投资的价值时，非财务类报告的重要性正在迅速提升。

当今世界正在发生一些变化：人们越来越希望为经营宗旨与自己的个人价值观相一致的企业工作。员工会要求雇主为企业所在社区带来更广泛的积极影响，并希望企业帮助解决一些对当今世界造成威胁的重大社会问题，比如气候变化、收入不平等、失业、性别不平等、种族主义或心理及情感健康等问题。而企业必须适应这些变化。

全球互联互通水平在不断提高，这种高度的连通性在创造重大机遇的同时，也极大地增加了不确定性和风险敞口。企业可能会受到飓风、洪水、森林大火、供应链中断、贸易战、政治动荡、武装冲突、流行病等突发状况的影响，即使这些事件的发生地与企业所在地相距甚远，企业也很难毫发无损。当这些突发状况影响到客户消费能力、员工执行能力和合作伙伴交付能力时，企业就必须面对由此产生的诸多挑战。

除此之外，企业还需要应对新颁布或不断修订的法律法规。无论是为了控制气候变化、保护国家经济，抑或是在疫情防控期间守护国民健康，法规的变更难以避免，而且通常都会造成重大影响。

当然，变化并不是在一夜之间突然发生的。海明威的小说《太阳照常升

---

① ESG 是英文 Environment（环境）、Society（社会）和 Governance（公司治理）的缩写，是一种关注企业环境、社会、治理绩效而非财务绩效的投资理念和企业评价标准。基于 ESG 评价，投资者可以通过观测企业 ESG 绩效，评估其投资行为和企业（投资对象）在促进经济可持续发展、履行社会责任等方面的贡献。——译者注

起》中的一位人物对此种现象做出了最简洁的描述，他在被问及是如何破产时回答道："分两个阶段，先是逐渐地，然后就突然破产了。"①4

# 领导者和企业如何应对新的竞争

需求变革、供应变革和商业环境变革，这一切都会在不到我们职业生涯一半的时间里快速发生。企业应该如何应对？作为领导者的你应该如何应对？以往做法是扩大业务规模，抢占市场主导地位，通过拆分"释放价值"，然后一个接一个地执行计划，以实现数字化运营或合理化经营；或者除了加快速度外，什么都不做。但这些举措都治标不治本。

更深层次的应对措施是针对已经改变的竞争态势，从根本上找到创造价值的新方法。**在当今世界，要想取得成功，最重要的是在某些能力建设上形成规模，通过新的数字化生态系统和平台，以独特的和差异化的方式向客户和整个世界传递价值。**

例如，印地纺的旗舰品牌 ZARA 就是采用这种基于能力的竞争方式，通过一系列数字化工具和技术来发展并促进其差异化能力规模化的，从而重塑其在中等价位时装市场的领先地位。

---

① 引自《太阳照常升起》上海译文出版社 2011 年赵静男译本。——译者注

## ZARA，开创性的供应模式变革　　　　　BEYOND DIGITAL

服装行业市场是最早发生需求变革的市场之一。这个市场竞争激烈，消费者偏好变化迅速，客户流失严重。几十年前，ZARA就已开始直面时尚界的这一趋势。公司没有采用传统的规模化零售模式，而是开创了一种基于"适配需求"的独特商业模式。ZARA不会将下一季时装投入大批量生产，而是选择小批量生产模式，利用客户反馈和快速响应的供采机制及物流网络，每周向门店补充两次新品。为了使生产更加灵活，ZARA将60%的生产基地设在西班牙总部附近，这使得该公司只需短短5天就能制作出新款原型，一件新衣服从设计到生产再到上架总共只需15天的时间。这种经营理念和商业模式取得了现象级的成功：印地纺于1988年开始在全球范围内扩张，如今已成为世界上营收最高的时装零售商，通过在线平台在全球200多个市场销售，并在其中96个市场设立了超过6 000家门店。

ZARA的成功得益于其在整个公司范围内构建的强大能力：深刻的客户洞察、精准的时尚前沿设计、快速响应的生产和运营以及全球统一的品牌推广。这些能力在一个相辅相成的体系内协同运作，彼此依赖，互为增益。

不过，ZARA的领导层并未安于现状。他们认识到，其开创性的供应模式需要不断转变，才能跟上变革的步伐。他们利用数字化技术将ZARA的差异化能力提升到一个全新的水平。传统上，客户洞察来自销售经理及助理，他们可以直接观察客户，并与客户交流其喜恶和期望。这一做法仍然很重要，但往往需要补充额外信息。

2014年，印地纺创新性地运用传统技术，将成本更低且可回收的射频识别（RFID）芯片嵌入ZARA所售每件单品的防盗标签中，这一举措在当时几乎是闻所未闻。这个标签便于即时跟踪服装从物流平台直至在全球各地最终销售的全过程。基于这些信息，公司能够迅速发现流行趋势，并比以往更准确地打造新品系列。ZARA首席传播官赫苏斯·埃切瓦里亚（Jesús Echevarría）表示："RFID是我们向前迈出的一大步。这个工具使我们传统的'适配需求'模式变得更加准确。它可以帮助门店查询特定尺码商品的所在位置，并迅速更新库存。毫无疑问，这为首席执行官巴勃罗·伊斯拉（Pablo Isla）重点打造的线上线下集成平台奠定了坚实的基础。"[5]

ZARA并未止步于此。该公司还意识到，RFID可以使商品配送更高效，店内服装管理更准确，从而提高整体客户服务标准。它还推动了所有实体店与线上商店的充分整合，这是领导者当初研究扩大该技术应用时没有预料到的额外收益。但现在，电商销售已经变得越来越重要，"在每个国家，互联网都是最好的销售门店。"RFID和综合仓库负责人伊万·埃斯库德罗（Iván Escudero）说道：

　　互联网是大型商店，所有产品都汇集在网络上。消费者的购物模式已经发生了巨大变化：他们在网上看到自己喜欢的产品，然后走进一家线下商店，如果店内没有这款产品，他们可能会感到失望。所以，现在每家门店都是网上订单的提货点，你可以在任何一家门店订购商品并将其快递回家。只有使用RFID才能让这一切成为可能。RFID可以准确告诉我们哪里有库存，从而形成集中的库存管理。如果附近有订单，我们可以将商品从仓库转移到门店，然后从门店快递给最终客户。

印地纺也在改变其门店运营理念：开设面积更大的高科技门店，扩展现有门店并进行现代化升级；整合那些不太适合为顾客提供这些全新集成服务的、规模较小的门店；越来越多地使用技术来优化购物体验。顾客可以通过 RFID 轻松找到想要的产品，并通过手机应用或店内设备预订试衣间，然后继续购物。当有试衣间可用时，顾客将及时收到消息提醒，采用自助结账和手机结账的方式也可以减少等待时间。

2017 年，ZARA 在伦敦推出具有新颖购物体验的全新快闪店概念，随后陆续推广到其他城市。快闪店提供一系列精选单品，顾客可以直接在门店通过官方购物网站购买，也可以在线下单和退换货。ZARA 为工作人员配备了平板电脑，顾客可以在店内任何地点购买商品并在收银台付款。店内提供的智能镜子可以显示真实尺寸的单品，以便与其他服装和配饰协调搭配。

2019 年新冠疫情暴发，加速推动了印地纺线上线下整合平台战略趋势的演变。2020 年 6 月，公司宣布将加快并扩大数字化转型，在两年内投资 10 亿欧元用于支持线上业务，还将投资 17 亿欧元用于升级整合的店铺平台，部署先进的技术解决方案。公司将整合 1 000 多家在提供这些全新顾客体验方面不具优势的较小门店。"我们的首要目标是加快全面实施我们的集成管理仓储理念，为顾客提供不间断服务，无论顾客在何时何地使用何种设备。"执行主席巴勃罗·伊斯拉如是说。[6]

ZARA 公司的案例说明，差异化能力不仅是职能型领导的投资对象，而且必须是企业的核心目标，因为正是差异化能力定义了企业的价值。差异化能力必须能够向客户传递企业所承诺的价值主张，企业不断增加的投资以及人力资源都要重点投入差异化能力的建设上。

## 数字化转型中构建领导力的 7 大要务

对于大多数成熟企业来说，要在超越数字化的世界创造持久价值就必须转型。但这种转型所需的不仅是技术创新。显然，企业必须确保能够以数字化方式接触客户，并让员工能够开展工作。但如果实施数字化的目的只是留在"商业游戏"中，不管实施了多少数字化项目，企业都不能指望通过与竞争对手做同样的事情来赢得竞争，即便用更快的速度完成也不能保证获胜。

那么，企业究竟需要做什么、如何做才能成功转型？为了解答这个问题，我们深入研究了先前提及的 12 家企业。请注意，我们选择成功企业并非只是为了研究他们的共同点，此前很多研究者用过这种方法，但他们的研究并没有获得成功。我们关注成熟、有实力的企业采用的一套方法，据我们所知，他们所采用的这套方法能够在不同时间内产生一致的结果，我们有大量分析研究和数十年的实际咨询经验支持我们的研究结论：通过建立一套差异化能力，实现独特价值主张，塑造企业的未来。[7] 我们选择采用这种方法的企业，并研究他们的业务范围以及运营模式，以了解差异化能力如何让这些企业在超越数字化的时代与时俱进并创造价值。

我们不仅希望了解这些企业做了什么，还希望了解他们是如何做到的：

对于未来,他们如何做出选择,以及为什么要这样选择;他们的领导团队如何运行,如何让员工尽职尽责,以及如何克服工作中规避不掉的障碍。

我们发现,尽管这 12 家企业在行业、地理位置和规模上都存在差异,但他们的转型过程及领导团队应对变化的方式都具备一些重要的共同点。首先,他们都是从外部出发,重塑自己的价值主张以及与客户和合作伙伴的关系的。其次,他们进行了重大的内部转型,使自身的运营模式和领导方式与愿景中的未来保持一致。最后,这些企业的领导者将目光转向自己,剖析自己的信念、优势和劣势,确保自己适合参与塑造企业的未来。

我们从这些企业转型过程中总结出关键见解,并对其进行归纳,操练出了构建和实施转型的过程中所必需的 7 大领导力要务,见表 0-1。

表 0-1　**组织转型的 7 大领导力要务以及它们与企业常规做法的不同之处**

| 项目 | 企业常规做法 | 从领先企业学到的经验 |
|---|---|---|
| 企业如何面对外部世界 | 实施数字化举措,顺应客户和竞争对手的行动 | 反思价值创造之道,畅想定位:通过重新定义企业目前需要解决的重大问题,以及需要构建的差异化能力,来塑造企业的未来 |
| | 从供应商、分销商和其他第三方处获取企业价值链要素 | 拥抱生态网络体系,共创价值:与其他组织合作实现企业无法单独实现的价值主张,在某些情况下,合作对象也包括竞争对手。专注于企业自身最擅长的事情,并在能力、速度和规模等方面强化这一优势,行业生态系统就会为所有参与者创造更大价值 |
| | 投资数据分析,更好地了解客户的行为 | 紧贴客户真实需求,深入洞察:与客户建立信任关系,了解他们的真正需求和期望。有意愿收集和分享数据,强化企业创造差异化洞察的能力。在这些洞察基础上进行竞争,走在变革前面,不断提高创造的价值 |

续表

| 项目 | 企业常规做法 | 从领先企业学到的经验 |
| --- | --- | --- |
| 企业如何建立自己的基础优势 | 构建职能和业务单元专业化矩阵模型，并打造跨职能项目以实现变革计划 | 建设结果导向组织，打破孤岛：在以结果为导向的团队中整合多维度技能，提供推动组织未来发展的差异化能力。将这些团队置于企业运营模式的核心，并重组组织的基因，以创造新的工作方式 |
| | 赋予有经验的领导者自上而下的强大权威，让他们在自己的领域传递成果 | 转变领导团队重心，同心协力：重新思考领导团队的角色、技能和权力结构，提高合作效率。建立治理机制，将团队重心转向共同推动转型 |
| | 实施变革和沟通计划，克服变革阻力，激励员工向前迈进 | 再造员工社会契约，赋能一线：将企业转型集中于员工身上，让他们相信个体在自动化世界里的内在价值，并给予他们在转型过程中发挥领导作用的自由和方法。创建一个专注于目标、贡献、社区和酬劳之外奖励的交互系统 |
| 领导者如何反思自己 | 以领导者的强项为基础，推动重大变革 | 颠覆自身领导方式，兼收并蓄：认识到需要一种新型的多元领导力，在一系列领导力悖论中平衡优势 |

我们会在后续章节详细讨论每项要务，下面简要介绍我们研究的成功企业如何将每项要务付诸实践。

## 反思价值创造之道，畅想定位

**要想在超越数字化的世界取得成功，企业需要明确自己未来在商业版图中的定位和想占据什么地位。**他们需要发挥想象力，超越目前的业务和产品组合，超越竞争对手正在做的事情，去想象希望打造什么样的企业。他们需要根据自己为客户和社会创造的独特价值，以及自己能够以别人无法做到的方式创造价值的独特能力体系，界定自身在市场中的定位。如果企业从地球上消失，是否会造成市场空白？会给客户和社会造成多大的损失？

在很多情况下，企业所创造的价值远比5年前或10年前企业所能想象的要高得多。这不仅因为现在的企业更容易为了共同的目标进行合作，而且因为平台和行业生态系统的发展使企业可以更有目的性地选择自己将要关注的领域，关注它们可以在哪些领域借助于其他企业的能力。这不仅适用于大型企业，任何企业都有机会这样做。对于自己能满足客户在工作和生活中的哪些需求、能帮助他们解决什么问题，每个企业都要有更大胆、更清晰的愿景。

企业需要想象一个艺术与科学相结合的强大的市场定位。仅仅关注市场趋势并询问客户他们想要什么已然不够。企业需要走在变革前面，预判未来的市场会如何评估和创造价值；企业需要了解监管、社会、环境和技术变化会如何影响未来；企业需要认识到自己擅长什么，以及如何利用这些优势来创造独特价值；企业需要明确不同的价值主张如何帮助他们塑造需求，以及在面对外部冲击时应根据不同的价值主张做出什么反应；企业需要大胆选择，决定哪种价值主张能够让他们获取更大的成功，这将决定企业在市场中的定位。

确定自身在市场中的定位后，企业需要重新畅想自己在这个定位上所需的能力，彻底思考自己需要做什么来实现自己的价值主张，明确技术决策应该如何支持企业的能力，而不是看到什么就投资什么。在哪里开展数字化转型能切实提升企业承诺的价值，就把企业的资源集中投入哪里。

## 拥抱生态网络体系，共创价值

在竞争中选择单打独斗不仅会限制企业创造价值的机会，而且还会导致企业无法获得对客户进行深刻洞察、迅速扩大业务规模所需的关键能力。对于各行各业的企业来说，无论规模大小，单干只会增加被甩在后面的风险。

当今社会许多问题牵涉面如此之广，任何一家公司都无法独自应对，企业和机构需要组成网络体系共同应对和解决。让客户整合一切方案的时代已经结束，客户期望并要求供应商共同提供集成解决方案。

考虑到市场变化的速度越来越快，企业需要迅速提升自身能力。但企业通常没有足够的时间或财力来单独发展所需的全部能力，**在这个充满颠覆性的时代，企业要发展壮大的唯一途径就是与行业生态系统合作，灵活、快速、规模化地借助和利用他人已经建立的优势。**

让企业的生态系统战略发挥作用并不容易。企业在生态系统中运作的复杂性显然是更高的。在生态系统中，只关心如何实现自身价值是不够的，企业还需要关心生态合作伙伴的情况。向生态合作伙伴开放数据、智力资本和人才可能会将企业置于真实存在的风险之中，但这些风险和努力都值得投资，因为企业能否在竞争中取胜将越来越取决于能否利用好生态系统。

## 紧贴客户真实需求，深入洞察

了解客户需求对企业来说一向至关重要，现在更呈现出一种全新的紧迫感。客户想要看到变化更快发生，他们的需求和期望更加细化、清晰。与此同时，数据收集、存储和分析的机会也呈爆炸式增长。如果企业不把握住机会充分利用数据信息，就会落后于竞争对手。

获取客户真实需求的洞察不仅需要企业购买市场研究服务，还要求企业建立目标和信任基础，因为只有当企业能够提供引起客户共鸣的价值，并且让客户相信企业能充分合理利用自己提供的信息时，客户才会分享他们最有价值的信息。**企业只有制定有针对性的客户洞察战略和路线图，集中精力解决对于客户而言最重要的问题，在与客户互动的过程中充分听取客户意见，**

**才能真正形成深刻的客户洞察。**为达成上述目标，企业必须将其洞察体系与工作方式相结合，系统强化其价值主张、能力体系，以及所提供的产品和服务，确保其差异化能力的持续性。

　　获取独有的客户洞察可能会成为企业最关键的能力之一，因为它对价值创造和持续性差异化都很重要。企业的洞察力越强，就越能以一种与客户相关联的方式改进价值主张。价值主张的改善越多，兑现承诺后带来的信任感越强，与企业合作的客户也就越多。无论周围的世界发生何种变化，客户与企业合作越多，信任越多，企业与客户之间的联系就越紧密。对于那些担心客户行为不断改变以及思考如何与客户保持关联性的企业来说，发展独有的客户洞察能力将是应对落后状态的最好对策，也是企业继续塑造未来价值主张的最好工具。

## 建设结果导向组织，打破孤岛

　　**企业想要通过提升一些差异化的能力来创造价值，就需要全新的工作和团队合作模式，只有当企业的部分能力得到明显提升后，才有可能实现更大胆的价值主张。**简单地把员工从职能部门中抽调出来，让他们抽出 10% 或 20% 的工作时间在一起工作，或是集中工作 6 周或 6 个月，这些方式都无法奏效。典型的跨职能团队无法达到企业将新的价值主张付诸实践所需的奉献度、专注度和努力程度。相反，企业需要组建稳定持久、以结果为导向的团队，通过整合整个组织的需求来实现差异化能力。

　　要建立这样的团队，企业首先要确定一些最重要的事情，以便正确实现价值主张，即为了能够做到这一点，企业必须将哪些专业技能、知识、技术、数据、流程和行为汇集在一起？这种思考将推动企业从职能陈旧、固化的组织转型为以结果为导向的团队，打破组织边界开展工作，从而构建差异化能力。

以结果为导向的跨职能团队与企业总部、业务部门和职能部门、共享服务部门共存，但将在企业中发挥日益重要的作用。其领导者应在企业、职能部门和业务部门的高层团队中占据一席之地。许多职能专家加入以结果为导向的团队，并在各个职能部门和业务部门之间轮转，以开发更广泛的技能和协同工作方式。在基于能力的组织中，纯职能团队更加关注单一职能工作的履行以及职能方法和流程的开发，并推动整个组织的实用人才培养。在这个新的模式中，业务部门更多地以客户和市场为中心，而不是以产品为中心，因此他们将发挥重要的整合角色，确保企业的能力发展能匹配上客户的需求。

单纯改变规章制度并不能让企业以这种新的协同方式运作。企业还需要改善自己的"基因"，改变投资分配方式以及进行规划和预算的方式，反思并优化评估和奖励标准，构建职业道路的模式，让员工在企业内自由流动成为现实，并通过塑造企业所期待的新行为来促进变革。

## 转变领导团队重心，同心协力

正如企业需要从战略角度来构建正确的差异化能力一样，领导团队也需要新的技能和机制来转向这种全新的价值创造方式。

领导者需要退后一步，彻底反思：我们的岗位设置是否合理？我们的人才是否匹配实际要求？我们的关注点是否正确？我们是在推动必要的转型变革，还是将大部分时间用于应对企业的短期需求？我们的团队是否能做到高效协同？

我们研究发现，有三项重要举措可以帮助领导团队推动转型进程：

1.　根据正确的能力组合而非任期来组建企业的高层团队。企业需要什么样的角色、技能和背景来实现自身所需的差异化能力，并达到他重新畅想的市场定位？

2.　将领导团队的工作重心转向推动企业转型，而不仅仅是应对当前需求。如何设计组织结构和运作机制才能让企业确保分清轻重缓急？

3.　掌握领导团队的协作方式和行为方式。如何推动领导团队加强责任共担的观念、提升协作水平，以实现企业在全球商业版图中占据有利地位？

## 再造员工社会契约，赋能一线

在实施转型的过程中，员工参与向来至关重要，如今更是有着全新的意义。企业越来越依赖于员工推动创新、加速企业转型的能力，领导团队无法独自塑造企业的未来。**企业成功转型的唯一途径就是采用"以员工意识为主导"的方法，让员工深入组织和生态系统，了解周围发生的事情，并沿着企业发展的方向不断做出贡献并开拓创新。**

企业需要从根本上重新考虑自己与员工之间签订的"契约"，这样员工才能每天都全力以赴地工作。"契约"并不是指规定雇用条件的法律文件，而是企业和员工之间确保双方能够各取所需、共同成长的隐性社会契约。数字化和自动化的应用导致员工担心自己会被机器人取代，为了让员工自发地与企业发展方向保持一致，企业需要打消员工的疑虑，让他们相信即使是在技术主导的世界里，他们在塑造企业未来的过程中也将发挥重要作用，不论是现在还是未来，员工都将是企业能力体系的中心，企业需要员工以创新的方式运用技术。

一旦员工清楚了自己的角色，他们的参与就会更有意义：把他们的目标与企业目标联系起来；确保他们能够做出贡献并能参与实施解决方案；塑造他们的社群意识和归属感；帮助他们掌握所需的技能和经验，例如能够更有效地使用技术；给予他们打造企业差异化能力所需的时间和资源。

再造社会契约并不只是为了让员工感觉良好，尽管它确实会起到这样的作用。更重要的目的是让员工和生态伙伴选择参与进来，帮助推动和实现企业转型。企业需要更清晰地阐述发展方向，这样员工才能理解企业所做的一切是如何配合这一发展方向的，从而知道为达到这一共同的目标自己应做出什么样的贡献。

## 颠覆自身领导方式，兼收并蓄

在超越数字化的世界里，领导者面临的挑战与 5 年前或 10 年前已截然不同。企业转型需要领导者采取新的领导方式。在我们的调研访谈中，领导者们都强调，在企业转型中他们自身也发生了改变，这一过程同样既艰辛又令人兴奋。转型的本质要求领导者对此前做出的一系列决策进行大胆的思考并采取勇敢的行动。

尽管每个企业和每位领导者的发展历程都有其特殊性，但我们观察到，领导者们具备一些共同的特质。**现代成功的领导者既要是战略家，又要是执行者；既要精通技术，又要深谙人性；既要善于结盟，做出妥协，又要始终真诚行事；既要谦卑低调，知道自己的局限性，又要勇于指明方向，做出重大决策；既要持续推动创新，又要立足于自身企业；既要放眼全球，又要深深扎根于本土。**

我们并不是说领导团队需要在所有领域都做到出类拔萃，但在少数领域较强，而在其他领域较弱，将会给领导团队的成功转型带来巨大挑战。当领导者在构建自身能力时，深入了解这些特质将有助于他慎重考虑个人规划，把握合适机遇，并吸引那些能帮助他充分发挥领导作用的人才加入他的团队。

# 7大要务如何适配

7大要务如此交叠紧扣，不能只挑出其中两三项来关注。考虑一下，如果企业忽略7大要务中的一项，将会发生什么。可以想象，如果企业定位不清晰，就不会有明确的目标，而目标是为客户创造价值的关键所在。如果没有明确的目标，企业就无法决定在生态系统中应该引入哪些合作方以及如何与他们合作。如果不能洞察客户，紧贴客户真实需求，企业将无法了解客户的期望和需求是如何演变的，就无法做到始终与客户保持密切联系。如果企业不以结果为导向，员工在跨组织工作中将难以打破孤岛，难以建立并增强差异化的跨职能能力，从而无法帮助企业在超越数字化的世界中占据理想地位。如果忽视其中任何一项要务，企业都无法顺利达成其他要务。

不过，从积极方面来看，这7大要务间也存在相互促进的关系。例如，在生态系统中工作能够让企业从更多角度深入了解更多的客户。企业还可以携手生态合作伙伴为客户提供更大的价值，并在市场中占据更有利的地位。领导团队有机会近距离深入观察借鉴其他企业的运作方式，从而增强自身的领导能力。同样，再造员工社会契约并让员工参与企业转型，能够让员工为确定企业发展方向和实现企业发展目标做出贡献。一线员工可以反馈他们对于客户的了解，并确保这些洞察有助于推动企业发展。他们将找到改善团队合作方式的方法，进一步打破传统的组织孤岛。

企业需要构建差异化能力，这一点的重要性再怎么强调也不为过。能力是企业重新畅想自己在市场中的定位和成功迈向该定位的桥梁。企业清楚了解自身的差异化能力是自己与生态系统合作的先决条件，因为企业将形成一个强有力的框架来确定能做什么以及他人能提供什么。在大多数情况下，获取独到洞察将成为企业的差异化能力之一，使企业的价值主张始终与时代潮流接轨、与客户保持紧密关联。企业的差异化能力将决定企业产出的最重要的成果是什么，以及企业的高层团队需要什么样的领导者来实现企业的目标。清楚了解企业的差异化能力也将引导企业员工朝着最需要他们的领域努力和创新。企业领导者也应了解，如何塑造自己才能将这些差异化能力提升至世界一流水平。

根据我们的经验，大多数企业在这7大要务方面都会有大量工作需要开展。仅仅解决其中一两项要务是不够的。但企业往往会想方设法简化以后要做的工作，不去正视自身与所有这些要务之间可能存在的潜在差距。但如果同时做好这7项要务，在企业内部就会形成一个真正的连锁系统，让企业能够适应未来挑战。

# 通往成功转型的路线图

虽然，这7大要务并不是通往成功的唯一途径，但它们确实为企业发展指出了一条强有力且考虑周全的途径，帮助领导者真正确保企业在市场中占据有利地位，并构建能够持续顺应时代潮流的转型力量。这也是一条极富吸引力的途径，可以让企业获得内在的回报。企业可以获得控制权，走在变化前面，塑造自己的未来，而非总是疲于对竞争对手的行为做出被动回应。

接下来的7章分别描述了领导者需要解决的一项要务。第1—3章讨论了企业超越数字化转型的3大外部战略；第4—6章讨论了企业超越数字化转型的3大内部战略；第7章讨论了企业超越数字化转型的领导战略。

企业的转型历程不会一帆风顺，也不会在一夜之间实现，却是非常有益的工作，这将是领导者所能留存下来的核心特质。

我们现在开始数字化转型之旅吧。

# BEYOND DIGITAL

第一部分

## 超越数字化转型的 3大外部要务

How Great Leaders
Transform Their Organizations
and Shape the Future

在超越数字化的世界里，未来将属于那些愿意摆脱过往的信念体系，大胆定义全新价值主张，能够与网络及生态系统中的其他伙伴合作，以单个组织无法实现的方式共同创造价值、不断突破各种界限的组织。

# BEYOND DIGITAL

## 01

### 反思价值创造之道，畅想定位

本可绽放耀眼光芒，却庸庸碌碌过一生，这毫无激情可言。

——纳尔逊·曼德拉

## 飞利浦，组织重塑未来的典范 ———————— BEYOND DIGITAL

10 年前，总部位于阿姆斯特丹的飞利浦是一家业务分散繁杂的跨国企业集团，其经营范围涵盖音视频、消费电子产品、照明和医疗设备。飞利浦有着显赫的历史，它成立于 1891 年，最初是一家照明灯泡制造商。在 20 世纪中期，飞利浦开创了电动剃须刀业务，发明了在 20 世纪 70 年代至 90 年代风靡全球的磁带，并在 1982 年与索尼公司共同开发了光盘。该公司还生产医疗设备，在第一次世界大战期间率先推出 X 射线技术，并在医院的计算机断层扫描（CT）和磁共振成像（MRI）等机器的成像技术方面进行创新。

到 2011 年，飞利浦电子（公司当时的名称）已经成为业务遍及各行各业的电子巨头，是全球最大的照明公司、消费电子产品的领导者，以及顶级医疗设备制造商之一。然而，公司在人才和资金方面持续遭受打击，裁员多达数千人，亏损达 15 亿欧元。

在新任首席执行官万豪敦（Frans van Houten）的领导下，飞利浦展望未来，决定从根本上畅想公司定位。公司重新专注于医疗保健和健康生活，并设立宏伟目标："令世界更健康、更可持续发展，到 2030 年改善 25 亿人的生活。"[1]

飞利浦决定转型成一家健康科技公司，为客户提供综合医疗解决方案和服务，在护理方面发挥数据和人工智能的力量，并优化整个健康服务流程——从健康生活和疾病预防到诊断、治疗和调养。此次转型力图将飞利浦深刻的洞察消费者的能力、先进的医疗设备技术以及数据和人工智能的技术积累结合在一起，从而优化医疗保健和健康生活的成本与质量。

如今，飞利浦公司的技术辅助产品包括可穿戴个人设备，帮助人们管理健康生活方式；精准诊断解决方案，辅以人工智能准确诊断健康问题并促进正确治疗；微创治疗解决方案，能够准确和安全地处理医疗状况；家庭护理监测和服务，帮助病患快速回归健康生活。

飞利浦公司在市场上的新定位基于两大支柱：一是人们综合管理自身健康福祉的需求尚未得到满足；二是其自身在医疗器械、消费者洞察和技术创新方面具备雄厚实力。万豪敦解释道：

在健康领域，我们围绕先进科技产品展开竞争，并处于领先地位。但我们也看到数据革命即将到来，企业价值必须更多地来自企业对数据的理解，而不仅仅是创建数据。因此，我们需要做出巨大转变才能真正影响健康行业。正是在这个时候，我意识到同时实现照明和医疗保健业务转型的可能性并不高，于是我们做出了选择。我们对医疗保健行业的发展方向进行了展望。我们将致力于利用飞利浦的消费者洞察，以及我们在医疗保健和临床技术方面的专业知识，改善全球数十亿人的生活。

飞利浦对自身在市场上的新定位建立在科学研究的基础之上。研究表明，基于价值的医疗保健，能够改善治疗效果并降低治疗总成本。因为基于价值的医疗保健为成功实现患者健康效果的医疗保健提供商支付报酬，而传统的"付费服务"方式则是根据执行的疗程数量支付报酬。飞利浦认同这一观点，并建立了"健康连续体"的指导框架。这个框架以个人活动为特征，描述了从健康生活方式和疾病预防，到准确及时诊断疾病、适当治疗、居家护理和监测，最后回归健康生活的过程。飞利浦的目标是贯穿这个连续体，使致力于医疗保健和健康生活的承诺成为现实。万豪敦表示：

在将现有生产活动定位到构建健康连续体上时，我们开始探索："如何将一切联系起来？"如果你只是基于产品开展竞争，那是有局限性的。若能围绕下列问题提供解决方案，飞利浦就会变得更加强大："我们如何保持人们的健康？""如果你生病了，我们如何在第一时间为你做出正确诊断？""诊断后，我们如何为你提供治疗，确保病情影响最小，并让你更快恢复？""我们如何帮助慢性病患者，使他们能够在自己的社区和家中过上体面的生活？"

对飞利浦来说，这是一种非常与众不同的发展方向。正如飞利浦公司的前任首席创新与战略官杰伦·塔斯（Jeroen Tas）所说的：

> 过去，我们专注于产品。我们创造出了最好的心血管超声系统、心血管疾病CT检测和尖端的16导联心电图设备等。所有这些产品都是为了某个特定的用途独立开发出来的。但现在，若是谈及效果，我们必须以不同于以往的全新视角来看待我们的业务。我们仍然可以创造出一台很棒的CT机，但这场产品竞赛不再是围绕下一个先进的技术特性，而是围绕"如何做出更好的诊断""如何提供更好的患者体验""如何让放射科医生和临床医生获得更好的体验"这类问题，但更重要的是，"如何为患者实现更好的治疗效果？"

从患者历程而非产品角度来看医疗保健，让飞利浦意识到需要开发平台和利用数据、信息及工作流自动化。万豪敦解释道："我们认为，需要将放射学、病理学、分子生物学和基因组学集成起来，才能对患者的情况形成一致的整体看法。然后，医生可以使用人工智能和数字化技术来选择正确的治疗方法，这才是理想的模式。"在万豪敦看来，这种平台方法可以为患者创造真正的价值，并提高护理服务的效率。

如今，通过将医疗保健定义为一个"相互关联的整体"，飞利浦可以扩大收益和提高效率，并推动创新，从而实现四重目标：增强患者体验、提高健康效果、降低护理成本、改善护理者的工作和生活。

在新使命的引领下，飞利浦进行了一系列转型，对产品组合、商业模式和企业文化都进行了彻底改变。这些变化意味着企业彻底重组，包括退出公司长期经营的传统业务。从 2011 年开始，飞利浦出售了电视、音频和视频业务，将照明部门剥离出来成立了一家新公司，名为昕诺飞（Signify N.V.）；2021 年，飞利浦出售家用电器业务，完成主要资产剥离，其中一些企业继续生产和销售飞利浦品牌产品。飞利浦围绕客户领域进行企业重组，将以前各自为战的职能团队聚集在一起，共同创造客户价值。飞利浦建立生态合作伙伴关系，并引入新的人才，将其技术、数据和软件能力提升至新的水平。如今，飞利浦专注于健康科技领域，在截至 2020 年的 5 年时间里，飞利浦公司的股价上涨了 82%，盈利能力和股东价值显著提高。

飞利浦已将自身定位为 21 世纪最具活力的行业之一的竞争者，这是组织重塑未来的典范。

# 为何重塑企业定位至关重要

重新畅想自身在市场中的定位，已经成为企业融入未来格局的先决条件。**企业能提供的真正价值，以及其如何以差异化能力创造这种价值，这两个维度界定了企业在市场中的地位，只关注其中一个维度是不够的。**飞利浦不是仅仅通过喊口号就能提供更好的医疗保健服务来改善人们生活的，它需要确定哪些是能帮助自己实现目标的独特能力，并在现有差异化能力（比如对医学影像技术有深刻的临床和技术理解）的基础上，重点打造新的差异化能力（比如由人工智能支持的预测诊断）。这两个维度结合起来，为企业"要做什么"以及"如何来创造价值"搭建了一个强有力的框架，这在超越数字化的世界里至关重要，因为人们不仅追求信任和成果，而且对信任和成果的要求也越来越高。

正如我们在引言中所讨论的，需求变革、供应变革和商业环境变革正在改变客户对价值以及如何创造价值的期望。由于成功模式各不相同且各有其需要帮助解决的社会问题，现有企业大多必须重新界定自己在市场中的定位。

即便企业尚未感受到这些变革所带来的重重压力，仅仅将当前做的事情进行数字化或仍在目前的发展方式基础上追求增长也是不明智的。虽然你会变得更有效率，但你的竞争对手也会如此，因此你仅有的优势也可能会在竞争中消失。目前你可能仍会留在市场的"赛道"上，但随着其他人表现卓越，你将发现越来越难以捍卫自己的地位。一些企业可能认为，他们有悠久的价值主张、强大的品牌影响、长期的声誉和忠诚的客户，总可以在市场上屹立不倒，但客户越来越看重你现在能够提供的独特价值，而不是你过去的名气。随着时间的推移，其他企业可能会会将你长期欠缺的优势视为他们进行变革的机会。ESG考虑因素重塑了价值的感知与衡量方式，所有企业必须重新审视它们提供的价值如何与当前市场环境与时俱进。因此，即便你并未将企业面临的直接威胁视作竞争的本质和外部环境的变化，这种暂时的领先也无法持续。所以，应该利用你现在拥有的相对稳定性，重新思考如何塑造企业未来。

那么，在当前环境中，究竟什么才是真正的差异化能力呢？**在当今市场上，几乎所有的真正优势都源自强大的差异化能力。所谓差异化能力，就是一家企业比它的竞争对手们做得更好的几个方面。**比如，ZARA 能够比大多数零售商更快、更准确地生产出迎合潮流的商品。这些能力本身就很复杂，因为任何出色的能力通常都是将知识储备、流程、技术、数据、技能、文化和组织模式结合在一起，并且跨职能整合工作以创造正确产出，构建这些能力尤其具有挑战性，我们将在本书第 4 章中就这一点进行专门论述。虽然复杂性通常是一项不利因素，但这种类型的复杂性在当前环境中具有特殊价值，它有助于提升企业在市场中的地位，并为竞争对手的模仿设置巨大障碍。

但差异化能力的构建不仅仅关乎复杂性。差异化能力其实代表了一种新的业务规模的存在形式，并具有强大的微观经济优势。虽然业务规模曾经给企业带来优势，但如今重要的是其差异化能力的规模。当下企业构建差异化的能力通常需要大量投资，且往往是固定投资，尤其是在数据、技术和人员方面加大投入。试想一下，对供应链进行智能化改造或构建定价能力，进行这一类需要大量数据、分析、工具和人才的变革大概需要多少投入？

虽然这些投资一开始可能会让人望而却步，但只要专注于你所做的事情，你就会获得巨大的竞争优势。具备差异化的能力不仅可以让企业能够提供对客户而言更重要的价值，还可以推动企业在自我强化的良性循环中不断前进：差异化能力越强，企业在市场竞争中的胜算就越大，因为客户会看到企业将自己独特且重要的价值主张付诸实践；企业在市场竞争中的赢面越大，也意味着每种差异化能力的规模就越大。当企业将产品和服务拓展至企业重塑定位之后的新领域，以及仅仅依靠自身将永远无法获得差异化能力的一些规模相对较小的企业中，或将这些差异化能力"租借"给生态合作伙伴时，这种企业的良性循环还会得到进一步强化。企业建立这种与利益相关方紧密联系的规模优势后，没有构建必要差异化能力的竞争对手就无法进入这个领域与之进行竞争。想一想菲多利的店铺直送（Direct Store Delivery，DSD）能力，它使菲多利能够实现高频配送，并影响了商店的货架陈列（店员将菲多利的产品摆放在商店中任何显眼的地方，包括主货架、收银台、显示器旁）。在推出新产品或品牌时，这项能力尤其有用，它让企业可以迅速获得市场反馈，而其他企业要花费很高成本才能得到同样的信息。尽管菲多利构建这项能力主要是为了发展其零食业务，但也可应用于蘸料等更小类别的业务，因为这些业务领域无法自行承担构建差异化能力的成本。

要构建差异化的能力引擎，企业需要非常清楚几点值得充分关注和重点投资的优势。你需要停止关注业务或其他独立资产的规模，开始通过你所做的事情以及这种差异化能力的力量来定义自己。但是，除非能明确企业在市场中的定位，否则企业无法为差异化能力积聚规模。差异化能力不仅自身重要，而且还使企业具有差异化的竞争能力。如果企业不能构建起差异化能力，那么它最终或许会在许多方面保持着平均水平，但在任何方面都不出色。然而，如果企业明确自身定位，就可以遵循其价值主张专注于构建正确的能力体系，从而清晰标定和重申自身的定位。

我们再来看一个企业重塑定位的实例，随后再展开深入讨论。

## 日立：围绕社会创新业务重塑定位     BEYOND DIGITAL

2009 年，日本跨国企业集团日立公司公布了日本制造业有史以来最大的年度亏损——7 870 亿日元（当时约合 80 亿美元），这是 2007—2009 年全球经济衰退背景下发生的事件。彼时，成立于 1910 年的日立公司已经构建起一系列大小不等、庞杂无序的业务组合，其业务范围涵盖发电厂、半导体，还包括平板电视和计算机存储设备等知名度很高的产品。

日立集团高级副总裁兼首席战略官森田守说道：

> 我们非常清楚，如果继续像过去那样做生意，企业将没有未来。我们的客户开始从进行资本性投资和购买产品转向按使用次数付费的模式。这意味着我们目前生产高质量产品并让客户购买的商业模式将不再奏效。基础设施业务也面临着这样的变化，如果合同规定按次付费，我们一定可以获得更多客户。有些地方的铁路运营就是如此，客户希望当天使用的铁路车辆能够在早上到达，晚上用完后再归还。因此，我们设计了一个铁路车辆订购模式，根据服务水平协议为客户提供铁路车辆的租赁、维护和服务。

曾任日立万胜股份有限公司主席的川村隆，在就任日立董事长、总裁兼首席执行官后，组建了一个紧急团队对公司进行改组。他邀请中西宏明加入团队。中西宏明曾领导美国日立环球存储科技公司成功转型，此前担任日立欧洲公司董事总经理。中西宏明在日立的转型过程中发挥了核心作用，并于 2010 年接替川村隆出任总裁，随后在 2014 年担任日立集团首席执行官。"中西是日立的一大财富，因为他真正相信必须让公司从根本上做出改变，"森田说道，"一旦做出决定，他会敦促每个人立即行动起来，并且能够站在别人的角度换位思考。"

2009 年 7 月，日立宣布了新的增长战略。"制定战略时，我们特意从规划大方向开始，让整个公司都围绕这个方向前进，而不是在细节上放慢脚步。"森田表示，"在今天这样的时代，市场变化如此之快，如果我们埋头制定详细的战略，可能永远也赶不上市场的变化。"

该团队开始推动日立进行转型，使日立从一家涉足消费者业务等诸多行业的产品驱动型公司，转变成社会创新的全球领导者，通过与客户合作，并提供由信息技术连接的先进的社会基础设施，创造社会、环境和经济价值。团队专注于对社会和环境有重大影响的行业，例如能源、交通或水处理，通过应用新技术和创新专业技术来创造价值，并提供解决社会问题的方案。这使得日立的业务从生产发电和存储设备转变为帮助汽车制造商改善生产流程，并培训操作员以减少设备故障。

日立选择了 5 个重点市场：移动出行、智能生活、工业生产、能源和信息技术。在这些市场中，日立开始深入了解客户面临的问题，并开发针对性的解决方案。例如，对于铁路客户，解决方案包括：开发交通控制系统，利用定位信息、运营信息和信号控制，帮助提高列车运营效率，改善乘客服务质量；开发故障预防系统，在有轨电车、车门和压缩机上安装传感器，以便在故障发生前更换部件。日立还专注于能源领域的电网数字化、工业生产领域的生产自动化和电气化、智能生活领域的汽车无线软件更新系统，以及信息技术领域的面向政府客户的数据驱动的价值创造。

"在制定业务增长战略时，我们把重点放在采纳客户观点以及发挥日立的优势上，"中西宏明在 2016 年接受《哈佛商业评论》日文版专访时表示，"我们的商业计划应该对准客户需求的变化，然后思考日立如何才能最好地服务客户……我们可以将 IT（信息技术）和 OT（运营技术）结合起来，专注于社会创新业务，提供成熟的社会基础设施系统。通过提供融合 IT 和 OT 的解决方案来创造价值，我们可以密切参与客户运营，从而能够提供更多关联产品。"[2]

为了专注于公司在市场中的新定位，日立剥离了半导体业务，退出了电视制造行业，并剥离了火力发电业务。此外，公司还剥离了硬盘驱动器（HDD）部门，这一举动震惊了业界，因为中西宏明在担任美国日立环球存储科技公司首席执行官时，曾挽救了硬盘驱动器业务。但是，考虑到新的企业战略，中西宏明认为，硬盘驱动器业务与日立的新定位之间缺少关联。这项决定向企业传递出重要信息：没有什么业务是不可调整的。资产的剥离再加上一项雄心勃勃的成本削减计划，为公司留下了充足的现金流用于投资成长型业务。

2016 年 Lumada 数字平台的推出是日立公司业务转型中的一个重要里程碑。该平台旨在连接网络和物理世界，并提供可行见解，帮助提高客户业绩和效率，从而使日立能够为客户创造更多价值。"我们认为这样做是正确的，因为我们既拥有必要的 IT 和 OT 能力，也有能力在内部妥善处理平台的数字化方面的问题。我们已经达到了一定的规模，"森田说道，"我们不只是在向世界各地客户收集数据后进行分析，而无明确的价值主张。我们的方法是先询问公司'你需要实现什么样的价值？'以及'为什么不加入我们，与我们共同实现这种价值呢？'。Lumada 平台支持我们通过传感器和其他 OT 设备来收集和分析必要数据，并进行数字模拟。这使我们能够在这些数字化成果的基础上通过实际操作来创造价值。"

解决客户问题有时不是仅靠日立一家企业就能够做到的。对于这类问题，公司将与第三方合作，允许他们访问 Lumada 平台的数据，这不仅可以解决眼前的问题，也有利于促进生态系统的发展。

2016 年东原敏昭接任中西宏明首席执行官的职位，继续推进日立转型，并保持了这一势头。在他的领导下，日立先后收购了ABB 公司的电网业务以及总部位于美国的数字工程服务公司环球逻辑（GlobalLogic Inc.），收购金额均超过 100 亿美元。这两项并购旨在为全球更多客户带来更大价值，并推进日立公司的数字化解决方案业务。从 2009 年的创纪录亏损到实现创纪录盈利，日立公司仅用了短短两年时间。它不仅从一个综合企业集团转变为一家专注于市场驱动的社会创新业务的企业，而且从一家产品公司转型为解决方案提供商，并在信息技术、运营技术、产品创新等方面发挥优势，还创建了 Lumada 平台，该平台现已成为公司新的核心业务。日立集团从根本上重新畅想自己在市场中的定位，并坚定实施转型，最终顺利实现此定位。

## 如何重新畅想企业的定位

作为本书读者，你非常清楚用于开发商业战略的方法、理论和框架有多泛滥。虽然这些方法中有许多可能是有用的，但我们坚信，是时候后退一步，专注于解决企业最基本的战略问题，并且不要在答案上妥协了。企业对于未来的规划要极尽清晰，既要大胆地应对社会问题的挑战，也要具体地履行承诺。这绝不意味着你的战略缺乏灵活性，而是我们认为在现今环境中，灵活性本身并不是一种有效的战略。

对于如何重新畅想企业的市场定位，我们强烈建议你从本书中企业研究所得出的 4 个观点入手。

## 对未来提出自己的看法

作为领导者，你的工作不是维持企业现状或维护当前的盈利能力，而是打造一个能够在未来数十年取得成功的组织。为此，首先要了解价值定义是如何变化的。如今，人们在评估企业的时候，不仅看它们为股东创造的利润，还要考虑它们创造利润的方式（例如实现净零碳排放承诺），以及它们为员工和社会创造的更广泛的价值，例如是否为员工提供公平机会和薪酬，企业生产对气候是否有积极影响，以及是否解决了有意义的社会问题。信息披露的要求也在迅速变化，因为全球各地的监管机构和投资者都在加大对这些新的价值衡量指标的关注，这给企业带来了压力，迫使它们重新评估自己创造价值的方式。

清楚了解这个新的价值定义至关重要，因为它不仅是你如何塑造企业的核心，而且还体现出企业身份的许多其他方面。例如，你如何向客户和投资者讲述你的价值创造历程、你如何报告企业成就，以及你如何吸引员工和生态合作伙伴。

虽然你为员工和社会创造的价值很关键，但要使企业达到你所畅想的市场定位，最重要的起点是明确你要解决的基本客户需求。这听起来可能很简单，但如今很少有组织能真正明白这一点。

飞利浦看清了自己要解决的基本客户需求，并据此界定了自己在市场中的定位，其目标是："令世界更健康、更可持续发展，到 2030 年改善 25 亿人的生活。"这种信念以及企业将在市场中做出的明确改变，将是推动整个生态系统展开合作的关键。每天努力工作的员工、支持你的价值主张的合作伙伴、为你提供资金支持的金融市场，以及对企业来说最重要的客户，他们不仅会看到你为他们所做的工作的巨大价值，还会看到谁将参与到持续改进中来。你的观点是否会出错呢？也许会，但大多数公司都对客户需求有着惊人的洞察力，优秀的领导者有能力瞄准只有他们公司才能解决的真正挑战（详见"克服大胆决策的不利因素"专栏）。

How Great Leaders Transform Their Organizations and Shape the Future

BEYOND DIGITAL

## 克服大胆决策的不利因素

如果你问一位高管是否愿意建立企业的竞争优势，你肯定会听到他们对于这项任务的坚定承诺。可是当要求他们做出大胆决策，放弃某些业务或构建全新能力时，他们往往会犹豫不定。为什么很少有企业能做出这样的重大决策呢？是什么原因阻碍了他们？

在研究中，我们找出了大多数首席执行官难以做出这些决策的 5 个原因：

- **股东与管理层的激励措施之间的分歧。**虽然股东可以通过持有投资组合来管理做出重大决策的风险，但高管在这个问题上则可能面临一些抑制因素。高管不仅关心大胆决策能否给企业带来不低于行业平均的收益水平，还关心这些决策能否给其个人公司或自身职业生涯带来回报。

- **长期视角与短期视角之间的分歧。**许多高管认为，做出重大战略转变并产生收益所需的时间超过了他们需要展示经营收益的时间跨度。短期业绩的市场压力往往会导致重大决策的推迟或优先级的降低。同样，高管们常常认为未来充满不确定性，因此长期投资可能会出现判断错误。

- **感知到的约束或真实存在的约束。**首席执行官们通常会沿用过去的决策，最明显的是与业务组合有关的决策，包括业务的地理布局。高管们的沿用惯性使作出明确的战略选择变得更有挑战性，特别是由于内部政治或其他原因而导致难以做出改变时。

- **无法看到明确的转型路径。**高管团队可能认识到企业需要转型，可能也知道转型的方向，但看不到实现转型的明确路径。例如，退出增长缓慢的大型业务，腾出这部分资金用于规模小得多但前景光明的业务等。

- **一朝被蛇咬，十年怕井绳。**在某些情况下，高管们之所以犹豫不决，是因为过去的重大战略决策没有得到很好的执行，他们担心采取新的重大转型决策也会有同样的遭遇。对这个问题我们的观点是，战略没有得到很好执行，其因往往是这些战略本身就是不可执行的。

尽管存在这些挑战，但我们知道，许多高管，包括我们为撰写本书所采访的高管们，确实在企业转型决策上具有极为坚定的信心，并因此获得了回报。

如果保护自己在市场中应有的地位还不足以成为企业下如此大赌注的理由，那么请记住，做得太少也是有风险的，而且高管们并不总是能准确衡量这种不作为或者少作为的风险。如果你没有做出这样的重大战略决策而竞争对手却做出了，对他来说这就是一个抢占你市场份额的绝佳的机会。

出租车行业就是一个很好的例子。在全球定位技术和智能手机应用技术出现之前，出租车行业的优势是熟知当地道路和建筑，通过出租车调度和呼叫系统，能够快速响应客户的用车需求，而手持智能终端和 GPS 的广泛应用削弱了这些优势，导致出租车行业的服务变得乏善可陈。司机和电话调度员往往不太礼貌，运营车辆也不总是能保持干净整洁。出租车公司并没有持续地采用新技术创造新的优势。出租车司机和车队所有者寄希望于监管机构会保护他们免受新进入者的威胁，认为没必要做出改变。由于缺乏真正的优势，出租车行业多年来一直处境艰难。直到最近，面对拼车公司的竞争，许多市政出租车公司才开始通过引入叫车应用和改善相关设施来提高自身竞争力。

如果市政出租车公司能够在多年前就重新畅想自己在行业中的定位并提早开始转型，那现在将会是什么样呢？

做出大胆决策的企业和高管都认识到，尽管当前环境充满了不确定性和波动性，但无论未来如何发展，你都可以做出自己不会后悔的选择。如果你选择的战略定位植根于如何为客户创造独特价值，那么无论世界如何变化，你所做出的许多选择最终都会是正确的。

关于风险的讨论通常集中在"如果我们做错了怎么办"上。这是一个合理的问题，但调整决策总比一开始就不做决策更容易，也更有成效。事实上，企业应该投入一部分资源用于探索和测试企业可以多快地迁移到其在市场中的新定位，以及这个新定位可以延伸扩张至多大范围。如果你觉得不确定性太大，眼下无法做出决策，可以推迟选择，或者先与其他企业合作来获得你所缺乏的能力，但不能为了逃避决策而故意拖延。如果你在任何方面都拖拖拉拉，缺乏决策能力会让你失去根本优势，在关键领域可能会暴露弱点，随着时间的推移你会变得越来越边缘化。尽管商业模式上的颠覆可能比许多人认为的要慢，但你可能会成为风险导向型竞争对手的猎物。

是的，世界充满不确定性，并且这种不确定性将持续下去，所以你必须具备灵活应对的能力。我们采访的所有领导者都表示，尽管所面临的环境充满不确定性，但他们最终都明确了未来企业将如何创造价值。对于花旗集团（该公司的案例我们将在后面的章节中详细分享）和印地纺（具体案例详见引言部分）来说，关于未来的理论是建立在坚信未来哪些事物不会改变的基础上，即未来人们仍然需要金融中介服务以及物美价廉的服装。对于飞利浦和日立等其他公司，这种关于未来的明确性基于这样一种观点，即价值池将如何从单点产品和服务转向更综合的解决方案，从而对客户产生更大影响。在所有案例中，这些关于未来的观点大多源自企业对各自市场的深刻洞察和经验。在某些情况下，当感知到巨大的外部变化时，企业领导者会评估多种未来场景，以了解他们如何帮助公司和市场向最好的方向发展，并且往往会发现他们重新畅想的定位会在多种场景下蓬勃发展。记住：你不仅要去理解对你产生影响的不确定性；更重要的是，你要参与塑造这种不确定性。

## 利用生态系统扩大视野

你的公司可能是若干生态系统的参与者或推动者。正如日立和小松的案例中所述（详见本书第 2 章），通过这些生态系统，企业可以洞察真正需要解决的客户问题，以及必须满足的用户最终需求。**深入了解你所参与的生态系统、如何为它们做出贡献，以及它们所创造的综合价值，可以构成强有力的洞察来源，塑造你对自己未来市场定位的思考。**

## 发现你的隐藏力量

你的公司或许能做一些很棒的事情，其价值远超现有的产品和服务。你需要去识别那些独特且宝贵的能力，并思考还能用它们做些什么来解决你在生态系统中观察到的一些大问题。亚马逊云科技（Amazon Web Services，AWS）最初是亚马逊面向内部业务提供的云计算能力，直到有一天公司突然意识到，如果将它作为一项服务提供给外部企业，云计算能力可以变得多么强大。对于自己究竟能为市场带来什么价值，组织需要毫无保留地坦诚反思，并勇敢质疑自己曾经擅长的领域在现在的市场环境中是否仍能站得住脚。强大的能力往往比市场、产品和服务更加可靠和持久，但它们需要维护、投资和持续创新。在你拥有的经营良好的企业中最有可能找到这种隐藏的力量。在每一次成功背后，我们总会发现高度差异化的优势引擎，这一引擎是指推动实现成功结果的能力或能力体系。问问那些表现出色的团队，成功的核心是什么，并评估这种优势如何以新的方式发挥影响力。

## 解除团队的束缚

**当你让自己受限于下面两个因素时，重新畅想定位是非常困难的：一是企业在过去做出的决策，二是你的团队认识到一连串的颠覆性力量将不可避免地影响企业的未来。**

由于企业的所有精力都投入在维持当前的投资组合上，过往决策限制了企业的领导团队可考虑的选择。但若投资组合仅反映了早期的价值创造模式如扩大规模以占据主导地位，并不能很好地服务于超越数字化的世界，那么应该怎么办？当领导者重新畅想企业在市场中的定位时，他们需要暂时将现有的业务是否适合未来这个问题抛到一边，更多考虑未来其他的可能性。你必须为企业如何转型绘制路线图，考虑投资组合决策的影响，而不是先从这些制约因素入手。

还有一点同样重要，你要将企业真正的外部性问题与团队实际能够控制的问题区分开来。我们经常看到领导团队会低估颠覆性行动影响他们所需的时间，并且高估他们对这些行动做出应对所需的努力和时间，导致一种"宿命论"的感觉。这种扭曲的看法往往导致领导者将改变视为被动发生在他们身上的事情，而不是他们能够也应该主动推动的事情。为了摆脱这个陷阱，你要确保在开始重新畅想自己在市场中的定位时，不去想竞争对手将要做什么，而是考虑你将要做什么来解决根本问题或需求。对于真正的外部性问题，比如政府监管或宏观经济状况，引领你的团队思考他们在一些特殊情况下应该作何反应。要知道你重新畅想的市场定位在不同现实条件下可能会实现，也可能不会实现，你需要为这些不同的情况做好预案。

基于这些经验教训，你可以遵照下列 3 个步骤，确定并捍卫未来自己在市场中的定位。

**第 1 步：设想创造价值的潜在方法**

重塑定位的出发点是界定未来人们将如何感知和定义价值。创造价值不再仅仅是实现短期利润和股东回报，更是为客户、员工和所处的社会创造价值。

基于这个更宽泛的定义，你可以开始思考企业该如何产生价值。我们建议你从 3 个角度进行观察。

**第一个观察角度是形成关于你所在行业的未来发展的观点**。利用你对客户的深刻洞察和你的市场专业知识，提出关于行业未来发展的观点，例如你认为客户和最终用户的需求将如何发展，包括 ESG 和技术趋势在内的大趋势将如何影响企业价值创造，以及价值池将如何转移等。我们提供了一些需要你仔细思考、帮助你形成关于未来行业观点的问题：

1.  在我们所处的行业和市场中，还有哪些重要问题尚未解决？客户和最终用户真正想要的是什么？在与客户交往的过程中是否有需要解决的痛点问题？例如交互界面被打破、信息无法流动、根据个人偏好定制解决方案等。

2. 客户需求将如何演变？人口结构变化、资源稀缺和城市化等大趋势如何影响重要客户和最终用户群体及其需求？特定行业的主要发展趋势是什么？它们如何影响客户和最终用户的需求？

3. ESG 要求将如何影响未来？价值观念将如何改变？我们能对环境、社会和治理产生什么积极影响？我们期待什么样的监管改革？

4. 技术将如何改变可能发生的事情？技术将如何彻底改变我们所做的事和我们做事的方式？我们的行业会不会出现一个颠覆者？如果必须重新进入这个行业，我们要从哪里起步？

5. 价值池是如何转移的？行业中的端到端价值链或价值网络是什么样的？向最终用户交付价值需要哪些步骤？每个价值链步骤或价值网络节点的利润份额是多少？这种改变将如何发生？是否存在一种技术可以以意想不到的方式改变价值链？

将这些关于行业未来的观点转化为价值创造理念，那就是你可以解决行业中哪些重要问题？你可以满足哪些基本客户需求？你如何改变这个行业？你可以利用哪些新的价值池？

例如，对于食品生产商来说，他们通过第一个观察角度可以产生价值创造理念，比如生产更多的植物基而不是肉基产品，帮助减少碳排放，同时提供满足消费者需求的更方便、更健康的食品。

**第二个观察角度是看看其他公司、行业的原型和潜在相似者。**我们将这些用于创造价值的常见战略原型称为纯音模式（Puretone）。思略特战略咨询公司（Strategy&）在 2008 年启动的一项研究中总结出这些观点，后来在《基础优势》(*The Essential Advantage*)[3]一书中发表了这些观点。这些纯音模式反映了世界各地企业的基本价值创造策略，可以帮助企业了解某个特定的价值主张是否与其业务相关。其中一些企业策略在近年来已经变得越来越流行，例如亚马逊（Amazon）和脸书（Facebook）等平台提供者，或是优步（Uber）或位智（Waze）等脱媒的企业策略；有些策略已经变得不合时宜，例如一些品类领导者或整合者的企业策略；还有些策略自始至终表现强劲，例如宜家（IKEA）或沃尔玛（Walmart）等平价竞争者的企业策略。纯音模式的完整列表详见本书附录，我们描述了 17 种不同的纯音模式并归纳出使用这些模式的公司，以及新的竞争动态如何影响每一种纯音模式。当你开始思考如何在业内创造价值时，可以参考这些纯音模式，也可以从其他行业中学习，看看其他经历过类似发展历程的行业是怎么做的。

对于上面提到的食品生产商来说，第二个观察角度使其考虑成为一个解决方案提供商，直接与消费者接触，满足他们在营养、食物和膳食备餐或产品搭配方面的需求。

**第三个观察角度是回顾企业的自身优势以及这些优势如何以他人无法模仿的方式创造价值。** 问问你自己：

- 哪些事情我们做得特别好？我们在市场上被广为认可和欣赏的地方是什么？我们在擅长的业务领域获胜的原因是什么？让我们获得成功的关键差异化能力是什么？
- 这些优势还能让我们做什么？它们能用来解决世界上、社会上其他的重要问题吗？它们能为我们的生态合作伙伴所用吗？

第三个观察角度是引导食品生产商利用其高效的供应链能力或独特的保鲜技术做更多更有价值的事情。

经过这三个角度的观察，你很可能会涌现出一长串关于如何在业内创造价值的想法。即便其中包含一些"疯狂的想法"也不要担心，你甚至可以故意注入这样的想法来解放团队思维，确保团队不会象征性地提出一些想法来敷衍了事。

### 第 2 步：把这些想法整合到与重塑定位相关的策略选择中

当你在第 1 步中拓宽了视野，提出如何在业内创造价值的想法后，第 2 步就是将这些想法整合到与重塑定位相关的策略选择中。

你所追求的是能与你认为的市场走向产生共鸣，并能发挥你的独特优势的一种价值主张。相关策略选择通常不是简单的某一个纯音模式。你可能会发现需要将多个纯音模式结合起来运用到真正差异化的强大价值主张中。这种策略选择不仅能解决客户的问题，还能让你获得可观的利润；不仅能满足市场需求，还能让你成为市场上特别擅长解决市场需求问题的企业，或者成为最先找到实现路径的企业。

当你做出相关策略选择时，务必把目标定高一些，不要被当前的价值主张或实现价值主张的能力所限制。21 世纪的生态系统可以加速企业转型，因此任何企业都能够更容易地与其他组织合作，从而为客户提供更大价值并获得完成工作所需的杰出能力。因此，确保你做出的相关策略选择包括了生态系统视阈的考虑，以及明确生态系统能够提供哪些助力。

我们的食品生产商可能面临三种选择：第一，成为一个价值提供者，专注于几个关键类别，利用规模导向的供应链能力降低成本，并在销售渠道中占据主导地位；第二，成为植物基食品创新者，利用深刻的消费者洞察，满足人们对健康饮食和可持续发展的期望；第三，成为健康食品解决方案提供者，满足人们对食品便利性和健康的需求。

## 第3步：做出大胆选择

当识别出与重塑定位最相关的纯音模式后，你需要对它们进行评估，明确哪些选择会让你获得制胜权。[4] 这涉及对两个方面的考量：市场潜力以及你提供真正独特和差异化产品的能力。

这时候，你会想要了解企业在每个大胆的定位下将如何发展壮大，以及市场将如何演变。你需要解决的问题包括：

1. 在每个不同的定位选择下，企业需要具备什么能力才能以对应的方式创造价值？在每种选择下要如何利用我们的独特优势？
2. 我们需要建立什么样的差异化能力？我们能否建立或获取那些缺失的能力？在这方面是否有竞争对手或潜在竞争对手，他们的赢面是否会更大？
3. 每项选择对我们的投资组合有什么影响？我们是否需要剥离一些业务或收购一些业务？
4. 每项选择将如何影响我们与生态系统合作和创造价值的方式？
5. 随着时间的推移，每项选择在市场中将如何演变？我们需要做些什么来塑造我们最好的未来？

　　为了回答最后一个问题，我们强烈建议你通过某种形式的沙盘推演来进一步思考：你应如何自我定位以应对当前或未来的竞争对手？哪些举措对确立你的定位十分有利？哪些举措则可能会让你面临风险？在这样的战略模拟中，不同团队将自己放在不同角色的位置上，通常包括企业员工、客户、竞争对手、生态合作伙伴和监管者等，并动态响应彼此的行动。通过在战略模拟中注入诸如规则变化或地缘政治动荡等冲击因素，你可以确定外部性因素是否会让你的定位不堪一击，你肯定想知道这些结果。但请记住，在大多数情况下，想要在市场中成功定位取决于你的所思所想和你在市场中的所作所为。沙盘推演让你有机会把这个过程变得更有创意、更吸引人、更有趣。当你试图定义一个全新的未来时，需要打破战略规划过程的旧模式。在这一旧模式中，人们被要求填写一个又一个战略规划模板，以解释他们为什么认为市场份额将增长 3% 而不是 4%。**重新畅想企业在市场中的定位需要人们发挥其全部的创造潜力，而沙盘推演是一种非常有效的方式。**

　　如果你的团队很难做到只选择一个方向，并希望通过多个选项来对冲风险，那该怎么办？记住，我们的目标是必须发挥团队的所有创造力并将其投入新的定位上，我们称之为连贯性。只要你的价值主张、差异化能力以及产品和服务组合协同一致，你就有机会赢得商业竞争的胜利，并在强大的差异化能力成为核心竞争力时获得规模化的经济效益。如果你通过试错从之前没有选择的选项中获得经验教训，就会发现有些不连贯性是自然的，甚至是有价值的。但无论发生什么样的不连贯性，试错都要保持在小范围内。你的领导者、组织、生态系统，最重要的是，你的客户都依赖你来实现企业所承诺的价值主张。

　　最终，你需要找到一个重要、独特且理所应当的市场定位。这个定位必须与有可能购买你产品或服务的客户或用户相关，你需要明确你在多大程度上改善了谁的生活或生意；你的定位必须是独特的，如果你消失了，市场上就会出现空缺；你必须理所应当地占据这个定位；你必须拥有或能够建立占据这个定位的能力，并能够比竞争对手更有效地做到这一点。

花旗集团的案例展示了其如何将这 3 个步骤付诸实践，从根本上重塑自身的市场定位，并持续创新。

## 花旗集团：从金融超级市场到聚焦数字化银行

BEYOND DIGITAL

花旗集团（以下简称花旗）成立于 1812 年，前身是纽约城市银行（City Bank of New York）。从美国内战到经济大萧条，到 20 世纪末开始的放松管制浪潮，再到 2007—2008 年的金融危机和随之而来的经济衰退，花旗在美国银行业历史上始终发挥着重要作用，既有成功的经验，也有痛苦的回忆。花旗一直走在创新的前沿：它在 1865 年资助铺设了世界上第一条跨大西洋电缆，并在 20 世纪 70 年代率先应用自动取款机。进入 21 世纪后，花旗已经成为一个真正的金融超级市场，拥有包括银行、经纪、债券交易、保险和资产管理在内的庞大业务组合，试图向世界各地的人们提供一切金融服务。迈克尔·科尔巴（Michael Corbat）的整个职业生涯都在花旗度过，并于 2012 年至 2021 年 2 月期间担任花旗集团首席执行官。据他回忆，当时盛行的企业管理风格是收购驱动型："你得走出去收购一项业务，然后弄清楚你要用它做什么。接下来继续重复这一过程，所以总是在做同样的事。"

花旗在其金融超级市场阶段收购的一项业务是次级抵押贷款，该业务市场在 2007 年崩溃并引发金融危机。2008 年秋，花旗曾一度濒临破产或被国有化，后来花旗和其他许多银行一起接受了美国政府 450 亿美元的救助，作为交换，政府将持有花旗集团股权。花旗已于 2009 年 12 月全额偿还了美国政府的贷款。但问题不只是次级抵押贷款，在金融危机爆发之前，花旗就已经偏离战略方向，难以从庞大的业务规模和营收中实现显著的净收入增长。

这次近乎破产的结果对公司领导者来说是一次痛苦的经历，但它也为企业转型提供了巨大的动力。在金融危机爆发时担任公司战略主管，现任花旗集团首席执行官的简·弗雷泽（Jane Fraser）回忆道，2008 年秋天的一个晚上，当时金融危机正处于最严重的阶段，花旗破产的可能性很大，"我们认为整个美国金融系统都在崩溃。当你经历了这一切，当你发现所有客户定金、系统中的所有存款，以及所有其他的一切都消失了，你就会非常清楚，当时，企业必须做出某些决策，但管理层对此却无动于衷。所有既得利益在一夜之间消失殆尽"。

科尔巴继续说："这场危机真正让我们陷入困境的是，我们需要重新定义和重组公司以创建可持续性，包括监管者眼中的可持续性，客户眼中的可持续性，以及员工眼中的可持续性。"

经过深思熟虑，花旗得出结论：花旗需要专注于能够取得成功的业务，这些业务必须更小、更连贯，才能让企业变得更强。高层团队认为，花旗需要回归本源。领导者们得出的第一个结论是，花旗的核心是一家银行，而不是保险公司，也不是资产管理公司和对冲基金或私募股权公司。领导者们得出的第二个结论是，花旗必须保持并利用全球化的独特优势，这对跨国机构客户来说尤为重要，这些客户需要一个可靠的合作伙伴，能够帮助他们管理复杂交易、多国货币和由于自身业务复杂性带来的风险。科尔巴说："接下来，我们把银行和全球化这两个坐标轴放在一起，然后问自己：'哪些业务合适，哪些业务不合适？'很明显，有些业务虽然不一定很糟糕，但并不是未来战略的核心业务。"领导者还希望确保花旗成为一个有抱负的主流品牌，这在某些业务和地区一直是如此，但在其他业务和地区则不然。

花旗的领导团队为了管理和剥离非核心资产，在公司内部设立了拥有独立的管理团队的子公司"花旗控股"。弗雷泽回忆道："我们非常清楚，需要有两个不同的实体。因为你不可能在早上琢磨如何把非核心业务卖个好价钱，而在下午又要思考如何发展核心业务。"

这种企业转型的规模是巨大的。通过花旗控股，花旗集团退出了40多个国家的60多项非核心业务，涉及大约8 000亿美元资产和大约10万名员工。在2009年成为花旗控股公司首席执行官的科尔巴说："花旗过去不曾有过这么大规模的尝试。当时，8 000亿美元要比摩根士丹利和高盛的资本规模还大，是通用电气资本规模的两倍。我们1/3的员工最终需要离开公司。"在机构银行业务方面，花旗的客户数量从3.2万减少至1.3万；在消费者业务方面，花旗的业务覆盖范围从金融危机前的60个国家减少至2020年底的19个国家。在商业银行业务领域，全球足迹对其价值主张的重要性远大于消费者业务领域。

花旗在市场中的新定位是"作为一家全球化银行，以负责任的方式为个人和机构提供金融服务，促进经济增长和企业发展"。因此，花旗致力于目标客户群体的内生增长。要做到这一点，领导者必须专注、执着于向客户提供服务并为其创造价值。科尔巴解释说："我们改变了运营模式，从一个以产品为中心的组织，转向构建多重客户关系的多元一体模式，以客户而不是以产品为中心。"此后的花旗更专注于增强提升客户体验价值所需的能力，以及丰富他们体验价值的方式，包括提供的产品、服务和解决方案，以及客户如何与组织交互的过程。

花旗在技术和其他能力推动因素方面进行了大量投资。很明显，要想成为最好的银行，就必须是最好的数字化银行。科尔巴表示："人们总是谈论规模以及规模化的优势。但是我们谈的是什么东西的规模？资产规模？存款规模？分支机构的数量？客户数量？还是业务覆盖的国家数量？可能这些都是，但我会把技术应用规模和技术上的投入规模放在首位。因为目前看来，这些才是真正的差异化因素。"据报道，花旗每年将大约20%的预算用于技术的开发和应用，并招募了数千名程序员、数据分析师和其他专业人士。在2020年，仅交易和投资业务部门就有2 500名专业技术员工。它还与贝宝（PayPal）和谷歌（Google）合作，提供额外的数字化服务，例如以财务健康和移动功能为核心的全新数字支票和储蓄账户。

包括科尔巴在内的领导团队所做的一切，都在鼓励人们跳出传统银行业的思维，思考那些可以产生更广泛影响的事情，思考花旗要如何为客户提供符合或超越他们所说的"生活中最美好体验"的服务方案。科尔巴说："无论客户以在优步的体验为最佳体验，还是以在亚马逊的体验为最佳体验，无论客户认为的最佳体验是什么，如果你还没有达到这一标准，你就依然存在弱点。我们需要承担为客户创造最佳体验的责任。如今，这种体验通常是以我们能从人们生活中消除多少摩擦来衡量的。摩擦就是时间，摩擦就是金钱，摩擦就是烦恼。人们期待良好的机构和制度能持续消除这些摩擦。如果哪家企业能做到这一点，我认为它就有能力保持竞争力。"花旗减少摩擦的服务是"简化文档流程"和方便的"数字登录"，有了这些服务，客户能够使用电子签名开户，这项服务在新冠疫情期间尤其受到客户的重视和欢迎。

花旗的转型还在进行当中，并定期进行回顾创新。当被问及从花旗控股学到的主要经验时，花旗集团首席财务官马克·梅森（Mark Mason）强调："我们一直在关注投资组合，并思考：'这样合理吗？我需要投入进去吗？这是不是我所拥有的核心能力？对我的客户来说，这是否至关重要？'在经历这一切后，我们思考战略的方式更加明智，会更愿意剥离那些没有战略意义的业务。毕竟，战略既关乎你决定做什么，也关乎你决定不做什么。"

这一原则也指引着简·弗雷泽在担任花旗集团首席执行官之初所勾勒的转型之旅。她再次明确花旗集团的定位为"在数字化世界满足客户全球需求的卓越银行"，并提出了指导战略持续更新调整的 4 项原则：

1. 诊断。在这个数字化程度不断加深的世界里,评估花旗的哪些业务可以保持或取得市场领先地位。

2. 聚焦。将投资和资源直接导向能够推动更强劲增长和提高长期回报的业务,并剥离那些达不到上述要求的业务。

3. 联动。确保业务能够很好地结合在一起,并能从这些业务联动中获益。

4. 精简。精简企业以便更好地服务客户,履行对监管机构的义务,并为股东释放价值。

这次战略调整促使花旗集团做出了一系列影响深远的决策。比如在亚洲、欧洲和中东的 13 个市场加大投资财富管理业务,并退出消费者业务,因为花旗在这些市场的业务规模不足以让其取得成功。

花旗集团的转型是勇敢的。大幅精简组织、基于规模更小但更强大的核心业务来发展企业,采取这些行动需要极大的勇气。花旗集团走上这条道路,是因为它面临着生存危机。它沿着这条道路走在世界的前沿,一路塑造着它的未来。正如简·弗雷泽在 2021 年 3 月 1 日就任首席执行官时所说的,要解决监管机构提出的严重问题,并提高银行收益,还有很多事情要做。

在经历了 2008 年的濒临破产和重塑定位之后,花旗银行在 2020 年被《全球金融》(*Global Finance*)杂志评为"世界最佳数字化银行"。它在过去的失败中学到的经验将在未来的发展旅程中发挥重要作用。

明确企业定位是企业在超越数字化的世界中取得成功的关键。请记住，获得竞争优势的基础已经发生改变，你必须比竞争对手表现得更好，不仅在现有产品和服务方面，更在你能够做的事情上。**如果不重新思考你为客户、最终用户和整个社会创造的价值，不界定你要增强的差异化能力，不突破你在过去竞争动态模式下形成的投资组合，你就无法保障企业的未来。**重塑定位需要你从根本上质疑企业存在的理由，并要求你做出重大选择，即便技术、市场结构、经济和环境状况等诸多不确定性会让你在夜里辗转难眠。

正如我们从研究的企业中所看到的，以及你可能从自身经历中了解到的，做出这样具有变革性的选择可能会让人望而生畏。但是看过这些企业的成功案例之后，我们也相信，一旦你做出这些重大选择，它们就会为你提供可靠的指引，帮助你掌控企业的未来、驾驭企业发展的旅程。

# 产业转型如何重塑中国企业的成功之路

——林骏达
普华永道思略特中国科技、媒体及通信行业合伙人

## 中国企业的独特机遇与挑战

在数字经济时代，中国各行业的领军企业面临来自政策、技术、市场、消费者各方面变化交织所形成的变革驱动力，企业的战略重塑需求更为迫切和深刻。

**在政策层面，企业从原有领域向外延伸扩展。**信创、两化融合、统一大市场等政策持续加码推动建立现代产业体系。数字产业化与产业数字化加速融合，传统产业的数字化转型全面提速。政策鼓励组建创新联合体、拓展融合通道，推动产业价值链上出现融合创新形态。

**在技术层面，新一代科技革命在中国迅猛发展。**中国的 5G 技术及

投资规模全球领先，云计算、物联网、扩展现实、区块链、人工智能、智能自动化等信息基础及新兴技术的发展和交叉融合形成了新技术群落和创新应用场景，如元宇宙、NFT[①]、UGC[②]等。技术为企业的产品和商业模式创新提供了手段支撑。

**在市场层面，**中国人均国内生产总值于 2021 年首次超过世界平均水平，国民财富水平的持续增长令中国仍然是全球最有吸引力的市场之一；同时支持国内国际双循环发展格局，为产业转型升级带来强大内生动力。与此同时，新冠疫情与复杂的国际贸易关系正在重塑产业结构，"黑天鹅"和"灰犀牛"事件频增。市场变化对企业的竞争模式和手段提出了更高的要求。

**在消费者层面，消费升级与扩容需求叠加并进。**银发群体、家庭及"Z 世代"等社会消费势力的变迁使得需求升级、需求多元化趋势明显，推动市场的专业化细分和服务的场景化、体验式发展。随着收入分配机制的变革和绝对贫困的消除，三四五线城市及农村地区的消费者成为消费增量主力军，下沉市场对产品、服务和内容的本土化要求更高。消费者需求的演变提高了企业价值创造门槛，有利于演绎更高水平的产品服务形态。

与全球趋势相比，中国的产业变迁、创新与生态具有更快的演进速度，中国企业对数字化生存与发展的诉求也更为迫切。但由于中国企业

---

① Non-Fungible Token 的简称，即非同质化通证，指使用区块链技术，对应特定的作品、艺术品生成的唯一数字凭证。

② User Generated Content 的简称，即用户原创内容。

信息化基础、管理水平和变革能力薄弱的现象仍普遍存在，数字化在产业层面的巨大潜能还远远没有释放。在产业换道升级的环境下，中国企业需要超越数字化技术层面的投资和部署，重塑发展定位，升级管理模式，开展更深层次的发展模式转型。

## 代表性产业的重塑发展之路

中国企业可以参考国外企业的"三步法"思路，重塑企业发展定位。首先，在整体外部环境巨变的情况下，洞察行业和标杆企业，了解价值的变化趋势并思考创造价值的潜在方式。其次，深入了解生态系统，识别自身在生态中的合理位置。最后，发掘自身潜力，识别差异化的优势和能力引擎。"三步法"的实施需要结合企业所在的产业特性进行灵活调整。传统制造业、房地产及汽车产业在中国实体经济发展中占据主导地位，产业发展的数字化重塑之路需要契合产业转型大背景，寻找符合自身特点的定位与价值以及能力的转型思路。

**第一，制造业的发展定位。**过去 10 年，部分制造业借助工业物联网、移动互联网和信息化软件技术在改善生产效率、扩大通路渠道以及提升管理水平方面已经取得了一定成果。而近年来经济换挡、贸易关系复杂化、新冠疫情等因素导致供需两侧承压，制造业企业更需要重设企业定位以实现创新发展。

首先，随着在全球产业链上话语权的加强，中国制造企业应积极向设计及品牌等高价值领域延伸拓展，ODM（Original Design Manufacturer，原始设计制造商）和 OBM（Original Brand Manufacturer，原始品牌制造商）将逐步取代 OEM（Original Equipment Manufacturer，原始设备制造商），通过直达客户获得洞察并建立面向客户体验的产品与服务设计与交付能力。其次，伴随产业发展国际化程度提升，领先企业通过构建强大的生态体系，聚合并赋能合作伙伴，提升区域客户覆盖，加强产业链控制力。在发展策略上，依靠成本领先的单一策略已不能在未来立足，应采用组合的市场打法向客户交付解决方案，或寻求技术方面的全球领先地位。

**第二，房地产业的发展定位。**随着供给侧结构性改革、监管收紧及需求侧城镇化降速，房地产粗放式、高度依赖土地资源及融资的高杠杆、高周转模式已不能持续，行业全面进入关键转型期。部分龙头企业已采取加快布局持有型物业、引入国有资产管理公司等举措纾解产业转型压力。

总体来看，中国房地产业的价值创造模式将从产品开发与销售转向长期价值经营与服务，运营模式从粗放式转向精细化。生态整合能力、资产运营能力、运用科技的力量满足用户个性化服务与体验需求的能力将成为行业制胜关键。行业龙头企业需要提前进行生态布局以谋求先发优势，并整合生态合作伙伴以快速推动行业整体变革。同时围绕用户进行数据资产的积累与运营，为后续服务提升与价值变现打好基础。

**第三，汽车产业的发展定位。**2020 年 11 月，《新能源汽车产业发展规划 (2021—2035 年 )》颁布，在 5 项战略任务和"双碳"目标驱动下，中国新能源汽车行业增速领衔全球主要汽车市场，并有望加速国际化。与此同时，2023 年新能源汽车国家补贴政策正式退出将导致竞争更加激烈，在安全、性能、质量和体验方面缺乏竞争力的厂商将被快速淘汰出局。

要在中国新能源汽车市场占据稳固地位，传统车企和造车新势力应首先加大对于自动化、电气化、互联互通等核心技术的研发和升级投入力度。其次，在商业运营方面秉承数字原生理念，凭借云服务和软件能力提升洞察用户需求的水平，通过数据运营围绕客户需求提供以汽车为中心的互联服务和良好的驾乘体验。最后，通过整合更多生态伙伴，构建从充电基础设施到出行服务的全价值链，并在出行等经常性服务和订阅型产品方面进行商业模式创新。

产业赛道趋势为企业重塑定位设定了环境特征和变革方向，但企业还需兼顾规模大小以及发展理念的差异。国企和大型民营企业应尤其注重进行关键核心技术攻关、提升核心技术创新水平，以获取难以被模仿的竞争优势。龙头企业作为产业创新生态的缔造者，需要推动跨组织、跨产业的组织管理模式、业务模式和商业模式的创新变革，以形成支持数据驱动、创新驱动、高质量的产业发展新模式，并在此基础上构建相匹配的治理体系，以推进管理模式持续变革提升。规模较小但成长性更好的专精特新型中小企业，关键要秉承数字原生的发展理念，找准自身位置、顺势融入生态，并在生态协同中加速发展。

## 结论与建议

数字化发展本身即是战略主题，而不仅仅是实现战略目标的工具与手段。在中国，各个产业所面对的颠覆性转型蕴藏着巨大的潜能。**未来 5 年，产业转型将重塑企业成功之路。对中国企业来说，这是构筑竞争优势、抢占发展主导权的关键时刻。**通过在战略定位、价值主张、业务形态、商业模式等方面的创新重构，先行者可以发挥既有优势，抢占新一轮产业竞争的制高点，而追随者则有机会发挥后发优势，借力生态系统加速发展。

# BEYOND DIGITAL

## 02

### 拥抱生态网络体系，共创价值

人各有所长，也各有所短。合作才能共赢。

——特蕾莎修女

## 小松集团，与客户建立更紧密的联系 ————— BEYOND DIGITAL

日本的建筑业目前面临着一个根本性的问题："1/3 的劳动力年龄在 55 岁及以上，即将面临退休，而年轻人又不愿意从事建筑业的工作。"日本小松集团社长兼前首席执行官大桥彻二说道。根据日本建筑承包商联合会（Japan Federation of Construction Contractors）的预测，到 2025 年，日本的技术熟练建筑工人的缺口约为 130 万人。在此期间，日本社会对技术熟练建筑工人的需求会不断增加。"道路、桥梁等公共基础设施正日益老化，而洪水、地震等日本频繁发生的自然灾害更让这一状况雪上加霜。"大桥彻二表示。

2013 年，大桥彻二被任命为小松集团总裁。小松集团在行业内首先引入先进的机械施工设备，这些设备运用全球定位系统、数字测图、传感器和物联网连接等信息和通信技术（Information and Communications Technology，ICT）来提高施工效率，以此来解决建筑行业迫在眉睫的劳动力短缺问题。

小松集团的员工们清楚地意识到，只有和客户建立更紧密的联系，才能更好地了解客户所面临的工地现场问题。大桥彻二也由此得出结论，集团可以利用自2000年以来建立的租赁业务网络与客户建立紧密联系，从而取代传统的"产品输出"的工程机械销售模式。

通过和客户之间建立更紧密的联系，小松集团也从中获得了一些独特的见解，领导者们很快发现新机械的引入并未带来预期的生产率提高。他们发现在使用机械的过程中，施工现场的上下游工序之间都存在瓶颈。例如，在公路施工现场，虽然小松集团的ICT机械可以转运并倾倒比传统机械多50%的土方，但建筑公司无法明确工地转运土方所需的自卸卡车数量和转运时间安排。此外，建筑公司也无法准确预测需要转运的土方量。

小松集团的一个团队经过分析后发现，其先进的工程机械仅对建筑工地众多工序中的少数几道工序的生产率产生了影响。显然，想要大幅度提高建筑工地的生产率，通过改善个别公司的个别任务是无法实现的，集团需要加强对工程参与各方的统筹协调。因此，2015年大桥彻二创建了智能施工推进部，以便更密切地与客户和其他参与建设项目的利益相关方合作。大桥彻二任命负责领导施工现场分析团队的四家千佳史管理该部门。

四家千佳史回忆道："大桥先生要求我们分析从接到订单开始到订单完成的整个运营过程，并始终基于建筑工地的实际情况和各方参与者的角度来看待问题。他说，即使最后得出的结论是让客户不选择使用小松的工程机械，我们也必须坚持这么做。"因此，智能施工的目标不只是销售、租赁和维修机械，还包括设计施工方案，使客户能够有一个更安全、更高效的建筑工地。

几个月后，新的施工方案上线，其中包括高清无人机测绘和 3D 地理数据、建筑工程规划工具，以及管理和使用云端 3D 数据的工具。毫无疑问，小松集团无法独立开发所有这些解决方案。小松集团获取并整合了许多其他公司独有的能力，包括 Propeller 公司在无人机测绘和分析方面的能力，英伟达（NVIDIA）在图像处理、虚拟化和人工智能方面的经验，研华科技（Advantech）在车载计算和通信方面的专业知识，以及 Cesium 的 3D 地理空间技术等。[1]

小松集团在现场测量、设计，施工前、施工中、施工后的检查、养护和维护等整个施工工序中使用 3D 数据，努力实现建筑工地各要素如机械、泥土、建筑材料等的可视化。小松集团如今可以通过数字化方式将所有参与建设和生产任务的人员和公司联系在一起。随着可视化程度的提高，整个生态系统中的各家公司可以通力合作以提高效率和生产力。

从 2017 年开始，小松集团推出了开放式平台 Landlog，以进一步推动建筑业的发展，并提升客户服务体验。Landlog 平台可以使用来自其他公司的机械和小松智能的施工信息，主要具有以下三个功能：施工工序可视化；将数据和图像转换为可操作信息；提供应用程序编程接口（Application Programming Interface，API），该接口可以帮助用户在 Landlog 平台建立自己的应用程序，让建筑工地更智能且更安全。例如，通过无人机可以将一个典型建筑工地的勘察时间从 3 天缩减至 20 分钟，Landlog 随后可以整合无人机收集的数据对自动推土机进行编程。据实施工地智能化的客户反馈，施工进度可以比原先加快一倍，在节省资金的同时也减轻了建筑工人数量短缺的压力。[2] 在日本，大约 90% 的建筑公司的员工人数在 10 人以下，年营业额低于 60 万美元，因此小松集团向这些建筑公司提供了他们自身无法开发的能力。随着客户数量的增长，小松集团也可以通过拥有更多数据、更多应用程序以及更高的能力投资杠杆来提高自身的能力。

在逐一实现单个施工过程的数字化即"垂直数字化"之后，小松集团最近推出了"智能施工数字化转型"的全新物联网设备和应用程序，以实现整个施工工序的数字化，即"水平数字化"。这样就可以通过将现场工地与其"数字孪生工地"同步来优化工地操作，从而大幅度提高整个工地的安全性、生产率和环境绩效。随着单个工地实现数字化，下一步将通过远程连接对多个工地进行优化，即"深度数字化"。[3]

四家千佳史表示："小松集团正试图利用新的开放平台、应用程序和物联网设备的智能施工系统塑造自己的未来。以前，我们只参与了与集团自身机械设备相关的工序，但不能解决客户的问题。我们需要让更多的人参与进来，这就需要让各方有一个能够协同工作的平台，为此我们创建了 Landlog。实际上，这个平台有可能会改变建筑行业的产业结构。"

截至 2020 年底，小松集团的智能施工解决方案已经应用于日本 10 000 多个建筑工地，同时也在美国、英国、德国、法国和丹麦等其他国家进行推广应用。虽然这些国家可能并不存在建筑工人人口老龄化的问题，但智能施工解决方案在提高建筑工地安全性和生产力水平方面同样适用。

日本跨国公司小松集团成立于 1921 年，作为一家工业设备和建筑设备制造商，百年来经历了许多起伏兴衰和变革。不过，小松集团从根本上重新思考了自己的运作方式以及为客户创造价值的方式，这有助于集团重塑企业未来并从容地在超越数字化的现实世界中占据一席之地。

当你的组织重新畅想自己在不断变化的商业环境中所处的定位时，当组织构建未来的差异化能力时，你在如何利用商业生态系统带来的改变游戏规则的机会方面无疑将面临许多选择。

## 为什么生态系统很重要

正如我们在第 1 章所讨论的，你在市场中的定位必须立足于解决真正的客户或最终用户的问题。然而，**目前许多尚未解决的问题是如此庞大和复杂，没有一家公司能够单独面对**。以解决人们对移动出行的需求为例，需要应对公共交通、共享出行、私人交通工具、基础设施、公共 5G 网络、能源供应、融资、监管等诸多因素的挑战；又如要解决人们对健康的需求，需要改善预防、诊断、治疗和治疗后的护理情况。这些问题只能由诸多企业和机构组成的网络来解决，他们必须朝着共同目标携手迈进。鉴于这些挑战的庞大规模以及解决这些挑战所需的投资，选择与生态系统合作几乎是唯一的办法。

此外，期望客户成为供应商集成者的时代已经结束。如今，客户希望供应商不只是简单地提供零件，而是共同合作，提供像小松集团通过其生态系统为建筑公司设计的那种整合的解决方案。客户期望稳步提高，因为他们整合多个供应商及合作伙伴资源的挑战和成本越来越高。供应商必须处理大量的复杂问题，这样他们的客户就无须应对这些问题，客户也会因此而给予他们回报。

**与生态系统合作至关重要的另一个原因是：企业没有足够的时间或金钱来建立所需的能力和规模。**例如，在超越数字化的世界里，数据是一种硬通货，可以建立深刻的客户洞察，从而为企业价值主张提供支持（详见本书第3章）。你必须到企业外部去获取相应的数据和达到一定的数据规模，才能获得这些洞察。此外，你需要在别人打败你之前迅速扩展你的差异化能力。你不能因为无法及时找到足够的人才等原因而承担失败的后果。考虑到在某一特定领域具有深厚专业知识的人才，通常更喜欢在专门从事该领域且可以提供具有吸引力的职业发展通道的组织内工作，你可能需要通过生态系统来充分利用他们的技能。更重要的是，技术选择通常会产生长期影响，你可能需要整合其他企业的一些创新，而不是自己开发技术，从而帮助你降低技术过时的风险。在一个值得信赖的生态系统中，融合他人能力有助于快速、可靠并以较低成本开发你的差异化能力。有一点一定要铭记在心：你将完全拥有某些能力并扩展能力规模，你将成为所有这些专业知识和数据的整合者，但最重要的是要思考你真正的差异化能力在哪里（参见"现代商业生态系统的本质"栏目）。

How Great Leaders Transform Their Organizations and Shape the Future

## 现代商业生态系统的本质

　　"生态系统"一词最早出现在商业战略家詹姆斯·弗·穆尔（James F. Moore）于 1993 年在《哈佛商业评论》上发表的一篇文章中，他后来以在开放技术、设计思维和社会变革等领域的思想领导力而闻名。[①] 穆尔描述了在数字化时代早期建立新型生态网络的企业。过去，网络主要用于战术层面，通常局限于供应商、分销商、销售渠道和少数其他合作伙伴。他们一般是仅限会员加入的封闭群体，采用中心辐射型模式，大多数连接（及大部分价值）都流向位于网络中心的领导者，主要是为了帮助领导者降本增效。汽车或纺织行业的制造外包交易就是典型例子。

　　相比之下，在 20 世纪末和 21 世纪初发展起来的商业生态系统更具战略意义。除了实现降本增效，在许多情况下，生态合作伙伴还在合作改善客户成果和创造新市场。这些新的生态系统往往涉及更多的合作伙伴和更多样化的群体，通常情况下，运作几乎没有正式规则，参与者的阵容也在不断变化。他们之间的联系通常是多对多，而不是多对一。

---

① James F. Moore, "Predators and Prey: A New Ecology of Competition," *Harvard Business Review*, May–June 1993.

新生态系统的一个显著特征是，合作伙伴共同努力实现总价值最大化。不同于 20 世纪企业通过购买材料或服务来提高自己的生产率的外包安排，新的生态系统中合作伙伴共同努力来改善面向最终客户或用户的结果——以实现一个能够给所有人都带来更高回报的结果。

目前已经形成了 4 种主要的生态系统类型：围绕平台提供者、协调者、整合者或创新伙伴关系构建的生态系统。最广为人知的是那些以平台提供者为中心的生态系统。例如亚马逊构建的生态系统在市场上连接了买家和卖家；脸书构建的生态系统让用户可以通过社交平台进行联系。协调者主导的生态系统促使多个参与者一起协作，服务于更广泛的客户目标，由其中一个参与者将生态系统的基本面汇总起来，协调运作，但不是把它们捆绑在一起。小松集团就是一个协调者的例证，它允许多家公司在一个支持建设项目的平台上共享信息，从而让客户受益，例如提供需要转移的物料数量，协调挖掘机和自卸卡车，最大限度地减少非生产时间。第三种类型是围绕整合者构建的生态系统，它将相关产品和服务进行捆绑。医院是最好的例子，它将医生、医疗服务和门诊整合到一个护理系统中，为患者提供服务。第四种类型是围绕创新伙伴关系构建的生态系统，涉及跨公司合作、共同开发突破性产品。这在汽车或航空航天公司中相当常见，他们在由供应商及合作伙伴组成的庞大生态系统中合作，共同开发产品和制定解决方案。

所幸的是，数字化技术已经减少了建立和管理生态系统的一些障碍。合作伙伴间更广泛的实时连接意味着那些传统的中心辐射型网络可以重新配置为多对多关系。此外，数字化技术更容易分析和跟踪每个合作伙伴贡献的价值，并拥有安全的支付机制，有关信任的潜在担忧也有所缓解。关于生态合作伙伴正在做的事情，也有了更多的实时透明度，便于更早发现不良行为。通过区块链等技术保护知识产权的机制也得到了改善。当然，挑战并没有消失，但总体而言建立和解除合作关系变得更加容易。

飞利浦公司的重大转型（详见本书第 1 章）就是企业如何从生态系统中开发出全新商业机会的良好例证。随着飞利浦重新专注于提供更好的健康服务、提高效率、改善患者和护理人员的体验，领导者明白这些目标本质上必须在更大的医疗生态系统内才有可能实现。因此，飞利浦与健康系统、医疗设备公司、直接竞争对手、家庭护理供应商、技术公司等建立了生态合作伙伴关系，为医院客户提供基于结果的医疗保健服务。例如，飞利浦与瑞典卡罗林斯卡大学医院建立了具有高度创新性的 14 年战略合作伙伴关系，两家机构共同努力，改善患者的整个护理生命周期，例如包括减少端到端就诊治疗时间，以挽救被紧急送往医院的中风患者。[4]

飞利浦的首席创新和战略官杰伦·塔斯以飞利浦公司在业内领先的磁共振成像设备生产技术为例，阐述了该公司如何利用其生态系统达成目标："如果我们谈论的不仅仅是磁共振成像，而是要更精确地诊断患者，我们可能需要结合磁共振成像、超声波、数字病理、基因组学和许多其他我们不做的东西。我们可能需要与竞争对手安装的磁共振机进行连接。这意味着我们必须重新思考如何设计这些解决方案，如何与他人的产品和服务联系起来。"

微软公司首席执行官萨蒂亚·纳德拉（Satya Nadella）表示："合作常常被视为一种零和游戏，一方有所获得，另一方必定有所失去，但我并不这么认为。如果做得好，合作能让客户及每个合作伙伴都从中受益。"⁵在纳德拉的领导下，微软公司重振合作精神。目前全世界有成千上万家公司建立并销售使用微软产品及服务的解决方案。产品与服务得到了更广泛的应用，这给微软带来了极大的优势。与此同时，合作伙伴也可以利用微软的优势，开发针对特定市场和需求的解决方案。客户也能够从中受益，其多样化的需求得到满足，这是任何公司单凭自己都无法做到的。

考虑到生态系统带来的优越性及其可获得性，我们没有办法绕过它们。无论你是否决定利用生态系统带来的经济效益，你的竞争对手都不会放过这个机会。任何一家公司想要在数字化时代蓬勃发展，都不能忽视这一现实。固守领地创造价值在过去可能对你很有帮助，但不适用于未来。

一个强大的生态系统有可能改变整个行业的运作方式。我们来看下一个案例，这家企业在印度建立了一个珠宝工匠生态系统。

## 泰坦：通过广泛的生态系统合作重新定义企业未来及其行业的未来

BEYOND DIGITAL

泰坦有限公司（Titan Company Limited，以下简称泰坦）是一个自然生态系统的参与者，在引入现代性和规模化的同时保留了工匠的原始艺术，从而改变了印度的珠宝行业。

泰坦是印度塔塔集团旗下最大的消费品公司。塔塔集团成立于1868年，业务涵盖软件、汽车、钢铁、化工、通信、咨询和消费品等。泰坦成立于 1984 年，原名为泰坦手表有限公司，随后几年开始多元化经营，进军珠宝、眼镜、香水、配件和印度女装（奢侈莎丽服）市场。1994 年，泰坦将业务扩展至珠宝领域，旨在抢占这一碎片化市场。当时，印度的珠宝业务高度本地化，几乎没有品牌珠宝的概念。人们通常从父母和祖父母信任的同一家珠宝商那里购买珠宝，而且大多数珠宝都属于定制商品。

泰坦进军珠宝市场的过程并不容易。泰坦董事总经理和前任珠宝业务首席执行官文卡塔拉曼（C.K.Venkataraman）说："在我们的心中，从生产手表之初，我们就是一家制造公司。因此，我们没有从当地工匠那里采购珠宝并专注于零售，而是建立了自己的珠宝制造工厂。"泰坦开始大量借鉴欧洲当代品牌的设计，但未能引起当地消费者的共鸣。

在经历了数年的困难时期后，泰坦决定暂缓一步，在增加独特价值的同时，提供客户以前习惯购买的更多产品。其领导团队认为，他们必须从以制造为中心的公司转变为由印度当地工匠及其客户组成的现有生态系统的推动者，同时利用泰坦的独特能力改善和优化整个系统。公司致力于将现代零售体验与传统手工品质和信任感相结合。

文卡塔拉曼说：

直到 2006—2007 年开始接触当地工匠时，我们才认识到，在过去的三四百年里，他们的工作方式几乎没有改变。很难想象，令人惊叹的珠宝竟然出自如此简陋的地

方：这些房间面积很小，天花板很低，夏天温度经常高达
40 ～ 45 摄氏度。工匠们坐在地板上工作、吃饭和睡觉，
头顶上方只有电子灯管提供照明。在如此恶劣的环境下工
作对工匠们来说是不公平的。我们意识到，如果不从物质
上改变他们的处境，就没有办法让公司的创新模式发挥作
用。所以我们的任务是为他们提供更好的环境，让工匠重
新展露笑容。

2014 年，泰坦在印度泰米尔纳德邦的霍苏尔开设了第一个"工
匠珠宝制造中心"。[6] 该中心为工匠们提供专用的工作站、舒适的
住宿、干净的食堂和一个娱乐区，共可容纳 300 名工匠。此外，泰
坦还建立了一个由 80 ～ 90 个合作伙伴组成的生态系统，这些合作
伙伴总共雇用六七千名工匠，遍及三四百个工作地点。文卡塔拉曼
说："对于每个合作伙伴和工作地点，我们已经确定了他们在人员、
流程、工作区和配套环境这 4 个维度的运作方式。以工作区为例，
我们观察工匠们的工作台、他们坐的椅子、使用的工具等。我们将
工匠的熟练程度分为低级、初级、标准和世界级，对于其他几个维
度也进行相应的分级。我们为每一个地点和供应商合作伙伴制定了
4 年发展计划，以便到 2023 年，他们在任何一个维度都能达到标准
级别。"这个计划在显著改善工匠工作条件的同时，也提高了产品质
量。例如，机器制造的部件比手工制造的对称性更好，也更精确。

泰坦还改善了客户体验。虽然与客户的交流主要是通过泰坦在
印度各地 400 多家门店的员工进行，但如今，数字化渠道在了解客
户需求和个人定制产品方面发挥着重要作用。泰坦前任首席执行官
巴斯卡尔·巴特（Bhaskar Bhat）补充道："在过去几年里，虽然分

析客户和进行客户关系管理不是我们最大的投资，但却是我们最重要的投资。我们的综合忠诚计划（Encircle）总共拥有大约1 800万名用户。采用数字化方式与客户互动，使我们能够理解客户行为，并有效地将之转化为1 000多种有针对性的促销活动。"

文卡塔拉曼说："工匠关注计划对珠宝部门来说是一项巨大、激动人心且极具解放性的计划，因为我们保留了工匠的原始艺术，同时引入了现代元素。"泰坦的生态系统合作大获成功：其旗舰品牌Tanishq成为印度的领先珠宝品牌；从2014年至2020年，泰坦的珠宝业务收入翻了一番，利润增长150%。

现在我们来看看，你和你的领导团队可以采取哪些措施来确定应该关注什么生态系统，以及如何在其中发挥作用。

## 确保生态系统战略的有效性

由于你可能已经参与到许多生态系统中，那么拥抱生态系统并创造价值的起点就是列出你已经加入的生态系统清单。仔细思考产品和服务的最终用户是谁，然后想想在你朝着更大目标迈进时，还有谁能对此做出贡献。想一想其他公司可以提供哪些产品、服务和能力，能对你的价值形成补充，并更好地服务于你的最终用户。

想象一下未来你可能会参与到哪些生态系统中，即便你现在还不是其中的一员。你可以通过合作伙伴接触到哪些新客户？你能收集到哪些重要数据？当你重新畅想市场定位时，可能已经考虑过其中的一些问题，但与生态系统合作是你在参与解决重大客户需求和社会问题方面，持续挑战自我并提升能力的好机会。

这绝非易事。在我们研究的企业中，领导者并不总是从一开始就能制定正确的生态系统策略。有时他们不得不进行反思并做出纠正。但他们强调了一些有助于生态系统策略发挥作用的因素，主要包括 4 个方面：

1.    塑造你对生态系统的看法——你应该在生态系统中发挥什么作用？
2.    关注你为生态系统创造的价值，而不仅仅是你从中获得的价值。
3.    明确你为生态系统做贡献的能力、从中获得的能力，以及与生态系统共同交付的能力。
4.    与你的合作伙伴建立信任和深度理解。

## 塑造你对生态系统的看法

正如本书所述，在超越数字化的时代，企业需要将注意力放在价值创造上，这项原则也会帮助你思考企业的生态系统战略。在开辟新的前进路径之前，需要有所放弃，其中也许包括抛弃企业的某些数据。只要你能通过生态系统来衡量企业正在创造的价值就足够了，至于你拥有什么，则无需过多担心。

考虑你是否有成为生态系统的推动者所需要具备的条件，无论你是作为平台提供者、协调者、整合者，或是创新伙伴关系组织者。你需要在一系列能力方面出类拔萃，包括开发和管理一个可靠的平台、推动技术创新、开展价值管理、建立和维护合作伙伴关系，以及对生态系统进行可信治理。这需要企业投入大量资金，持之以恒地管理各种因素的高度波动性。尽管介绍企业成为所在生态系统中下一个亚马逊、优步或爱彼迎（Airbnb）的文章已经有很多，但要记住，这些企业都必须在不盈利的头几年里生存下来，同时还要维持巨额的投资，确保达到一个成功的平台所需的最小规模。

平台提供者尤其需要在需求侧、供应侧或在两侧同时构建显著的网络规模。网络规模是平台价值主张的重要组成部分。例如，对于拼车公司来说，使用平台的消费者越多，平台就越能吸引司机加入；平台拥有的司机越多，为消费者提供的服务体验就越好。成功的平台能实现这种正循环并据此强化自身优势。当平台提供的收益较小时，供应商和买家可能不得不加入多个平台。例如许多消费者和供应商会同时加入多个外卖或娱乐平台。如果你考虑成为平台提供者，那么清楚地了解消费者和供应商同时加入多个平台会产生什么网络效应、会遇到哪些障碍将至关重要。

考虑到网络平台本身的价值，一些平台提供者错误地认为，拥有网络平台这一点就足以让他们获得持续的竞争优势。然而，如果对于网络平台之外的差异化价值投入不足，平台提供者仍将面临风险：如果另一个网络平台提供者提升了有意义的差异化价值，或是政府为防止你的网络平台规模过大而进行干预，你就可能会失去自己的优势和市场地位。

随着时间的推移，要想成为成功的平台提供者和赋能者，你需要持续投资和升级你的价值主张以保持领先地位、维持平台网络参与者的忠诚度。例如，亚马逊不仅首创"一键购买"的服务，还在 Prime 服务计划上进行了大量投资。Prime 服务计划一开始提供"两日达"免费送货服务，这使得在美国的 1.5 亿 Prime 会员更有可能选择从亚马逊购买商品。该公司继续为 Prime 会员增加包括娱乐在内的会员专属权益以增强客户黏性，并阻止竞争对手的跟进意图。该公司正在对其供应链进行大规模投资，以实现低成本、高可靠性的配送服务，这导致其他公司越来越难以与它竞争。

无论你是平台提供者、协调者、集成者还是创新伙伴关系组织者，成为一名生态体系中的推动者都将是正确的选择。但除了成为这 4 种角色之外，还存在其他能够创造价值的方式，即成为多个生态系统的一个或多个组成部分。生态系统作为一个整体所产生的价值将远远超过单独行动所能创造的价值。飞利浦战略、并购与伙伴关系主管斯图尔特·麦克龙（Stewart McCrone）说："你必须停止把自己视作宇宙的中心。必要时，把自己置于辅助角色。在一个多方获益的生态系统中，即使你排在第二名或第三名的位置，也能从中获益。虽然要在心理上做出这样的转变很难，但我正在推动我的团队不断思考生态系统是什么、它将走向何方，以及我们如何发挥作用。我们可以担任主角，也可以是配角。"

作为参与者开始往往更简单，因为超越数字化时代的商业摩擦减少，参与者更容易与他人产生联系，并进入某个生态系统中。参与者通常提供数据、客户访问、知识产权或价值链的一部分。但对于参与者来说，对差异化能力的要求甚至比对生态系统推动者的要求更高。事实上，你可以很容易地进入某个生态系统中，这意味着竞争对手同样也可以，这既影响到你在生态系统中的份额，也影响到你对生态系统其余部分的重要性。你还必须确保选择进入的生态系统是最成功的那一个，因为即便你发挥了自己的作用，如果另一个生态系统整体表现更优异，你仍然会失败。因此，你必须留意生态合作伙伴和推动者的真实意图。

　　你的角色也会发生变化。小松集团起初并没有计划开发 Landlog 平台来协调其生态系统。当他们发现，如果没有这个系统他们就无法像预期的那样提高客户建筑工地的施工效率时，领导层才决定将企业转变成生态系统推动者，而不是扮演参与者的角色。

## 关注你为生态系统创造的价值，
## 而不仅仅是从中获取的价值

　　如果生态系统繁荣，每个人都将受益。如果个体成员只关注他们从生态系统中获取的价值，那么生态系统就会分崩离析。

　　你需要考虑如何与生态合作伙伴协作以增加生态系统的价值。**你的价值主张必须有助于增加生态系统的价值，而生态系统也必须反过来有助于扩大你可以创造的价值。**如果没有这种协作，你所拥有的只是略胜一筹的传统伙伴关系或"客户－供应商"关系，这或许有价值，但很可能无法帮助你创造真正的差异化价值。

　　泰坦本可以试图让工匠们在价格上相互竞争，从而提高自身利润，但这将导致工匠的处境进一步恶化，从而削弱他们对生态系统的兴趣。泰坦的管理层做出了相反的选择。他们认识到需要从物质上改善工匠的工作条件，否则就没有办法让这一模式有效运行——无论是现在还是将来，由于工作条件恶劣且报酬有限，工匠们的后代不再会选择继承父辈的职业和技艺。相反，泰坦与其生态系统建立起共生关系，既可以获得工匠的精湛手工技艺，又可以通过各地合作伙伴销售满足当地消费者不同品位的珠宝需求。工匠的工作条件得到极大改善，其作品也借助生态系统的渠道网络销售到了他们所在村庄以外的客户手中。印度各地的客户都可以在享受现代化零售体验的同时，购买到值得信赖的传统风格的高品质珠宝。泰坦、工匠和客户三方都通过这个生态系统获得了更大的价值。

当每个人都有所得时，就表示生态系统运行良好。企业必须衡量自己从这个生态系统中获得了什么以及为之贡献了什么。

## 明确企业向生态系统贡献的能力、从中获得的能力，以及与生态系统共同交付的能力

如前所述，现代商业生态系统的主要优势之一是，它们可以使你具备以灵活、快速、规模化的方式获取合作伙伴的能力。为了在这个新世界中茁壮成长，你需要重新评估自己能做什么、合作伙伴能做什么，以及在什么情况下需要联合起来构建所需的差异化能力，这很可能会大幅度重塑企业的边界。

首先要明确，究竟是什么样的关键能力或举措造就了企业现在的市场定位，实现了自身向生态系统承诺的价值，这是你应该重点关注的事情。对于其他任何事情，生态系统中都可能会有其他人能做得比你更好，或许是因为这些活动更接近他们的核心目标，或许是因为他们已经建立起比你更大的规模优势，等等。

对于实现价值主张的核心能力而言，虽然你需要交付该项能力产生的最

终结果，但这项能力的每个部分不一定全都要在企业内部开发，你也可以将所需能力与生态系统结合起来。尝试思考以下问题：

1. 需要集成哪些部分（比如特定技术）才能使我的这些能力达到世界级水平？

2. 在我们的生态系统中，是否有人可以帮助我们弥合差距，而又不会让我们的差异化能力面临风险？在我们的差异化能力方面，他们是否可以做到比我们更快、更好，而且成本更低？

3. 这是不是我们因为不确定性而不愿倾力投入的领域？我们是否应该考虑与合作伙伴共同承担风险？

仔细思考这些问题将有助于评估你应该做什么，以及应该在哪些领域寻求合作。适用的模式很可能随着时间的推移而改变，因为随着专业化程度的提高，获得成功的条件也在随之发生变化。

## 与合作伙伴建立信任和深度理解

要让生态系统发挥作用，你需要真正了解对你的生态合作伙伴来说什么最重要。在生态系统内建立信任，并在推动共同的变革上进行投资。

**第一，深入了解对生态合作伙伴来说重要的事物是什么。**为了共同创造价值，你需要了解是什么激励着你的生态合作伙伴，他们是如何工作、如何思考的，他们的组织基因是什么样的，以及你所做的事情如何真正帮助他们增加价值。对于不了解的对象，你是无法与其开展有效合作的。

我们指的不是为了展示相互理解而做的表面功夫，比如举行联合社交活动和年度启动大会。虽然这些策略有其作用，但成功的生态系统关系需要真正在合作上投入时间，即使不一定能够取得立竿见影的效果。作为优化合作伙伴关系的一个具体举措，微软成立了"统一商业合作伙伴部门"（One Commercial Partner），专注于更好地了解合作伙伴的需求，简化合作伙伴与微软销售组织之间的协同互动，并使合作伙伴能够更有效地为客户提供服务。为了真正加深彼此间的相互理解，一些企业甚至决定共享办公空间，或者选择在同一个地点办公。

真正了解你的生态合作伙伴需要时间和精力。他们可能来自不同的行业，行业监管更严格或更宽松，或者行动速度与你所习惯的大为不同。他们在规模上可能比你要小得多，也可能会比你大得多，在生态系统环境中工作的经验可能会比你多，也可能会比你少。要理解他们需要什么以及为什么要这样做并不是容易的事，但是如果对生态合作伙伴缺乏深度理解，你就无法在超越数字化时代创造出所需的价值。

第二，与你的生态系统建立信任。不同的参与者之间需要相互信任，不仅要遵守生态系统的规则，而且要对自己在合作关系中的目标与意图保持真诚。生态系统合作通常需要时间（有时需要多年）来培养正确的关系，以建立所需的信任和理解。当像飞利浦这样的公司着手开发基于生态系统的价值创造模式时，他们开拓的具有显著成效的领域，是与关系良好的合作伙伴及客户共同耕耘的结果。基于生态系统的合作可能还需要每个参与者在领导力、内部治理和金融资本等方面做出重大承诺，以建立彼此之间所需的信任。

确保在客观衡量绩效和构建信任机制上进行投入。如今，一些生态系统使用区块链安全令牌等技术来确保生态系统内的可信交易，另一些则使用独立第三方来审核并确保合作关系中的互信。无论你选择哪种方法，都要形成信任机制并持续进行维护，从而确保生态系统的健康发展。

**第三，在变革管理上进行投资。**许多领导者已经习惯于将一些后台流程外包出去，但生态系统是一个非常特殊的合作类型。构建生态系统不是为了降低几个百分点的成本，而是致力于为客户实现价值最大化。生态系统并不是要挤压供应商的利润空间，而是要建立战略合作伙伴关系，只有在合作伙伴发展顺利的情况下，你才能取胜。构建成功的生态系统并不意味着渐进式的变化，而是意味着企业的边界和领导者的行为方式都需要进行巨大变革。

在过去，生态系统管理或伙伴关系管理经常被交托给一些业务拓展团队或政府关系管理部门。现在，整个企业都需要有更多的外部意识、感知和联系。

领导者多年以来奉行的鼓励员工以孤立方式定义价值的组织基因、流程和系统，以及必须击败竞争对手的想法可能需要重新调整。如何让企业学会先向外而不是向内寻找创造价值的新途径？如何让员工不再只是待在公司内部做事，而是从更广阔的角度去思考通过与他人合作可以创造什么价值？如何决定哪些工作应该在内部完成，哪些应该在外部完成？如何选择在哪些方面展开竞争或合作？做出这些决定需要企业内的每个职能部门都参与进来。所有职能部门、各个层级的员工都需要了解生态系统思维，并理解它在哪些方面重要，在哪些方面不重要。在确定你的市场定位和在生态系统中的角色时，这种思维上的清晰度将有助于确保企业内的每个部分都不会仅仅追求他们自己的生态系统战略，从而确保企业整体生态系统战略的一致性和连贯性。

这种触及根本的变革调整不可能在一夜之间轻易实现。这需要你仔细规划变革的过程。从哪些职能入手？首先引入哪些生态合作伙伴？最重要的是必须让员工参与进来，帮助他们以不同的方式思考价值，并学会以新的方式合作。

## 克利夫兰诊所：通过生态系统合作来扩大业务覆盖，并进一步提升护理水平 BEYOND DIGITAL

2020 年，克利夫兰诊所的收入达 106 亿美元，在全球拥有 19 家医院和 220 多个门诊点，是世界上最受推崇的医疗保健系统之一。公司雇有 7 万多名护理人员，每年接待患者超过 800 万人次。克利夫兰诊所成立于 1921 年，旨在提供更好的护理和患者体验，在以患者为中心的护理、从"实验室到床边"的转化研究，以及医生、护士和其他人员的继续教育等方面建立起独特能力。克利夫兰诊所在美国开创了诸多先河，比如做冠状动脉造影（1958 年）、咽喉移植（1998 年）、全脸移植（2008 年）、经导管瓣膜置换和修复（2011 年），以及单孔机器人肾移植（2019 年）等。在《新闻周刊》（*Newsweek*）世界最佳医院榜单中排名第二，并在《美国新闻和世界报道》（*U.S. News & World Report*）中连续 26 年在美国心脏病学和心脏外科领域蝉联第一。它还在数字化健康、电子医疗记录、远程健康以及使用机器学习和人工智能分析健康数据方面处于领先地位。

然而，尽管克利夫兰诊所取得了巨大成功，但它作为一个地方性医疗保健系统仍有局限，只有在拥有实体医疗设施的地方才能真正服务患者。虽然数字化技术在某种程度上推动了知识共享，但它并没有使克利夫兰诊所在医疗保健服务方面的差异化能力更具体、更有意义地扩展至其他地方，直至克利夫兰诊所开始开启生态系统合作。除了在美国的俄亥俄州、内华达州和佛罗里达州，以及在加拿大和英国开设分院外，2006 年，该公司进行生态系统合作的另一项举措是宣布与穆巴达拉发展公司（Mubadala Development Company）建立生态合作伙伴关系，成立克利夫兰诊所阿布扎比分院，这是一家拥有 364 个床位的一流专科医院。两个组织将通过复制克利夫兰诊所的独特组织基因，扩大其开创性和差异化能力的覆盖范围，同时利用生态合作伙伴的能力注入创新力和洞察力，以加快生态系统合作的进程。

这种合作关系对克利夫兰诊所和阿拉伯联合酋长国拥有的主权财富基金穆巴达拉都至关重要。对克利夫兰诊所来说，他们可以为遥远地区的患者提供服务，实现治病救人的抱负。对穆巴达拉发展公司来说，这一伙伴关系是实现政府 2030 年经济愿景的重要一步，该愿景旨在发展一个强大的、世界一流的医疗保健行业，以满足阿布扎比居民一系列独特且复杂的医疗保健需求，减少患者出国就医的必要性。除了为阿联酋提供西方医疗服务和资金之外，穆巴达拉还在引导克利夫兰诊所适应当地流程和监管、融入当地医疗系统、管理复杂合作关系、进行财务管理等方面注入其专业知识，并以其突破性思维挑战可能的限制与约束。

2004 年作为心脏外科医生加入克利夫兰诊所，现任克利夫兰诊所首席执行官兼总裁的医学博士汤姆·迈哈维奇（Tom

Mihaljevic）于 2015 年被任命为阿布扎比分院的首席执行官，他的任务是将克利夫兰诊所的组织基因植入这个新院区。"阿布扎比分院是我们第一次尝试在距离主院区较远的地方复制组织结构，以及护理质量和护理经验。"迈哈维奇说，"事实证明，我们可以在北美以外的地区提供卓越的美式医疗保健服务，这在我们行业中是开创性的尝试。克利夫兰诊所阿布扎比分院目前被公认为中东地区最好的医院。我们之所以能成功，是因为我们坚定地致力于复制我们的体系。"

能够将克利夫兰诊所的影响扩大到更广泛的医疗保健生态系统已经是极大的收获，与阿布扎比分院的合作还出乎意料地丰富了克利夫兰诊所整个体系的实践和能力。迈哈维奇于 2018 年从阿布扎比分院回到克利夫兰诊所主院，并担任该全球企业的首席执行官兼总裁。他表示："我们也在不断地向合作伙伴学习，我们在阿布扎比分院学到的经验教训影响了我们目前在美国的企业系统的各个方面的功能，以及我们的其他新分院。我们曾经一本正经地得出结论，我们应该每四至五年新建一个大型分院，因为这样做可以快速学习，然后把学到的东西推广到整个生态体系。"

数字工具是克利夫兰诊所从阿布扎比分院反向学习的一个例子。"目标是让克利夫兰诊所阿布扎比分院成为世界上数字化程度最高的医院。"迈哈维奇说，"因为我们是从零开始的，所以我们能够在那里做我们在其他地方没有做过的事情，并在整个生态系统中推广应用这些经验，比如我们新的电子医疗记录或院内导航移动应用。"

　　另一个例子是实施"每日分层例会"制度。这个制度对于阿布扎比分院取得成功至关重要，其流程与同类制度大不相同。"每日分层例会"制度规定，每天早上在医院内分层级依次召开 15 分钟的晨会，各团队成员在会议上讨论重要事项，比如各种安全和质量问题、住院患者人数，以及等待住院的患者人数等。例会层级从医院的一线部门到行政领导，以便向领导提供关于医疗质量、患者安全和访问的日常数据。迈哈维奇在阿布扎比分院建立了这种制度以确保他对正在发生的一切了如指掌。这项制度由于充分动员每位团队成员积极参与提出和解决日常工作中的问题，极大提高了护理的质量和安全性，现在已经被克利夫兰诊所在全球的所有分院采用。（有关分层每日例会以及它们如何推动组织参与度的详细信息，请参见第 6 章）

　　克利夫兰诊所从生态系统各个部分学习的方法与抵制来自组织外部的创新建议的"非我发明"理念正好相反。医学博士、克利夫兰诊所前任首席学术官、现任学术事务执行主任的詹姆斯·杨（James Young）说道："我们在阿布扎比分院设计了一些新的数字应用，然后带到主院区来使用。主院区在心脏外科方面的一些突破，也被应用到阿布扎比分院。我们还将把所有这些都复制到伦敦分院。多边学习和多边关系确实使我们这样的医疗保健系统得以更有效地运行。"如今，克利夫兰诊所在从伦敦分院到阿布扎比分院，以及从阿布扎比分院到克利夫兰主院的整个生态系统中分享和推广创新经验，使整个系统的运行质量都得到提升。

　　从战略层面上讲，阿布扎比分院项目的成功让克利夫兰诊所相信，它能够真正做到复制所提供的护理质量，而且这种生态系统合作是进一步将服务扩展到遥远地方的正确机制。"他告诉我们，医疗绩效上的成功并非只限于俄亥俄州东北部的主院区。"迈哈维奇说，"如果不是阿布扎比分院的成功，我们就不会选择筹建克利夫兰诊所伦敦分院。这家院位于英国白金汉宫附近，有 205 个床位，将于 2022 年开业。"阿布扎比分院向克利夫兰诊所传授了如何通过生态系统合作创造价值的重要经验。阿布扎比分院前任首席战略官约塞特·贝兰（Josette Beran）说："我们认识到，即使在没有对生态体系形成完全掌控或居于主导地位的情况下，我们也可以产生重大影响。与合作伙伴一起工作，我们学到了很多关于严谨、业务、其他组织如何工作，以及关于有效治理和授权的知识。关于如何在不同的文化背景下开展协同，我们也学到了很多：理解文化的细微差别和敏感性，认识到差异，并且了解适当的互动方式。"

这个创新项目促成了克利夫兰诊所后续引入其他生态合作伙伴和供应商，从而继续在更多国家提供医疗服务，包括在伦敦开设分院。

2021 年初，全球病原体研究和人类健康中心宣布了另一项突破性的生态系统合作，克利夫兰诊所正与俄亥俄州政府及美国 IBM 公司携手，预防和保护世界免受新冠病毒等未来公共卫生威胁的困扰。该中心总部设在克利夫兰，充分利用克利夫兰诊所的全球版图及业务经验，将汇集世界级的研究团队和若干研究中心，以增进对病毒病原体的研究和了解。IBM 公司将利用量子计算、云计算和人工智能技术来加快对病毒和基因组学的研究进度。俄亥俄州政府将该中心视为本州东北部重要的经济催化剂，到 2029 年，克利夫兰诊所预计将创造 1 000 个就业岗位；到 2034 年，将累计新增 7 500 个就业岗位。

　　通过在阿布扎比成功建立分院，克利夫兰诊所已经证明能够扩展自身差异化能力，打破医院经营者只能在特定地点和医疗保健系统内提供服务的枷锁，有效扩大全球影响力。新分院的成功也让克利夫兰诊所有信心在塑造生态系统方面发挥更积极的作用，并将自身能力主动扩展到科学研究等新的领域中去。"在过去，当一家公司联系我们谈合作时，我们会进行讨论，并找出方案，"首席临床转化官、医学博士詹姆斯·梅利诺（James Merlino）说，"但现在，我们已经把思维转向'我们想要实现什么目标，以及我们需要与谁合作才能实现这一目标'。"

　　在超越数字化的时代，企业需要在生态系统中合作以通力解决对客户和社会至关重要的大问题。组建合适的生态系统并使之高效运转并非易事。我们希望本章中的案例能够激励你更加毫无保留地拥抱生态系统，并为你提供如何使生态系统战略发挥作用的实用指导。

# 中国企业如何拥抱生态化

——冯　昊

普华永道中国数字化与科技咨询服务合伙人

## 中国产业生态网络的独有机遇与挑战

在全球产业生态数字化的大趋势下，基于中国广阔的产业互联生态与优良的生态创新环境，企业向"生态化"的演进迎来了"天时、地利、人和"俱备的重大战略机遇。

**"天时"方面，在国际国内的新形势下，中国开启了"双循环"新发展格局。**国内大循环要求加快全国统一大市场建设，在国家层面开展产业生态布局规划，倡导创新驱动发展，同时践行绿色低碳高质量发展要求，以及促进数据权、碳排放权等新兴要素市场的不断完善，使得产业生态发展进入重要战略机遇期。

"地利"方面，作为全球唯一一个拥有联合国产业分类中全部工业门类的国家，中国各产业门类齐全，且细分行业领域存在大量"隐形冠军"，为中国企业开展数字化转型升级提供了产业一体化优势。与此同时，以 5G 基站、大数据中心、人工智能、工业互联网为核心领域的新型基础设施建设，为新兴产业生态的形成和传统产业生态的转型升级提供了重要支撑。

"人和"方面，随着中国社会整体数字化程度的不断提升，大众的数字化和互联意识不断增强，协助企业开展数字化转型升级的产业与服务不断涌现，良好的 B 端与 C 端用户[①]基础有利于推动以数字化和互联为基础的产业生态网络构建。在制造业等实体行业，地方政府对于产业链及产业生态构建的重视程度不断增强：除通过传统产业园区方式实现"物理聚集"之外，强调政府要当好产业链"链长"，负责政策和服务保障、社会资源协调等；培育"链主"企业，推行共同面向市场、协同共创、供应链共享等多种合作方式，有效延伸产业链，提升产业链竞争力。

在迎来上述机遇的同时，中国企业生态化也面临巨大挑战。**一是产业生态网络的复杂程度不断增加。**不同产业链之间相互交叉，产业链之间的互相依赖前所未有的紧密，现代科学和技术的交叉融合，消费者场景、市场与渠道的融合已经成为常态。一项新的产品，往往是一系列产业链的组合输出，原有的产业边界、产业链内外的竞合关系都需要打破重建，而企业在动态的产业生态网络中，需要不断调整自我定位、调动和整合生态资源与利益相关方的能力，因此面临挑战。

---

① 　B 端用户指企业或商家（Business），C 端用户指消费者、个人用户（Consumer）。

二是生态发展的基础条件相对薄弱。首先，传统企业的生态发展理念相对滞后。许多企业对于非核心业务能力的构建还是倾向于"自有"或通过投资控股等手段实现"可控"，而不是优先考虑通过产业生态合作获取。其次，企业对于自身在产业生态网络上的定位和业务边界缺乏清晰界定。最后，由于整体环境内契约精神还有待培养与加强，产业生态合作中的信任焦虑得不到缓解。此外，目前的产业生态合作模式以简单交易模式为主，一方面黏性不足，另一方面生态内"玩家"并非以价值观与目标认同驱动，较难形成长期稳定的深度合作。

此外，在经济换挡减速、追求高质量发展的大背景下，传统企业不仅需要与原有对手继续博弈，还需要与拥有数字化原生基因的产业新势力展开竞争，因此需要尽快构建或融入产业生态，提前站位，并运用新技术、数字化等手段加速转型进程。

## 代表性产业的生态网络构建须知

在中国，已有的产业生态网络构建主要通过平台和产业链两种模式，在新兴产业和服务行业更多采用平台方式实现整合，传统行业和制造业更多采用产业链模式实现聚合。

中国的互联网企业是产业生态网络的先行者，互联网头部企业已经建立并运营超大规模的社会化互联平台及生态网络，他们既作为平台提供者掌控平台入口，又作为生态网络赋能者构建整个产业生态，并推动生态系统往数字化商业的基础设施方向发展。互联网头部企业一方面与各产业的垂直链条进行融合，另一方面通过投资等手段有效聚合资源，在面向消费者的诸多产业建立了新的生态和新的模式。互联网头部企业应充分发挥在数字化转型方面的经验与能力，作为各产业生态网络数字化发展的"助推器"，积极通过理念、方法、技术和互联赋能各产业龙头和生态伙伴使之成功转型升级。

在企业客户市场，提供技术、智力等服务的企业应基于对核心技术的掌控程度及对生态系统的贡献，通过各种形式的"生态联盟"参与到生态网络中。例如在人工智能和安全监控领域，掌握核心技术的企业担任产业生态中的"集成方"，整合生态合作伙伴的解决方案，与合作伙伴共同为客户提供"一站式"服务，同时不断扩充生态"朋友圈"。又如在云服务市场，形成了以云平台提供方作为"协调方"，包含业务和技术咨询服务、软件服务、硬件服务的生态体系，供企业客户根据需要选择"组合"的服务模式。

传统制造业龙头企业，应基于原有的产业生态位置聚焦核心能力，担当好生态的协调方、集成方，推动要素与资源的合理开放共享；提供产业平台，构建系统化、数字化的生态运营管理机制，培育、赋能合作伙伴。

细分市场的"隐形冠军"企业，应作为"协调方"或"创新协作方"角色切入，借力生态网络迅速扩大规模，推动企业自身和行业的可持续发展；在融入生态网络时需要明确演化路径和建设节奏，积极探索数字化与产业结合的创新实践，保持在细分行业的领先优势。如国内物流产业中部分领先企业已经开始探索物流港、车货信息匹配、货主直联等线上线下结合场景，相关生态网络已在构建当中，成长潜力可观。

## 小结

综上所述，**拥抱生态化是中国企业在应对机遇和挑战时的重要举措，是快速发展企业第二增长曲线的关键途径**。企业在切入生态系统时，需要考虑企业规模、产业环境、监管要求等，明确演化路径、把握生态建设节奏；敢于创新、合理管控风险；与合作伙伴共同开拓技术发展新空间，共享全球最大的消费市场和技术应用市场，开启合作共赢的发展新局面。

# BEYOND DIGITAL

## 03

### 紧贴客户真实需求，深入洞察

最可怕的事情莫过于不洞察本质就盲目行动。

——托马斯·卡莱尔
苏格兰历史学家和散文家

　　企业每年会花费数十亿美元获取客户信息，向市场研究公司购买数据，开展一项又一项研究，并使用大数据和复杂分析模型来解读客户需求。然而，很少有领导团队会说他们拥有关于客户的独特数据，而对客户需求和期望有独到洞察的领导团队就更少了。但随着超越数字化时代的到来，企业要想在竞争中脱颖而出，拥有这类独到洞察变得至关重要。

　　独到洞察是我们在形容对客户的理解时所使用的一个术语，这种企业独有而其他企业无法获取到的对客户需求的理解在当今市场上十分重要。**独到洞察，是通过对企业独有而竞争对手所不具备的数据、经验和关系进行组合和交叉分析得来的**（详见"数据和技术的应用势在必行"专栏），**对你和你的企业来说具有独一无二的价值。**这些独到洞察为你提供了强大优势，使你的企业有别于其他企业，即便市场环境发生变化，依然可以使你开发的产品、服务和解决方案能够满足市场需求。如果能够在日常业务流程中获取独到洞察，将有助于改善客户体验，并提升产品和服务的价值。参考苹果公司的"天才吧"（Genius Bar）是如何帮助用户充分利用其设备，以及如何为客户提供一个场所的，在这个场所里客户可以直接与苹果的员工分享他们遇到的一些最重要的数字化挑战。

How Great Leaders Transform Their Organizations and Shape the Future

## 数据和技术的应用势在必行

在超越数字化的过程中，你需要获得相关基础数据和技术来支持差异化能力，包括独有洞察体系。差异化能力需要洞察提供支撑，洞察又有赖于数据的支持，而数据则需要由正确的技术来支持，以实现数据捕获和科学分析。简言之，若无数据和技术作为支撑，你将很难通过基于能力的差异化优势取得成功。很多企业并没有与他们的价值创造战略直接挂钩和匹配的数据及技术战略，相反，其数据和技术投资往往是孤立的。要想实现超越数字化，你需要优先考虑数据和技术战略，以及它们如何支持你的公司战略。

在许多方面，数据已经成为一种新的超级价值通货。你拥有的数据能够为卓越洞察提供保障，帮助你创造价值，这些数据不仅来自你的客户关系管理系统，也来自财务系统的账单数据、供应链和物流系统交货期预测数据、生态合作伙伴，甚至来自第三方销售渠道。与客户的每一次互动、供应链中的每一个环节、每一笔财务交易，以及企业进行的一系列其他活动，都有可能帮助你洞察客户需求，更快地开发产品；或者发现欺诈行为，防患于未然，阻止客户流失，甚至防止事故发生。当然，这些数据也可以帮助你推动业务创新，开辟新的收入来源。

　　你需要的数据不是必须都来自企业内部。事实上，企业内部数据可能并不够，特别是考虑到人工智能模型的使用需要大量数据来对算法进行测试，以便做出准确预测。你拥有的数据越多，做出的预测就越全面、越及时或越接近实时；预测越准确，你的观察就越可靠。鉴于商业环境摩擦日渐减少（详见第 2 章有关生态系统的内容），且数据交换也相对容易，你大可不必拥有全部数据。虽然你可能希望保留一些独家的数据，但你仍然可以选择通过利用其他公司在许多其他领域挖掘到的信息来扩大自己的数据资产规模。现在，处于领先地位的公司更愿意获取和共享数据，因为作为回报，在确保数据安全且符合企业的隐私策略的前提下，将数据共享出去也使他们能够接收其他公司分享的数据。这就是为什么小松在其 Landlog 平台上向参与施工的所有公司采集数据，并与所有相关方共享数据，以便这些公司能够更好地协同合作，以避免产生施工瓶颈。

　　这意味着，企业需要制定和推动多方面的数据议程，其中既包括对自有数据资产的防御保护，也包括寻求外部数据的进攻投资。他们需要明确如何寻找、采集和存储数据；根据隐私和安全要求制定并实施清晰的数据治理机制，规定数据供应的质量、格式和方法；在网络安全方面进行投资并采用最高标准；在合适的工具、技术、人才和文化方面做出重大决策和投资，建立数据分析能力；开发并管理与合作伙伴共享数据的生态系统；通过内外部数据分析与共享，发现市场商机。简言之，为了获得独到洞察所需的内外部数据，企业要做的事可不少。

因此，企业如何处理数据不仅需要战略方法的支持，也需要得到领导层的关注。企业需要专注和投入，才能在重要问题上做出正确的选择：如何衡量数据管理成熟度？如何构建数据管理能力？如何将数据应用于洞察业务需求（无论是那些为了改进内部流程的需求，还是为了实现更多相关的价值主张而开发新产品和解决方案的需求）？正是出于这一原因，有些企业会任命首席数据官（Chief Data Officer）这一专门职位，首席数据官全权负责推动公司的数据变革议程，并在公司高层领导团队中占据一席之地。虽然你可选的组织解决方案有很多，但领导层参与并非只是上述企业应采取的行动，所有希望超越数字化并运用数据创造新价值的公司都应鼓励领导层的关注和参与。数据战略需要成为企业战略的关键组成部分。你的数据战略和企业战略不能孤立存在，它们必须依靠技术战略的支持，并被赋予较高的优先级。

协助企业获取数据并将之转化为洞察的技术已经存在，并且还在不断地推陈出新，比如基于云计算的企业资源规划解决方案、按需存储、互联传感器、机器学习和人工智能工具等技术，可以快速、灵活和创造性地采集、处理及分析数据。可供企业选择的技术范围非常广泛。

不过，投资这些技术十分具有挑战性，主要有两个方面的原因：一是投资规模庞大；二是潜在回报存在不确定性。从旧系统转向新技术的成本非常高。考虑到让人们接受和使用新系统存在困难，企业获取合理的投资回报非常具有挑战性。例如，数据科学家很难预先承诺，他们构建的人工智能算法将会可靠运行，并能在指定时间内实现可观的成本节约或收入回报。他们的工作需要不断去试错，这也是技术的重要组成部分。

因此，如今的企业都需要清楚地了解应该创新和构建哪些技术，以及应该从生态系统中利用和集成哪些技术。我们建议，根据企业在市场中的定位，并以独到洞察为指导，确定企业在技术和数据方面的优先事项。你应该投资于后台办公系统还是前端客户互动平台？你应该改善财务数据还是供应链数据质量？这些投资的商业案例应该基于它们是否有助于构建那些对于确保企业在市场中所处位置十分重要的差异化能力。你的独到洞察可以帮助指导那些有利于企业获得差异化优势以赢得客户的投资。在你考虑如何制定技术议程时，请思考以下问题，或许有助于你确定优先考虑那些适合企业自身情况的事项：

1.  技术投资是有助于打造关键的差异化能力，还是支持其他方面的需求？

2.  这些投资是面向未来，还是保障当下？对企业的市场定位有何影响？

3.  你能否获得并留住技术开发的关键人才？在组织内建立人才库对打造差异化能力而言是否不可或缺？

4.  你所需要的技术能力是否已经存在于企业生态系统或更广泛的供应商市场中？企业能否在保护自身差异化能力、不丧失竞争优势的情况下利用这些技术能力？

5.  能否建立可靠的伙伴关系，在执行过程中兼顾速度和效率？

6. 需要做出改变以实现技术投资价值的所有利益相关方是否都已承诺开展变革？他们是否能够承担起变革的责任？企业是否有适当的管控模式来确保和推行个人责任制和集体责任制？

7. 企业是否准备好迎接组织架构和企业文化的变革？能否确保员工接纳企业构建的新技术？

上述这些问题都是抛砖引玉，因此并不详尽。然而，为了制定数据和技术战略，推动企业实现超越数字化的愿景，解答这些问题将有助于企业识别所需的成功要素。

**与客户的互动越多，你了解的信息就越多；你了解的信息越多，你的价值主张就会越完善；你的价值主张越完善，通过履行你的承诺，你就会获得更多信任，也就会获得更多与客户互动和深入了解客户的机会。**

我们对 Adobe 公司所做的研究就是一个很好的案例，这个案例展示了如何才能有独到洞察，如何让领导者更深入了解其价值链，从而在如何更好地服务客户这一点上获得前所未有的理解。Adobe 是一家总部位于美国圣何塞市的软件公司，在 2014 年成功转型，停止通过第三方渠道以光盘形式打包销售其广受欢迎的应用程序，如 Photoshop、Illustrator 和 InDesign，而是开始通过客户直接下单订阅的方式向客户提供基于云计算的软件运营服务解决方案。2014 年，其 50% 的收入来自订购服务；2016 年，订购服务收入占总收入的比重达到 78%。企业转型对其营收增长的影响同样巨大，2014 年总营收为 40 多亿美元，到 2016 年已增至近 60 亿美元。

## Adobe，基于数据和对消费者的洞察
## 调整运营模式————————————————

BEYOND DIGITAL

Adobe 的云服务转型非常成功，但这并非我们所关注的重点。我们主要研究了该公司是如何基于数据和对消费者的洞察来重新调整其运营模式，进而促进其业务发展的。

Adobe 的领导者坚定地认为公司还有很大的发展空间，认为通过强化对客户需求的认识，他们能够更好地塑造 Adobe 的未来。"我们的业务正处于拐点，"Adobe 公司的数字媒体高级副总裁兼总经理阿什利·斯蒂尔（Ashley Still）说，"我们紧跟市场增长，用户群也在不断扩大，但企业在提高业务增速方面遇到了困难。"

在转向基于云计算的软件和基于订购的销售模式之前，Adobe 的营销人员对他们的用户知之甚少。由于其产品主要通过第三方销售，而应用大多离线使用，Adobe 基本上只掌握客户注册激活产品的时间。转为软件运营服务模式后，公司能够实时了解客户如何使用应用程序，并通过分析程序所捕获的数百万个数据点持续识别企业机遇和痛点。随后，Adobe 开始充分利用新模式带来的机会，围绕客户洞察，从本质上重新确定其价值创造模式和组织结构。

"我们希望以前所未有的方式与客户建立直接关系，这是一个重要的战略支点。"斯蒂尔说，"如果只有少数客户，我们可以很直接地观察他们使用 Adobe 系列软件的整个体验，但若我们有数百万客户，要以这种方式与每位客户建立直接联系是不可能的。我们知道，无论是直接通过自己的销售团队，还是通过合作伙伴，都

不可能做到这一点。"

Adobe 的领导者最后得出结论，他们可以通过使用数据和数字化工具来应对规模化挑战，创造出色的客户体验。从那时起，该公司开始实施他们现在所称的数据驱动的运营模式（Data-driven operating Model，DDOM）。Adobe 在全公司范围内启动转型，以统一整个组织的数据架构，使之能够以全新、稳健和可扩展的方式捕捉并分析客户洞察。

Adobe 高级副总裁兼首席信息官辛西娅·斯托达德（Cynthia Stoddard）解释道："和大多数公司一样，我们过去也有数据仓库；员工有自己的数据集，并根据自己的数据集进行工作汇报。我们在找出数字不匹配的原因方面花费了很多时间精力。"数据驱动的运营模式能根据客户体验 Adobe 应用的 5 个步骤对所有 Adobe 的数据进行聚类，这 5 个步骤为发现、试用、购买、使用和续订。对于每个步骤，公司均设定关键指标。例如在发现阶段关注自然流量，在试用阶段关注潜客转化率，在购买阶段关注试用到购买的转化率，在使用阶段关注 4 周内退货率，在续订阶段关注用户发起取消续订的主动流失率。公司围绕这些步骤和关键指标重新部署了工作团队：每个步骤都有一个副总裁级别的"指标负责人"，每周开会审查关键绩效指标达标情况，与会人数经常超过百人，有时还包括最高层管理人员。

美国数字媒体营销和销售副总裁埃里克·考科斯（Eric Cox）在描述通过 DDOM 获得的这种全新的对客户的洞察如何改变 Adobe 的运营方式时表示："这种模式创建了一种围绕数据的通用语言，从根本上改变了我们的运营方式。从员工个人到最高管理层，任何影响整体客户体验的决定都必须在洞察基础上做出，而不能纯粹凭直觉或猜测，即便这种猜测是有根据的也不行。"[1] 他举了一个例子："有段时间，公司的大量资源和注意力都集中在我们直觉认为应该是公司优先事项的几个具体移动应用上，而 DDOM 通过关注用户旅程的全新关键绩效指标告诉我们，一些被忽视的应用实际上为我们的客户带来了巨大价值。基于此，我们的团队开始重新配置资源，转而为新用户提供更好的上手体验。这些举措使 Adobe 移动产品的总体客户黏性和转化率得到了显著提升。"

Adobe 首席财务官约翰·墨菲（John Murphy）说："DDOM 是一个颠覆游戏规则的模式。我们一开始设计了 53 个客户体验关键绩效指标，但很快发现可以更深入地了解和洞察客户体验，找到更好的方式服务客户。如今，DDOM 已涵盖数百个关键绩效指标，能够体现最重要的洞察结论，创造更具活力、互动性更强的客户体验。"

以购买 Photoshop 软件的个人消费者为例，墨菲指出，Photoshop 是一款功能强大且操作复杂的产品，可能会令一些不熟练的用户感到不知所措，导致他们减少或停止使用该产品并最终取消订购。墨菲表示："通过人工智能，我们能够预测客户要做什么。"例如，若有人在编辑照片时遇到困难，Adobe 可以根据他们正在访问的菜单和正在点击的内容来推断他们所遇到的问题。这个功能带给客户的体验远远超出了在许多网站和程序中弹出的"您需要帮助吗"之类的通用讯息。墨菲说："在应用中，客户会收到这样的讯息——'您好，我觉得您可能想用这个过滤器'，这使他们能够一步解决问题，或是点击操作指南，跟着指引逐步解决问题。

多年来，我们一直在加强构建这种互动的能力。"

数据驱动的运营模式开始迅速进入发展快车道。"开头必须轻装上阵，这非常重要，一开始只需要几个指标，"斯托达德解释道，"这样我们便能够轻松展示拥有一套指标、拥有统一数据架构的运营模式以及这种用数据和洞察驱动的方式管理业务的价值。在这之后，不断有人来找我们说'我们也希望参与进来'。"

基于其在数据驱动的运营模式方面的成功，Adobe 于 2019年初推出 Adobe 体验平台，向其他公司出售其洞察系统。"我们将数据驱动的运营模式'产品化'，并将它推广到其他企业，"墨菲说，"这样他们就可以设计同样的客户旅程并采集相关数据。Adobe 体验平台使其他公司在重新思考如何与客户互动交流时能够利用我们的经验。这对公司来说是一场真正的变革。"

Adobe 能够了解数百万客户在使用 Adobe 产品体验过程中喜欢什么和不喜欢什么，这有助于公司在营销信息、客户体验或产品特性方面做出明智决策。公司的营收从 2016 年的 59 亿美元增长至 2020 年的 129 亿美元，Adobe 的领导者将这些增长的大部分归功于数据驱动的洞察能力。正如 Adobe 公司所说："我们已经走过了漫长的道路，从疏远的、间歇性的客户关系发展到全天候、个性化的互动，并因此持续获益，包括客户体验更愉悦、客户参与度更高以及经常性收入增加等。"[2]

与许多其他软件公司一样，Adobe 从销售盒装软件产品转向销售软件运营服务。但与其他大多数公司不同的是，它充分利用这个转型建立起独有的客户洞察体系，推动公司实现更快增长。这些独有洞察不仅推动了 Adobe 传统业务的发展，还通过向其他公司出售数据驱动的运营模式能力，开辟了全新的收入来源。这个案例很好地揭示了生态系统的发展已经转向高度重视企业个体所能提供的能力。

## 获取独到洞察是一项关键能力

企业总是需要了解自己的客户，但在超越数字化的世界，对独到洞察的需求变得更为迫切。企业之所以成功，是因为他们比任何人都更好地满足了客户的基本需求。然而，客户需求会随着时间的变化而发生改变。产品的创新周期越来越短，要想在满足需求方面胜人一筹，企业所需要的能力也在不断变化。仅仅拥有良好的客户洞察并不能让企业持续立于不败之地，因为对手也能做到这一点。你必须孜孜不倦地获取独到洞察，才能提升自己的差异化竞争优势。

虽然你或许已经直接与客户进行互动，但可能并没有相应的系统或工具来推动你从这种互动中获取所需的信息。所幸的是，这类技术进步正成为常态，而提供这些技术的企业亦如此。例如：

1.　就数据捕获而言，新推出的工具和技术，可以支持企业在整个客户互动周期中获取更细化且更有价值的客户信息。在零售商店内，人们头顶的摄像头可以观察客户如何走动、在哪些商品前停留但不购买、拿起哪些商品又放回货架等。当然，这种跟踪也可以在客户浏览网站信息时进行。在获得客户许可的前提下，物联

网设备可以提供有关产品如何使用及其性能的数据，以及客户的
网上评论和评分。服务中心、保修支持、金融服务、后续服务等
与客户交流的其他形式可以用来构建问题，以便了解客户需求，
并进行数字化分析。相关技术还可提供有关客户的社会习惯的信
息，帮助企业深入了解客户如何做出购买决策。

2.  就信息分析而言，人工智能可以寻找客户行为的模式，从而帮助
    企业更好地了解客户的需求和期望。你可以将行为心理学应用到
    所观察到的客户行为上，并持续进行一系列小测试，看看你的选
    择是否正确，并了解更多关于客户的信息。在很多方面，技术与
    社会科学的结合，让企业有无数的新机会来了解客户行为并预测
    他们的需求。

这些进展扩大了企业和客户之间的接触面，便于你更直接地与客户互
动，并从这些交流中获得正确的客户洞察。

发掘对客户的独到洞察，需要的不仅仅是购买市场研究服务或购买数
据，任何竞争对手都能做到这一点（详见"传统市场研究的兴起和局限性"
专栏）；而且这项工作也并非是一次性项目或单一职能部门的职责，而是要
从内部职能、生态合作伙伴和客户处获取洞察，并对这些洞察进行整合，形
成相应的理解，从而为企业的价值主张和能力系统注入更多内涵。

How Great Leaders Transform Their Organizations and Shape the Future

BEYOND DIGITAL

## 传统市场研究的兴起和局限性

在 18—19 世纪，商业组织开始发展，而某些行业直到 20 世

纪才形成商业组织，但企业规模往往很小，通常是自发地、即兴地"理解客户"。企业主在日常处理业务的过程中不断与客户互动，这种亲密关系为企业创造出巨大价值，许多小企业都设法维持着这种关系。但到 20 世纪初，随着企业规模开始扩大，企业越来越注重扩大生产和经营规模，在首席执行官和客户之间增加了销售人员、经销商和批发商，使得企业与客户之间的关系往往变得更加疏远和分散。

大约 100 年前，企业认识到这一日益严重的脱节现象，从而诞生了具有市场调研职能的公司。事实上，最早出现的一些管理咨询公司，就是通过为那些想要"理解客户"的企业开展调研工作而起家的。例如，于 1914 年开始为铁路公司及其他企业开展客户调研的艾德文·博斯（Edwin G. Booz）是美国最早的商业顾问之一，同时也是普华永道网络成员公司思略特的前身博斯公司的联合创始人。很快地，企业开始通过分析人口统计信息和销售数据来了解客户行为。整个咨询行业迅速发展起来，致力于提供定量研究，便于各类企业使用。到 20 世纪中后期，企业开始探索新的研究工具和方法，比如设立焦点小组和开展人种学研究。这些研究采用文化人类学的方法来观察消费者在家庭、单位或商店内的行为。人种学研究人员通过在"自然"环境中评估用户体验，获得对产品或服务实际应用情况的洞察。这些洞察促成了现在所谓的设计思维，即了解用户，挑战假设，并重新定义问题，以期找出替代性策略和解决方案。

定量调查工具作为最常见的研究方法，成为企业了解客户的重要手段。基于一个基本前提，即"提出问题，洞察情况，并采取行动"，许多分析方法被开发出来，用以了解客户选择和购买产品的模式。

随着企业专注于基准管理，追求实现规模效益，产品和服务变得更加商品化和一致化；同样地，随着企业规模扩大，客户研究也变得更加商品化。大众营销和大众广告应运而生，包括超市和黄金时段的电视广告，比如《广告狂人》和《万宝路牛仔》。当时，通用汽车创建了雪佛兰、庞蒂亚克、奥兹莫比尔、别克和凯迪拉克等品牌和整个营销部门，面向不同客户人群销售汽车产品。

如今，许多从传统市场研究中获得的对于客户的认知并没有建立起企业真正的差异化。任何想要研究消费者的企业都可以发起调查，召集焦点小组或进行人种学研究，仿佛每家企业都在做这项工作。这样导致的结果是数据泛滥，并且其中很多数据的质量良莠不齐。

传统市场调研仍然可以提供洞察，而且可能会成为独到洞察能力的一部分，但研究不能脱离客户。数字技术的兴起让我们有能力观察和分析更细化的数据。我们可以专注于更具体、更详细的客户细分市场和渠道。相比提问，我们能够通过观察消费者行为或他们购买和使用产品的记录，更了解这些消费者的需求。

你可以从人们的言谈中获取洞察信息，也可以通过观察他们的行为来了解更多信息。

事实上，获取独到洞察可能会成为企业最重要的能力之一，它是企业具备强大综合能力的最佳例证。通过持续提供更好满足客户需求并基于需求变化做出调整的产品和服务，它可以让企业在竞争中脱颖而出；同时，它也是能力复杂性的正面例证，因为它真正地将独特的数字化资产与相关工具、流程和人才融合，从而有效发挥了能力的作用。

## 建立独到洞察体系的 4 个步骤

如何效仿 Adobe 及 STC 支付、飞利浦、宜家、小松或印地纺等擅于洞察客户的企业，获得成功的秘诀呢？你可以大致遵照下列 4 个步骤执行。

**第一，建立目标和信任基础**。要明确如何赢得客户信任，让他们愿意与你互动，包括明确你在处理客户数据及使用洞察成果方面的价值观、原则和管理方法。

**第二，制定有针对性的洞察客户的方法和路线图**。将企业的独有洞察策略聚焦在推动实现目标的关键问题上，这些问题能激励客户与你互动。在为客户解决问题的过程中，构建洞察能力和路线图。

**第三，建立和加强洞察客户的机制**。与选定客户互动开发新的途径，或是改善现有途径，并使这些机制成为企业运作方式的组成部分。

**第四，把独到洞察植入企业的工作方式中**。将独到洞察运用到企业的业务运营中，包括企业的战略和创新能力，以便系统性强化企业的价值主张、能力体系，以及所提供的产品和服务。

## 建立目标和信任基础

想让客户愿意与你分享信息，他们必须认可你的企业目标并且需要确信你会合理利用他们分享给你的数据、洞察成果和信任。建立企业目标和获得用户信任是企业能够建立独有洞察体系能力的基础。

你在明确企业定位时所做的工作为这一步奠定了基础。如果你很好地完成了前期工作，企业定位将有助于客户了解你在为他们创造的价值，以及将你的目标与他们的关注点建立联系。兑现你的承诺是建立信任的绝对关键因素。

此外，就道德层面而言，对于使用客户信息的目的以及如何利用所构建的客户洞察体系，企业需要向客户保持高度透明。你需要向客户阐明客户信息的使用原则，并正确执行。在数据保护和网络安全方面也不容犯错。企业应将在这一领域的开支视作战略性投资，而非需要尽量缩减的商业成本。

Adobe 公司的阿什利·斯蒂尔非常清楚企业使用客户数据的指导原则："我们承诺保护数据隐私，并对数据的使用保持敏感度。以负责任的方式使用客户数据，可以为客户创造更佳体验，但一旦我们开始利用它来获得战术优势，那就会背离我们的初衷。"领导者必须确保所有员工都明白，目的不是要从客户身上提取数据，而是要让你的客户成为价值链中不可或缺的一部分。

## 制定有针对性的客户洞察方法和路线图

你在建立独有的客户洞察能力时，必须明确应该专注于哪些洞察，以及从何处着手。企业内几乎每个部门都需要更多、更好的洞察成果，比如物流部门希望了解客户期望和超时宽容度，销售部门希望了解产品价格与价值之间的正确权衡。但就独到洞察而言，我们建议你把注意力集中在关键问题和洞察成果上，这些将有助于塑造企业的未来，即你希望企业在市场中的定位。是的，你可以运用洞察来明确企业如何更好运作，从而获得更大的价值。与此同时，对于那些刚开始探索独到洞察的企业来说，高度专注于回答关键问题很重要，这些问题的答案有助于解决你想要为客户解决的重大问题，并引导企业未来的发展方向。同样地，正如后文所述，企业的价值主张应该指导你如何与客户互动，这样一来，"深入洞察"就不再是一个独立的过程。

不要忘记，并不是每个客户都想与企业发生密切联系，他们或许不太愿意分享自己的需求和动机。你需要明确一群客户，他们将是你获取独到洞察的最佳来源，因为你的目标最能引起他们的共鸣，并且你可以为他们提供最大价值。这些客户不一定是当前或未来最认同企业目标的客户，也不一定是你的最大客户，甚至可能不是与你有长期业务关系或合作记录的客户。

## STC 支付，从使用者的角度
## 提供产品和服务 ——————　BEYOND DIGITAL

以沙特电信公司旗下的金融科技初创公司 STC 支付为例。沙特电信从 2015 年开始做出战略性调整，将金融服务视为全新的增长领域之一。STC 支付于 2018 年推出，旨在提供创新技术及数字化体验，连接个人和企业，并帮助他们开展各类金融服务活动。STC 支付的最初定位是打造一款"数字钱包"，客户可以通过智能手机应用来进行收付款、购物及理财。

STC 支付创始人兼首席执行官（现任母公司集团首席执行官顾问）萨利赫·莫赛巴（Saleh Mosaibah）说："与移动支付市场的现有同行相比，我们拥有的主要优势之一是，我们完全从零开始。"

根据沙特阿拉伯王国"2030 年发展愿景"，以及银行监管机构的建议，STC 支付的首款产品是一项针对该国庞大外籍劳工群体的金融解决方案。多数劳工通常没有银行业务关系，他们将大约 85% 的薪酬都汇给了在祖国的家人。STC 支付开发了一款简单易用的手机应用，并与西联汇款（Western Union）合作，可通过全球 52.5 万个西联汇款网点实现即时支付。

"一旦汇款业务开始运作起来，"莫赛巴说，"我们就发现了，当你主导了一项服务后，客户就会带着对其他服务的新需求来找你。"自那以后，除了面向外籍劳工的服务外，该公司还增加了一些功能，吸引其他沙特客户。这些功能包括通过扫描二维码支付购买商品的费用，以及授权在有车牌识别器的加油站支付加油费用。现在，STC 支付甚至可为企业提供全套工资发放服务。莫赛巴表示：

我们有非常喜欢使用 STC 支付的客户，他们会热情地为我们提供反馈和建议，还会积极参加我们的活动，是我们的"忠实粉丝"。他们的热情来自两个方面。一方面是我们提供的客户体验，我们确实缓解了他们的一些痛点。另一方面，他们能看到我们积极做出响应。一般情况下，当你通过社交媒体或其他方式提交反馈时，往往不会期待很快得到回复，而STC支付会迅速回复你。我们从这些"粉丝"处获得许多想法，并付诸实施。目前，我们正在努力进一步发现和培养这类客户群体。

STC支付的共享账户就是将客户反馈转化为新服务的例证之一。莫赛巴解释说："有钱的沙特客户通常会有很多家庭成员，家里的佣人也很多。"使用STC支付的客户希望能够把一部分资金交给家人或佣人支配，但对收款人如何使用这些资金保持一定的控制权。因此，STC支付公司设计出一个新概念。莫赛巴说："你可以开立一个共享账户，设定每月的资金使用限额，明确谁可以得到这些钱，并限制这些钱的用途。"例如，佣人可以在加油站或杂货店付款。家人可以在餐馆或指定商店或网站付款，或从自助取款机取款。账户所有者可以实时查看交易，并随时更改权限或关闭共享账户。

STC支付的所有设计都是从使用者的角度出发，这让公司能够站在客户的立场上，感受他们所面临的困难，他们需要什么，以及如何满足这些需求。例如，有一位名叫穆罕默德的商人，他的老板不是很信任他，总是在他付款买东西后索要发票。STC支付正是通过独到洞察，得以创建这些客户模型，并确保为客户提供真正有价值的产品和服务。

"金融业正在被颠覆，因为像我们这样的金融科技公司开始遵循银行业的基本核心原则，即帮助人们管理资金，"莫赛巴说，"而银行却忘记了这一原则。我们会问客户：'尊敬的客户，您需要什么？'我们并不在乎人们是否认为我们在重塑银行业。我们所关心的是能否真正帮助客户，我们是否真的为他们提供了有价值的产品和服务？"

STC 支付基于对客户的独到洞察为客户提供产品和服务的做法获得了回报：STC 支付推出仅两年后，公司的估值就达到 10 亿美元，成为沙特王国第一家独角兽企业，同时也是中东地区第一家金融科技独角兽企业。如今，STC 支付正准备将业务扩展到阿联酋、科威特和巴林。[3]

STC 支付公司的发展历程说明，即便你是一家成立不久的公司，如果能让客户感受到被重视，并充分满足他们的需求，那么客户与公司之间也能迅速建立起独特关系。客户将希望参与改进产品、服务或体验，并且更有可能分享信息，而这些信息将会为你提供独有且富有价值的洞察成果。

## 建立和加强洞察客户的机制

尽管每家企业都能得到客户反馈，但并非每家企业都形成了获取独到洞察的能力。当企业开始考虑构建或提升这项能力时，往往会意识到，企业能获取的客户信息远比你原本想象和目前正在利用的要多。使用现有的信息可以提高你对客户的认知，但不要局限于此。

问问自己，如何优化当前与客户互动的方式，以更好地洞察客户？你可以引入哪些新的互动方式？如何确保这些互动机制与企业的运作方式完全融合，而不是一项偶尔为之、很容易失去动力的工作？在理想情况下，企业为洞察客户而进行的互动，应该是你向客户传递价值主张的途径之一，即：将洞察和客户体验结合在一起，比如，在许多消费行业中涌现出大批直接面向消费者的企业，就是一个很好的例子。

　　要做到这一点，方法有很多。有些企业专注于观察客户行为，以及他们如何使用产品；其他企业则寻求技术支持的解决方案；还有些企业为了贴近客户，甚至会改变整个商业模式。无论你选择哪条路径，都需要与客户有深入的交流。如果你不能真正倾听客户的意见，不去关心并帮助他们克服困难，你将无法取得成功。

　　例如，飞利浦利用其在医院和其他医疗机构的特殊优势，积极了解客户目前的需求，并预测客户未来的潜在需求。例如，飞利浦执行委员会成员、互联关护与健康信息部前任首席业务主管卡拉·克里维特（Carla Kriwet）每年会花一周时间在医院开展实习工作，跟随医生或护士巡视病人。她说："我这样做是希望了解他们如何使用我们的设备、他们的担忧是什么，坦率地说，就是要了解他们的想法和感受。"几年前，克里维特陪着一位刚从大学毕业的年轻护士四处巡视。她回忆说，虽然护士对自己的工作充满热情，但一下子负责普通病房里的 12 名患者，总是让她感到力不从心。克里维特说："我们去看了第一名患者，他的情况不太好。护士为他做了一系列检查，但没有发现明显问题。"随后，护士和克里维特离开这名患者，去处理另外两名患者的问题。当他们回来路过第一名患者的床边时，克里维特回忆说："护士发现，他的病情急剧恶化，并且很快就去世了。"患者是因为心脏病发作，但这种情况没有办法预测，因为病人住的是普通病房而非重症监护室，所以他没有佩戴原本可能察觉患者病情状况的复杂监测器。这些机器尺寸很大，价格昂贵，而且不能移动，因此不适合在普通病房使用。

克里维特让团队开发出可穿戴、可移动的简化生物传感器，可连接医院的患者监测系统。"它会记录基本的生命体征，比如呼吸率、心率和体温，"克里维特说，"它使用智能算法帮助临床医生检测风险，以便他们及时进行干预，这样就可以给患者带来真正的福音。"

宜家公司是另一个优秀例证。公司通过不断完善认识客户的方式，坚持换位思考，更好地了解客户的愿望、烦恼和立场。让经理和员工上门拜访是公司采取的主要方法之一，以便更好地了解客户的生活。每年，宜家员工都会在全球各地开展数百次上门拜访活动。

此外，宜家公司进一步扩展了这一方法，在斯德哥尔摩、米兰、纽约和深圳等城市找到了愿意让他们在家中安装摄像头的客户。通过洞察人们的生活方式以及他们的烦恼、需求和梦想，宜家不断开发出创新的产品。近年来，这些洞察帮助宜家更敏锐地挖掘到各个年龄段年轻人和单身成年人的需求。随着年龄增长，没有孩子的客户往往选择居住在城市的小公寓里，他们的社交生活和住宅与最初构成宜家核心市场的家庭和学生群体有着很大不同。举个例子：在观察到客户每天早上准备上班时的烦躁情绪后，宜家设计出 Knapper。它是一款独立式镜子，上面有放置衣服和首饰的支架，这样客户在上班前一晚就可以轻松整理好一套衣服，第二天早上也能够更快地出门。如果你对宜家有如此洞察感到惊讶，可以思考一下，消费者在参与这个环节的过程中给予了宜家多大的信任。

为了获取对客户的独有洞察，有些企业甚至改变了他们的商业模式。例如，有些企业从销售独立产品和服务转向销售解决方案或体验。这一转变让他们加深了与客户的联系，并获得他们未曾想象过的洞察。

例如，直到最近，小松集团还把自己视作一家制造和销售建筑设备的企业，并耗时 50 年通过全面质量管理和质量控制措施来完善产品。"我们总是从制造商的角度看问题，"小松集团社长兼前首席执行官大桥彻二说，"我们制造产品，销售给客户，并确保客户满意。我们和客户讨论的唯一话题是，他们希望机器不要坏，或者如果机器坏了，就能够马上修好。"

正如本书第 2 章所讨论的那样，从 2013 年开始，小松集团开始专注于将信息和通信技术融入机械，作为"智能施工"的一部分，旨在显著提高建筑工地的效率和效益。效率是日本的一项关键目标，因为人口结构变化，导致日本的建筑工人持续短缺。但考虑到这是一项新技术，小松需要更好地了解自己的客户，才能集中予以实施。

因此，领导层决定改变商业模式，出租设备，而不是销售新机械。智能施工推进部执行主管兼总裁四家千佳史说："如果我们继续销售机械，就无法知道 ICT 机械的使用会使建筑工地发生什么变化。但我们希望能够发现早期出现的任何问题，并找出为什么客户在使用信息和通信技术机械时，现场生产率无法像预期那样提高。"

商业模式的改变，使小松集团与机械的实际用户而非采购部门有了更多接触，并从客户那里直接了解到他们如何使用产品，以及在现场面临着哪些问题。四家千佳史解释道："成为客户业务的关键组成部分，而不只是与客户进行产品交易，是我们与客户建立持久、长期关系的重要一步。"

小松集团获取的洞察十分具有启发性。将信息和通信技术应用到机械上，可以提高建筑工地生产率，但效果远低于预期。虽然这项技术效果良好，但不能解决实际施工前后出现的瓶颈问题，例如测量或转运土方的难题。基于这一认识，小松集团成立了智能施工推进部，将业务拓展至销售、租赁和维修机械以外的领域。其目标也变得更大：创造解决方案，使客户能够了解和塑造未来的建筑工地，提高建筑行业的生产率。这种新方法促使公司开发出开放平台 Landlog，将整个施工过程中的相关人员、机械、材料和地理位置数据汇集融合，以更好地协调和管理施工计划，从而推动小松集团从普通的机械供应商转变为日本建筑行业的领先企业。

无论你采用何种方法，都必须充分利用这个机会，不仅要建立全新的"客户数据"能力，还要重新畅想企业与客户的互动方式。

## 把独到洞察植入企业的工作方式中

仅仅有独到洞察并不能产生大量价值。你需要将这些洞察与企业的战略和创新能力联系起来，并最终融入企业的日常运营中，这样才能完善企业的价值主张，也才更有能力来实现这些价值主张。客户的价值观念是如何变化的？他们现在想要什么，将来想要什么？他们如何看待企业能力所带来的结果？你需要做什么才能得到客户的称赞？对这些问题进行回答将有助于发展企业的价值主张，加强企业能力，从而为客户创造更相关的价值，提供最合适的产品、服务、解决方案和体验，让客户一次又一次地选择你。当你以这种方式将独到洞察植入你的工作方式时，企业拥有的独到洞察就会开始发挥作用，帮助你实现对客户的承诺，满足客户需求，不断提升企业所创造的价值。

**获取独到洞察必须成为企业的一项战略举措。除了让高管人员掌握洞察议程以及企业如何将其付诸实施之外，**每名高管还需要具有责任感，展示他们如何将这些洞察运用到工作中去。以印地纺旗下品牌 ZARA 为例，它在快时尚领域的崛起表明，消费者洞察是这家公司的命脉。ZARA 的首席传播官赫苏斯·埃切瓦里亚解释道："你需要真正满足客户需求。这看起来似乎很简单，但实际上非常困难，因为每个人总试图做他们自己想做的事。例如，设计师倾向于开发他们最喜欢的产品，分销商希望销售对他们来说最有意义的产品，店员倾向于以他们自己的方式展示产品。把每个人的假设、信念和偏好放在一边，认真倾听客户需求，这需要建立真正的行为准则。"

印地纺的文化有助于让每个人都专注于了解客户。"公司非常注重了解客户需求，并提供客户想要的东西，"埃切瓦里亚继续说道，"只有客户满意，我们才会感到满意。对我们来说，没有比这更重要的目标了。我们的设计师可能认为他们的某项设计非常棒，但如果客户不喜欢，设计师就会不再考虑这项设计，同时也不再投入精力。"

了解客户喜好是印地纺取得成功的关键。其商业模式是根据客户需求调整企业生产，从而最大限度地减少商品库存积压。公司充分发挥零售店员工的一线"耳目"作用，跟踪数据、观察客户、收集客户随口说出的意见。门店汇集有关客户选择、缺货商品询问及客户建议等信息。客户更喜欢买裙子还是裤子？更喜欢醒目的颜色还是保守的颜色？这些印象会直接提交到总部的设计师和运营专家手中，他们负责将这些印象立即转化为货架上的新产品。[4]印地纺成功的关键在于灵活适应客户偏好，以及准确设计和制造客户需要的产品。

印地纺公司正以富有远见又务实的独特方式拥抱数字化技术。它只采纳符合自身战略目标的创新举措。例如，虽然它并没有尝试定制服装，但正在整合线上和线下零售门店，加倍重视材料的可持续性和质量，并利用与众不同的跟踪系统，确保在客户反馈监控方面响应更快、更成功。

其中有一项技术变革尤其值得注意。正如本书引言中所述，得益于在每件服装中植入射频识别芯片，公司现在可以实时了解每件单品在全球各地的销售数量，并对服装从物流平台到最终销售的路径进行全程跟踪，这在 2013 年印地纺开始数字化转型时几乎闻所未闻。但是印地纺并不只是汇总和分析数据，它还建立了一个集中化流程，确保数据分析是有意义的，并从中获得洞察。这个流程分为三个层级：一是门店本身，店长熟知当地节假日、天气，或特别的店铺陈列可能会对销售产生何种影响；二是区域团队，可以比较不同门店的实际情况；三是总部管理人员，他们分别负责男装、女装或童装业务，分析所有信息，汇总每日情况，从中了解客户偏好。

埃切瓦里亚说："所有这些信息都会提供给设计师，他们会根据门店信息以及地区和总部团队的分析，针对客户的购物行为，相应地调整自己的设计，创造出更符合潮流的新品系列。基于所有这些洞察，他们可以自信地说：'现在我们知道，在这个地区，你设计的红色夹克很受欢迎，所以我们认为这是一个很好的选择。'"设计师设计服装图样，并将其转化为样品，然后与各国经理、设计师、采购团队及零售团队讨论。正是这种跨职能的合作，让印地纺变得如此灵活：截至 2022 年底，印地纺旗下的 700 多名设计师将推出 6 万款不同的服装单品，全球门店每周都可以收到两次新品供货。

印地纺的成功，很大程度上得益于这一客户洞察系统。企业了解客户的需求，并实时掌握哪家商店销售了什么商品。企业对于这些洞察几乎是实时汇总，接着进行规模化分析，并将结果转化为设计新款服装的灵感，或是改善生产、提高物流和营销水平的实践。灵活的商业模式，结合集成式库存管理，使得印地纺能够对不断变化的市场环境做出快速反应，并降低库存数量。

　　如果你正在采集客户数据，而这些数据日渐堆积，变得庞杂无序，那么很明显，你还没有弄清楚如何利用独到洞察的力量。只有将获取信息融入企业运营及传递价值的过程中，才能打造出一种能力，不断推动企业向前迈进。你需要精心构建可扩展的系统，以便持续匹配更为相关的价值主张，并基于竞争对手所缺乏的洞察，强化和更新企业自身的能力。

　　到目前为止，我们关注的是企业需要如何在市场、生态系统及客户方面进行转型，这些大都不涉及企业本身。在接下来的 4 章中，我们将深入企业内部进行探讨，涵盖组织、领导团队、与员工订立的社会契约，以及领导者自身需要的个人转变等方面。

# 企业如何在中国市场洞察用户

——蒋逸明
普华永道思略特中国数字化增长服务合伙人

## 中国市场构建洞察用户能力的总体环境

洞察用户并满足用户需求是所有成功商业模式的源头，当前中国用户需求越来越个性化，在中国这样极具吸引力而又高度复杂化、动态化的市场中，对用户持续、有效、独特的洞察正在成为超越数字化时代中推动业务高速增长的主引擎，也是推动企业成功转型的关键能力。

在中国，以用户为主导的新的商业模式在互联网公司获得成功验证，带动传统产业效仿，许多擅长用户洞察的数字原生企业也迅速崛起。尽管许多传统企业都希望采用这种模式，但在实践中，从以产品为核心转向构建以用户为核心的体系时，普遍面临缺理念、缺方法、缺抓手、缺人才、缺工具的困境。

在机遇与挑战面前，比外部环境变化的速度更重要的，是企业内部做出改变的速度。借助中国不断完善的数字产业及产业数字生态，结合自身关键优势找到正确的生态站位，采用科学的方法，付诸正确的努力，可以找到成功法则，实现快速突破。

## 在中国市场洞察用户的独特挑战

第一，用户洞察的"深度"更加深厚。中国是全球互联网用户数最多且数字经济规模领先的国家，中国企业在洞察用户方面具备优越的用户直联基础。中国市场的独特用户洞察，不仅可以通过用户使用数据和与用户的沟通了解用户做了什么、需要什么，还可以为用户提供机会与工具来反馈他们对产品、服务甚至经营管理方面的建议，对企业的决策产生直接影响。

在产业数字化的数年间，中国各行业涌现出一批"数字原生"的"用户共创"企业。比如某造车新势力在三年内打造出一个广为用户接受和认可的中高端品牌；某快消品企业凭借契合"Z世代"的健康理念和新潮的营销方式推出的新茶饮品牌迅速走红。这些企业携数字原生理念、用户共创的业务模式和配套的运营模式进入传统市场，基于数字化技术快速收集用户反馈，并将用户洞察应用于自身产品和服务的快速创新迭代。从用户洞察到用户共创，这种直接的关系日渐成为企业发展的战略支点，并且不断向更稳固、更深入的方向演化。秉持传统经营理念的企业需要尽快做出调整，避免被用户抛在身后的风险。

第二，用户洞察的"广度"在数据来源上更加宽泛。中国市场高度发达的数字生态催生了大量本土特色显著的数字化触点。企业不仅有繁荣的"远方阵地"，如社交、短视频、电商等公域平台；企业的"手中阵地"即私域同样在快速发展，APP、小程序等载体不断涌现。在互联网巨头的推动下，中国的公域与私域生态体系正在不断融合，建立了完整的从"公域捕获"到"私域沉淀"的用户全渠道链路，并影响着用户的决策模式。

在整个旅程中，企业可以全面获取用户数据，有效解决了企业洞察用户时存在的"数据不够"的问题。但与此同时，用户在整个旅程中产生的数据更加庞大和离散，并且其决策链路在全渠道触点中逐渐碎片化。要获得更加深入和独特的用户洞察，企业在有效筛选和运营这些数据的能力上面临巨大挑战。

**第三，支撑用户洞察的技术战略更加复杂。**针对中国用户的线上习惯催生出一大批数字化媒体，企业需要利用源于互联网企业的数字营销技术即数字化系统进行应对。数字化系统作为数字化转型的重要抓手，也越来越受到传统企业的重视。但中国企业在数字化转型的道路上，技术战略的核心矛盾不是简单的"战略缺失"问题，而是"信息技术系统"（如企业资源计划，简称ERP）和"数字化系统"（如客户数据系统、营销自动化系统）之间的"节奏冲突"问题。

传统信息技术系统负责企业内部流程，追求"稳定"，但数字化系统面向业务，需要跟上业务的高速变化，追求"敏捷"。信息技术系统的"稳定"和数字化系统的"敏捷"之间往往会产生矛盾。开展数字化转型比较晚的企业，在传统信息技术系统已经运行多年之后，需要面临"一边开飞机，一边修飞机"的状态。企业不能停止运转，但是市场逼迫企业进行转型，信息技术系统需要"敏捷"的部分，需要不断向数字化系统平稳迁移。

企业为应对这种变化，设立了"数字化"相关职能以区分"信息技术"职能。承担"稳定"责任的信息技术系统，继续由首席信息官（Chief Information Officer，CIO）负责，而承担"敏捷"责任的"数字化系统"则由首席数据官负责。这种新型的架构"灵活"中不失"稳定"，更加适应当今中国市场的竞争环境。

## 中国企业构建用户洞察能力的建议

对用户的独特洞察是后数字化时代企业获得成功的重要能力之一。中国企业面对更快速变化的市场需求，以及"洞察更深、数据更广、技术更繁"的 3 个特点，在运用本章所提到的"用户洞察 4 步法"构建洞察能力时，还需要特别注意与用户直接建立紧密联结与互动，通过持续运营让用户充分参与到转型中来，并在内部形成数字化合力，主要包括 3 个方面。

**第一，通过向用户传递价值主张建立目标和信任基础。**企业价值主张是战略突围最重要的聚焦点，企业的文化、组织和能力都是围绕价值主张进行建设的。思考价值主张对用户的意义并进行充分传达，可以吸引价值观一致的用户的关注，有效增强用户黏性。此外，需要明确用户洞察的本质目的，不论是为了进行产品与服务创新，还是为了通过洞察牵引企业的转型，都需根据目标选定洞察对象，通过适当的触点与之产生联结。

在互动方面，在用户洞察领域大获成功的"用户共创"企业就是将用户战略与企业战略融合，通过互动将用户的贡献显性化，在社群中认可这些用户的贡献，让用户直观感知到自身价值，更乐于参与和陪伴品牌成长，并推动用户积极推荐，最终实现从用户洞察到用户增长的闭环。这其实已经超越了用户洞察的范畴，而是将用户运营纳入了企业日常运营机制，对企业的敏捷性提出了非常高的要求。

第二，进行持续的用户洞察，不仅要"获取数据"，更要"运营数据"，即通过体系化的用户运营，引导用户进行有价值的互动，持续沉淀出粒度更细、维度更多、频度更高的数据用于更精准、更深入的用户洞察。中国的用户运营体系由互联网发端，由直接面向消费者的品牌吸收放大，正逐渐向传统行业渗透（如汽车、地产行业等）。为实现高效的用户运营，企业需要将内容、社区社群、活动、积分和权益等多种策略和不同公域与私域平台进行融合，打造出一套整合的体系。运营用户的过程，既是将数据真正变为核心资产的一种有效路径，也将不断驱动企业整体运营能力的提升，尤其是系统贯通、敏捷组织及数据应用能力。

第三，在内外部形成数字化合力，真正落地用户洞察体系。要想将用户洞察真正落地，需要打通"业务—运营—洞察—体验—数据—技术"诸环节，形成横跨多项能力的完整闭环。对于中国的企业，在本章提出的"用户洞察4步法"上，还需有一个前置步骤，即建立内部的合力认知与机制保证，促进企业内部对用户洞察的理解并实现用户洞察价值的贯通。

首先，企业需贯彻"以用户为中心"的理念，推动从跨部门达成对用户旅程不同阶段的用户需求的统一认知。其次，企业需设置合力的组织与机制，确保前端数字化运营的需求，中端数字化团队能高效承接，后端IT团队维护技术的稳定。最后，企业需要将这些机制固化成转型过程中全新运营方式的一部分。

不同行业围绕用户洞察的差异化战略进度不同。互联网及高科技行业已经形成了一套围绕用户洞察的体系与机制。随后用户洞察差异化战略逐渐进入快消、汽车、地产等行业，目前正在向 2B 行业渗透。总体来说，低频高价值行业的用户洞察更多是围绕着 2B 端（如物流行业），高频行业更多围绕着 2C 端（如消费品行业）。

后起发力开展用户洞察的企业可以充分学习借鉴标杆企业的领先实践，包括更深厚的用户洞察手段、体系化的用户运营方式、支撑洞察行为的"敏"态数字系统、内部组织合力的体制等。在汲取标杆企业的经验时，也要结合自身企业特点，明确用户洞察价值主张，量身制定用户战略。

# BEYOND DIGITAL

第二部分

超越数字化转型的
**3** 大内部要务

How Great Leaders
Transform Their Organizations
and Shape the Future

企业的差异化能力将决定企业产出的最重要的成果是什么，以及企业的高层团队需要什么样的领导者来实现企业的目标。清楚了解企业的差异化能力也将引导企业的员工朝着最需要他们的领域努力和创新。

# BEYOND DIGITAL

## 04

## 建设结果导向组织，打破孤岛

五根手指彼此独立，攥成拳头将力量倍增。这就
是企业存在的意义。

——詹姆斯·凯什·彭尼

彭尼百货创始人

## 霍尼韦尔，利用数字化、通信和互联技术
## 为航空业务创造机会 BEYOND DIGITAL

霍尼韦尔航空航天集团部门的业务主要是生产发动机、制动器、导航设备和航空电子设备等产品，同时也提供飞机维修和飞行信息软件开发等服务。早在 20 世纪 90 年代后期，该部门的领导者就开始思考数字化、通信和互联技术的进步如何为其航空业务创造机会。

霍尼韦尔电子解决方案事业部是该企业负责座舱系统、导航、空间和安全系统业务的核心部门，其前总裁卡尔·埃斯波西托（Carl Esposito）回忆道："当时，对于互联系统可以用来做什么，以及它对公司的业务意味着什么，我们有很多想法。"他补充说：

"但是，我们需要不断实现技术进步，才能追赶上公司愿景。"那时，手机还没有连上网络，地理定位和通信卫星技术和应用的发展在很大程度上仍是用于军事需要而非商业用途。"物联网"一词的出现，最初只是为了推广射频识别技术。云计算在当时也还处于起步阶段。

10年之后，技术发展已经快步追了上来。用智能手机上网成为人们日常生活的一部分；有关卫星使用的军事限制已经放宽，绕地球轨道运行的商业卫星数量也在增加；物联网开始发挥其作为工商业信息主干道的作用；云计算技术也已经成熟。到2010年，霍尼韦尔航空航天集团开始规划如何将其产品和服务整合为一个名为"互联飞机"的业务，从而大幅增加客户价值。例如为航空公司客户提供实时的解决方案，包括改善飞机动力输出、提升燃油效率、进行更有效的预测性维护、制定更精准的飞行计划，以及提供实时的众包天气信息服务等。

为了充分利用这一机会，霍尼韦尔必须在航空航天集团现有制造及服务优势的基础上增加互联和通信能力。霍尼韦尔主要通过收购及合作来获取这些能力。2011年，霍尼韦尔收购了专门从事机载通信设备和系统业务的EMS技术公司。次年，霍尼韦尔与全球卫星服务提供商国际海事卫星达成独家合作，为全球航空客户提供空中互联服务。

仅仅增加飞机的通信和互联能力是不够的，必须将这些能力完全融入霍尼韦尔的日常工作中。就在领导层批准新的互联飞机业务后，霍尼韦尔公司马上意识到，其航空产品和服务亟须进行一次重大重组，从而将合适的人才、技能和能力整合到一起。埃斯波西托说："在航空领域，我们一直以来按部就班地开展制造业务，各职能部门之间相互独立。我们孤立地生产设备，而不是从整体上进行思考。要跨越发动机、航空和电子设备各领域之间的界限很困难，但这正是我们现在所需要的，因为互联服务在所有这些产品中都起到了革命性的作用。"

2014 年初，服务和互联业务部门的规模还很小，时任霍尼韦尔高级副总裁的迈克·埃德蒙兹（Mike Edmonds）在执行委员会会议上提交了一份业务评估报告。他为自己所在业务部门的利润有了显著提高感到十分自豪。执行委员会对他的成绩表示了祝贺，同时问他，怎样才能使企业的利润与营收保持同步增长。埃德蒙兹说，他将在 30 天内拿出具体方案，但委员会告诉他："3 小时内就拿出方案吧，我们认为你知道该怎么做。"

埃德蒙兹确实有一份计划纲要，但他并没有与其他人一起对该计划进行联合审查，这在霍尼韦尔的企业文化中是一项冒险的举动。他回忆道，当再次回到会场时，他要求执行委员会进行彻底的组织变革：抽调信息技术、数据分析和工程人员组成团队，并授权聘请具有数据分析技能的新产品经理和团队成员。时任霍尼韦尔航空航天集团首席执行官的蒂姆·马奥尼（Tim Mahoney）对此回应道："没问题。我们今天下班之前就能发布新职位。我希望这些信息技术、数据分析和工程人员直接向迈克（埃德蒙兹）汇报工作，并在周末前完成岗位调动。"

随着转型的深入，新团队开始畅想如何让现有的独立产品适用于更广泛的互联环境。领导者要识别需要哪些特定类型的员工，以便所有工作都能顺利进行。埃斯波西托回忆道："我们需要的员工，必须能够跳出其技术专业领域，思考我们试图解决的更宏观的问题。"他把这些员工称为"翻译者"，因为他们能够推动车轮和制动、航空电子设备和互联等不同领域技术专家之间的讨论，还能够与营销和产品管理专家进行交流。"一旦人们开始理解这些团队不同的对话方式，思想的闸门就打开了，人们将会真正看到企业的愿景和发展方向。"

2015—2016 年，霍尼韦尔开始实行一些极具前景的想法，包括 GoDirect 互联维护（GoDirect Connected Maintenance）。该解决方案旨在通过分析飞机数据提供诊断，并按规范进行预警。该方案可以为客户节省高达 35% 的维保费用。GoDirect 还提供联网天气雷达，就像位智（Waze）为驾车者提供众包交通信息一样，GoDirect 可以在飞机之间共享天气数据。此外，GoDirect 还可为机组人员和乘客提供高速无线网络接入。

2019 年，霍尼韦尔推出"锻造方案"（Honeywell Forge），这是一项全新的整合互联解决方案，基于先进的数据分析技术，向客户提供包括空中互联服务、飞行计划制定和优化以及飞行数据库等服务在内的全面的产品组合。

新的思维方式不仅要融入产品开发阶段，更要融入整个企业的方方面面。"我们花了大量时间制订培训方案，并进行内部沟通，以帮助员工能够深入理解企业的业务演化历程。"互联飞机前任副总裁克里斯汀·斯莱克（Kristin Slyker）说："我们通过类比的方式来引导员工加深对互联飞机的理解。例如，互联飞机业务跟手机业务有点类似。我们销售的硬件（比如天线）就像卖手机；我们与国际海事卫星组织（Inmarsat）合作提供空中通话服务，就像威瑞森或法国电信公司（Orange）提供基于通信基站的语音通话服务。此外，我们还开发飞行效率应用软件帮助客户节省燃料。"

销售部门需要做出很多改变，因为多年来他们习惯于销售飞机引擎这样的昂贵部件，而不是销售服务或解决方案。"对于销售人员来说，售出价值 25 万美元的航空电子设备帮助客户升级硬件，比销售每年 2.5 万美元的十年期维护计划更具吸引力，"埃德蒙兹说，"尽管两者的总销售额可能是一样的。"

霍尼韦尔继续坚持改革，并不断重申企业转型的重要性。除了组织结构的变化，领导层还改变了销售人员的激励结构，只要他们完成最低数量的服务销售任务即可获得业绩奖励。公司还提供深入详尽的培训，确保销售人员在提及互联业务时更加应对自如。埃德蒙兹说：

> 我们不能只关注自己的产品，还要多关注客户在产品之外的问题并设法解决这些问题。我认为的最佳客户会议方式是：无须准备幻灯片，直接走进会议室，坐下来做自我介绍，然后对客户说："我很想了解您现在面临的问题。您可否告诉我，发生航班延误和取消的主要原因是什么？"沟通中必须让客户说出自己的想法。如果他们愿意提供信息让我调查某个特定的维保问题，我还可以找出更多维保问题，甚至是面向飞行员的飞行服务问题，然后带

着这些问题回去制定相应的解决方案。这和我们过去的销
售方式很不一样。

虽然霍尼韦尔的互联之旅还没有结束，但它正在从一家工业企
业转变为一家通过软件向其他工业企业赋能的公司，并已经取得巨
大进展。如今，互联飞机业务营收已达 8 亿美元，霍尼韦尔成为许
多分析师眼中互联飞机领域的市场领导者。"锻造方案"飞行效率
平台的构建标志着公司发展又迈出了重要一步：该系统上市第一年
就被全球 128 家航空公司采用，应用该平台的飞机数量超过 1 万架。

霍尼韦尔互联飞机的案例印证了我们之前提到的许多领导力要务。该公
司着眼于客户真正面临的挑战，围绕更大胆的价值主张重塑定位，整合适当
的技术，然后将客户引导至这个方向。它利用技术进步，不去模仿他人的做
法，而是建立自己的差异化价值主张。它采用收购的方式来构建差异化能
力，并与生态系统更紧密地合作。霍尼韦尔随后也改变了公司的基本运作方
式，在培训、研发和激励结构等赋能机制上加大投入，帮助员工打破旧模
式，以全新方式工作。在这一过程中，领导团队挺身而出，果断采取行动并
达成目标。

今天，许多企业都面临着与霍尼韦尔一样的挑战。企业创造价值的方式
正在改变。**企业需要构建并提升关键能力，并将这些能力整合到一个强大的
价值创造引擎中，推动企业以全新定位在市场竞争中脱颖而出。**构建价值创
造引擎并不断超越可能的极限是一项艰巨的任务，企业必须将所有的精力集
中在交付这些能力所要求的结果上。

由于价值创造模式改变，企业的成功也取决于这些复杂能力的扩展，企

业的工作方式必须做出改变，并且企业的组织结构也必须重新设计，才能匹配这种新的工作方式。像霍尼韦尔一样，企业需要将多样化的角色、技能和人才聚集在一起，提供竞争对手无法比拟的价值。你需要让各方流畅合作，关注他们工作的结果。你还很可能需要与传统组织边界之外的伙伴及人员合作。因为企业需要不断创新、加强和调整自己的能力，快速响应市场需求，所以企业必须在许多方面能够实现自我引导。

然而，大多数企业都不适应这种灵活、协作和以结果为导向的运作方式，而是选择继续沿用几个世纪前就存在的僵化的组织结构。

## 能力型企业：重构传统组织结构

要想在超越数字化的世界中取胜，那就需要一种新的组织和团队模式。飞利浦公司前任首席创新与战略官杰伦·塔斯明确表示："企业需要多样化的团队来解决真正的挑战。不要指望仅仅依靠研发人员，就能实现企业价值主张的更新迭代；不要指望只依靠销售人员就能赢得大客户；也不能只依靠物流专家就想解决所有供应链问题。飞利浦在企业内部进行专业分工已经有超过100年的历史，但我们现在需要反其道而行之，将不同的专业和职能重新联系在一起。我们必须认识到，企业需要不同类型的团队，才能实现不同的目标。"

这种新模式并不是像大多数企业所采用的跨职能团队的协同方式那样，把员工从他们的本职工作中暂时抽离出来，只要求他们抽出10%或20%的时间一起工作，或只是一起集中工作6周至6个月然后各自又回归本职工作（详见"超越传统的职能模式"专栏），而是组建更稳定持久、以结果为导向的团队，团队的任务是构建差异化能力，交付业务结果，从而达成价值主张。由于企业获得差异化能力并非单一职能所能实现，这些团队必须从整个企业及生态系统中整合他们所需的一切能力。

How Great Leaders Transform Their Organizations and Shape the Future

BEYOND DIGITAL

## 超越传统职能模式

　　大多数企业所采用的传统组织模式可以追溯到 19 世纪。最早的一批业务人员是管理时刻表的铁路电报员，然后是销售团队、财务部门和研发实验室，包括托马斯·爱迪生和亚历山大·格雷厄姆·贝尔最初建立的实验室也采用这种传统的组织模式。随着企业规模扩大，业务越来越多样化，他们开始增设业务部门和区域组织结构，以便更好地服务于各地市场，最终创建了矩阵型组织，其中大多数人员有两条汇报关系，即职能汇报关系和业务部门 / 区域汇报关系。在大多数情况下，人力资源员工仍主要从事与人力资源相关的工作，而财务人员主要从事与财务相关的工作，这往往会导致职能孤岛现象，不同职能之间由于专业领域的不同而被区隔开来。

　　职能部门在发展职能专业知识、提升员工技能和为员工提供职能方向上的职业发展道路方面一直发挥着关键作用。然而，在超越数字化的时代，这一作用受到了抨击，因为企业参与竞争所需的技能和专业能力就已经呈爆炸式增长，更不用说想要取得成功了。试想一下，现在当我们提到一家公司擅长市场营销的时候，这句话的背后究竟意味着这家公司需要具备什么样的能力？不仅涉及分析、用户体验设计、消费者行为理解、数字资产管理、社交媒体参与、公共关系、品牌、广告，而且还需要很多其他必备技能。现在已经没有通用型的营销人员，也没有通用型的营销职业道路或营销技能培训。员工所需的技能已经变得更加复杂和专业化。

这促使企业开始评估自己应当发展并拥有哪些技能，以及哪些技能更适合借助生态环境获取。虽然企业已经习惯于在公共关系或创意开发等特定领域依赖外部人才，因为在这些领域他们难以吸引、发展和留住优秀人才，但如今，企业需要在更广泛的技能领域内采用这种思维方式，专注于自身有足够规模和能力来吸引顶尖人才的领域，并利用一个充分扩展的生态系统，在这个领域提供独特的技能。

尽管已经取得了这些进步，但企业面临的最根本挑战是，在传统模式中领导者专注于追求"职能卓越"，几乎都默认要建立大型职能组织，这导致他们忽视了需要实现的最终结果。在这种情况下动机和激励可能会发生偏离：运营部门想要标准化运行，而研发部门希望实现精细化定制；销售部门想要满足客户需求，而服务部门希望控制成本。此外，企业面临的另一个挑战是，职能部门倾向于根据行业职能基准来衡量自身绩效，而不是做一些突破常规的事情来帮助推进企业的具体战略。当企业最具影响力的工作在本质上是跨职能合作时，仅靠职能部门自身来构建企业未来发展方向会极其困难。

然而，在今天的价值创造模式中，构建和扩大差异化能力需要更多跨职能专业知识和协作。仅仅依靠财务人员完成财务工作，然后将其移交给下一个职能部门是不够的。例如，现在的财务人员必须学习数据分析技能，知道如何与技术、销售、市场和运营部门合作，帮助他们准确预测和匹配供求关系，并为产品和服务进行合理定价。财务人员必须与生产运营主管、销售经理或营销产品经理保持一致，积极实现运营效率、收入和利润目标。他们都必须更加以结果为导向，而不是以职能为导向。当成功所需的差异化能力变得更加复杂和跨职能化时尤其如此，这就需要在企业范围内快速整合并持续改进洞察、技能、流程、数据和技术。

为解决这些挑战而创造的人力资源技术，即将不同职能和部门的人员聚集在一起工作以达成特定目标或从事特定项目。这些"跨职能团队"在许多组织中已经非常普遍。例如，将来自客服、制造、研发和产品营销部门的成员组成跨职能工程团队共同解决质量问题。这类跨职能团队可以很好地开展有针对性的工作，比如项目、计划、变更方案和沟通计划。但事实证明他们在持续创造价值方面极少取得成功。因为在很多情况下，这样的临时性团队缺乏真正发挥作用的稳定性和影响力，而且团队成员有许多优先于团队目标的本职工作职责。如果职能部门继续管理这些人才，并能影响其职业发展方向的话，那么无论跨职能团队的想法有多好，职能部门的工作安排和工作重点仍会比跨职能团队的优先级更高。此外，临时性跨职能团队通常较少能从职能部门吸引到最优秀的人才；他们缺乏明确的目标、指标及与预期结果挂钩的激励措施；他们在高级决策层面没有影响力，而鉴于任务的重要性，具备这种影响力又是必要的。这些临时性的跨职能团队有时也会起作用，但并不能帮助企业在未来获得成功。

有些企业试图通过在传统矩阵型组织结构的基础上叠加端到端流程模型和角色来应对这一挑战。他们保持了传统的职能部门和业务部门的矩阵结构，但从流程上规定员工应如何将工作从一个步骤推进到另一个步骤以提高协作效率。当企业实施跨职能部门的企业资源计划（Enterprise Resource Planning，ERP）系统时，这些端到端流程模型可能是必要的，但它们通常不能解决在创造价值方面遇到的难题。实际上，它们通常以流程的全局管理者视角，采取映射"标准"工作流程的流向和在流程中添加决策检查点的复杂操作，来管理和验证员工是否遵循流程。但是在当今世界，当企业必须迅速做出反应，要跳出既定流程才能赢得市场时，企业该怎么办？当传统职能矩阵模型仍然是企业的上层结构时，端到端流程模型总是难以避免流于僵化，对构建企业差异化能力的助益有限。

流程再完美，也难以复制团队成员朝着共同目标努力的灵活机变和创造力。

这些以结果为导向的团队若要取得成功，他们需要：

1. 长期存在。由于他们要创造的能力是企业取得成功的关键，这些团队需要在组织结构中长期保有位置，但团队规模和结构可随团队能力的演化进行调整。
2. 团队成员应是专职人员，专注于构建和扩大企业所选择的差异化能力。这些能力十分重要，不应成为团队成员的一项"副业"。

3. 团队必须有专属的人员和预算资源，而不是临时从职能部门或业务部门抽调资源。如果差异化能力是企业取得成功的关键，在分配预算和投资方面就应该体现出这一点。

4. 团队由高管领导，他们通常是在企业决策时拥有话语权的企业高管团队成员。

我们看到有许多企业调整了他们的组织结构，并创建了以结果为导向的专职跨界团队。特别是在创新能力方面，这种调整已经变得非常普遍，企业打破了传统组织结构下研发和客户洞察、市场营销、销售、服务、运营和财务等其他职能之间的区隔。这些团队专注于创新，并将之作为一种真正的综合能力在整个组织内推广。他们的成员不是临时抽调给创新团队的，而是结果导向团队的专属成员，聚集成一个有明确目标的部门共同开展工作。许多跨界团队还将传统组织边界之外的生态合作伙伴和客户也囊括进来。医院建立患者体验团队就是个典型例子，这个团队专注于通过协调心脏病科、重症监护、护理和物理治疗等相关部门来达成改善患者治疗效果和提高患者满意度目标。

其他类似的典型案例包括：全面质量管理团队，整合研发、制造、供应链、物流、营销、销售、财务和客服人员；客户体验团队，整合价值链上各环节人员，管理和优化客户旅程；消费品公司营收增长管理和市场执行团队，整合财务、营销、销售、数据、技术和供应链人员。

在能力型企业中，结果导向型团队与职能部门协同作战，专注于为企业打造差异化能力。这些团队与企业总部、业务部门和职能部门／共享服务中心共存（见图4-1），但在组织中的重要性日益突出。在许多企业中，我们看到大多数职能部门的员工都嵌入结果导向型团队中，并在不同的团队和业务部门之间轮换，以培养更广泛的技能和协同工作方式。

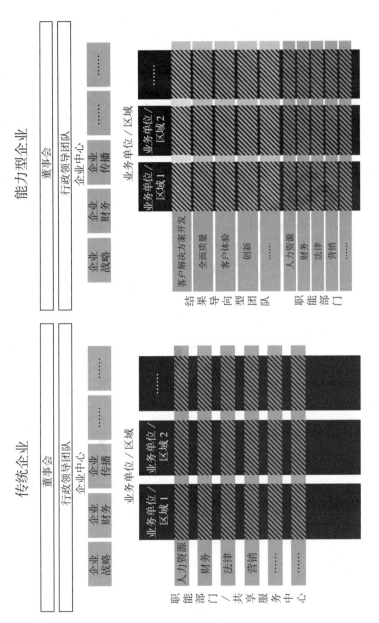

图 4-1　从传统组织到能力型企业

事实上，大部分的组织预算和员工开支都从传统的职能部门转向了结果导向型团队，从而使这些团队能够以协同一致的方式推动落实企业打造差异化能力的优先事项。**简言之，建立结果导向型团队需要使组织结构与需要完成的最重要的工作相匹配，以交付对企业的价值主张和对客户来说至关重要的成果。**

因此，在能力型企业中，纯粹的职能团队变得更加侧重于类似投资者关系或劳动关系的专门的单一职能工作和推动职能领域专业知识的发展，例如，通过制定政策与程序、建立对职能专业知识的适当管理、在企业范围内共享和发展最佳职能实践，以及培养企业其他部门需要的职能人才和专业技能。在这种模式下，职能部门通常直接管理一个较窄小的专业领域，但对整个组织的价值创造模式均有间接影响和支持作用。尽管职能部门的存在对企业的成功仍然十分重要，但与直接从事大多数活动相比，职能部门更多通过间接方式影响和指导业务。部分读者可能会注意到，在过去 20 年中，共享服务组织的范围和作用不断扩大。交易中心原有的共享服务模式主要是整合交易职能活动如应付账款和应收账款等，现在由于数字化和数据洞察能力的驱动，共享服务中心在很多企业内已经演变为一种面向全球的集成服务供应者，提供跨职能的端到端业务产出服务，如营运资金优化服务。这些以结果为导向的业务服务团队由企业自有员工和外部合作伙伴一起构成，在许多企业中已经成为人员规模最大的团队。我们将这种现象视为能力型企业的一项领先指标，随着越来越多的企业踏上超越数字化的旅程，这项指标的重要性将变得更加突出。

在新的组织模式中，业务部门变得更加以客户和市场为中心，而不是以产品为中心。业务部门的集成职能将越来越突出，以确保自身的能力匹配客户需求。这个集成职能与过去的"综合管理"职能有明显不同，它更侧重如何与客户进行互动，而不是组织所有需要交付的活动。实际上，业务部门角色更多地是以满足客户特定需求的方式来汇总结果导向型团队的产出结果。

**要建立一支正确的结果导向型团队，首先必须明确企业的差异化能力以及团队需要实现的结果。**不是明确他们今天能够创造什么，而是明确他们未来需要为企业创造什么，才能实现企业在全球市场的全新定位。这份能力蓝图详细说明了为交付预期结果，企业需要以何种方式提供哪些专业知识、技术、数据、流程和行为，就像建筑蓝图阐明建筑结构的各个方面如何装配联结一样。能力蓝图将帮助企业确定需要汇集具备哪些合适技能的人才，并授权他们跨越旧的组织边界开展工作，以交付企业需要的结果。从哪里入手开始搭建结果导向型团队呢？从对企业创造价值最重要的那些能力入手。能力越重要，所需的技能就越多样化，也就越迫切需要采取行动。

对许多企业而言，从职能导向型到结果导向型组织模式的转变需要时间。但考虑到企业迫切需要建立与其新定位相匹配的能力，企业需要考虑如何加速自身转型。企业需要认真评估如何进行阶段性变革，以确保始终能将最重要的能力和正确的资源整合到一起。

有些企业开始采用新的工作方式，如敏捷方法，将来自不同职能部门的非层级化员工汇集到一个结构化的"突击队"中，共同奋战以便解决复杂问题。有些企业要求共享服务中心或全新组建的团队承担新能力开发任务。虽然这些措施可能会有帮助，但仅仅只是采取这些措施往往不足以达成企业工作方式所需的转型。事实上，如果没有更大范围、更全面的变革推动，这些新团队不仅难以产生变革影响，还会被视为无法融入组织的"海盗团队"而遭到孤立。

## 微软，向能力型企业的转型之旅 ———

2014 年，在萨蒂亚·纳德拉被任命为首席执行官后，微软公司开始了企业转型，原因显而易见：当时微软个人电脑的季度出货量已跌至 7 000 万台，而同期智能手机的出货量则飙升至 3.5 亿台。这对微软来说是个坏消息，因为微软当时高达 75% 的营收都来自预装在个人电脑上的 Windows 软件。雪上加霜的是，公司在移动终端、云计算、社交媒体、SaaS 解决方案和大数据等新兴技术领域几乎没有取得什么进展。很难想象微软未来如何才能在快速发展的科技市场取得成功。

微软执行副总裁兼全球销售、营销和运营总裁让－菲利普·卡托瓦回忆道："我们很清楚，25 年前让我们取得成功的因素无法让我们在未来再次取得成功。作为一家公司，我们的使命是'让每个家庭的桌上都有一台电脑'，这是一个了不起的使命，它推动我们不断前进。但这还不够，我们形成了一个新的世界观——'随着我们周围的环境正在发生巨大变化，世界上每一家公司都将成为数字化公司，世界上每一个人都会成为数字原生代。世界正在向云优先、移动优先方向转变。'"

如果企业自身在数字化领域已经处于落后状态，又该如何帮助其客户实现数字化转型呢？纳德拉在就任首席执行官的第一天就宣布了"移动优先、云优先"的新战略，后来又发展为"人工智能／云优先"。微软公司过去的使命是"让每个家庭的桌上都有一台电脑"，如今这个使命已经结束，取而代之的是"让这个星球上的每一个人和每一个组织都能取得更大成就"。前者是向客户销售产品；

而后者是为客户提供成果，即解决方案。

卡托瓦说：

> 我们必须进行彻底转型，我们这段转型之旅是在企业现有人员、技能、组织、流程、工具和能力基础上迈出第一步的。公司过去致力于向全球大大小小的客户提供软件许可协议，鲜少与客户有后续互动。现在我们明白，新的世界观要求我们从软件导向型公司转变为云导向型公司。这意味着我们必须彻底改变创新的步伐，从过去长达 3 至 4 年才发布一款新的软件产品，变成团队每隔几周就创造新的服务和解决方案。

这也意味着微软必须更加专注于推动客户使用云服务。

支撑微软公司转型的关键组织变革举措之一是全球商业业务部门的变革，这是一项艰巨的任务。70 多名高管人员和 400 多名高级经理耗时数月制定了一项战略，从 2017 年 2 月开始深刻地改变了微软商业业务进入市场的方式。这次转型围绕着 5 大支柱展开，目的是在合适的时间将适当的资源提供给匹配的客户，使微软能够支持其客户的数字化转型，并推动客户对其云服务的采购：

1. 行业覆盖。微软围绕特定行业重组销售组织，为客户提供量身定制的专业知识和服务，帮助客户转型；转型前微软更多承担的是软件或基础设施服务提供商的角色。
2. 技术专长。将工程师加入现场销售团队中，确保技术能力更接近客户需求。

3. 赢得客户。通常，微软的工程师、顾问和开发人员都在现场工作，他们通过在售前和售后更深入地接触客户，推动客户对云服务的采购和使用。

4. 数字化销售。通过数字化基础设施和人工智能赋能销售团队。

5. 伙伴至上。微软统一了商业合作伙伴部门，简化了生态合作伙伴与自身销售组织之间的协作规则，使合作伙伴能够更有效地为客户提供服务。

一些关键的组织变革举措旨在将企业职能从传统的售前、售中和售后职能转变为更专业的职能，以便更好地满足客户需求。其中包括重组专门的客户团队部门，借助行业专家更好地为企业客户，尤其是头部客户提供支持。这些变革举措还涉及组建由解决方案专家和技术解决方案专业人士组成的专家团队部门，以专注于获取新客户并向现有客户提供技术支持。此外，微软还创建了一个客户成功团队，向企业客户展示云计算的价值，吸引客户采用更多服务并增加消费。随着所有这些多样化技能汇集在一起，微软公司全新的结果导向型团队可以推动公司实现其新的全球定位。卡托瓦说："我们还拥有一支'全球黑带技术团队'，他们负责全球或区域层面的顶层规划，以帮助开发更高级的企业能力。"

微软采用这种组织方式主要有两个原因。卡托瓦解释道："第一个原因是我们需要一套全方位的技能和工作方式，以陪伴我们的客户度过转型。每家公司都正在转型成为软件公司，他们所做的远远不止将一堆虚拟机转移到云上，而是建立新业务和新模式。我们需要所有这些能力来深入了解客户的业务及其业务策略。"

第二个原因是文化方面的。微软一直以产品为中心，如果要像自己宣称的那样成为"客户导向型公司"，就必须改变组织方式。卡托瓦说：

> 我们必须支持客户的整个转型过程：首先，我们要设想客户需求的数字化能力。其次，我们要与客户合作，根据他们的传统组织架构及企业定位，确定构建这些能力的正确的技术架构体系。最后，我们必须以更快的速度将企业的数字化能力转化为许多落地项目，以创建数字化产品、数字化运营、数字化客户旅程等。为了推动这种文化变革，我们需要根据实际情况创建一种截然不同的组织能力。

当微软的新组织结构于 2017 年 7 月 1 日正式上线后，全球销售、市场营销和运营以及全球商业业务部门的 4 万名员工，从执行层面的一线岗位到高管层，其工作内容一夜之间发生了巨大变化。

"我们改变了 90% 的领导者和 80% 的非领导者的角色。这是一个相当大的变化。"微软的全球销售、营销和运营领域的现场转型副总裁尼古拉·霍德森（Nicola Hodson）回忆道：

> 在 2017 年 7 月 1 日发布消息之前，我们有大约 6 个月的时间来规划、测试，并开始让领导层参与到变革中来。我们投入很多精力来筹划建立支持联盟。刚开始只是一个负责规划设计的核心小团队，随后逐渐扩大范围，让

更多现场人员参与进来开展相关试点，安排时间和空间来召集区域领导人及其领导团队开展培训宣贯。到 5 月底，我们已经和所有区域领导人进行了交流，并向他们解释了这些变化。我们提前任命他们担任新职务，所以当我们在 2017 年 7 月 1 日面向整个组织公布这项变化时，他们都已经充满信心并做好了准备。

企业成立新组织的消息在 2017 年 7 月 1 日发布后，并非一切事务都进展顺利，有些事情还需要进一步细化或调整。在这个时候，大量倾听一线人员的声音非常重要，因为他们是最早开始体验这一新模式的群体。

霍德森说："我们建立了一个实时问答系统。每天和核心团队一起讨论提交到这个系统上的问题。我们还组建了一个团队，成员来自不同的业务部门，我们把这些问题分发给他们解答。我们通过在各个领域大量深入倾听反馈，来了解我们在哪些方面做得好，在哪些方面做得不好。对于没有按计划顺利进行的事情，坚持以行动为导向的原则进行调整。"

## 再造组织基因，聚焦结果

正如微软和霍尼韦尔的案例所示，仅仅改变组织结构图上的条条框框无法让能力型企业有效运作并发挥作用，你可能需要调整甚至再造组织基因，使其更具协作性、更聚焦于结果。除了构建和规划主要的结果导向型团队的工作之外，我们看到领导者最为强调的 4 个决定组织重构成败的关键因素为：分配投资和预算的方式，如何界定、衡量和奖励绩效，如何设置职业发展通路，以及如何通过鼓励新的行为来建设企业文化。

## 重塑企业规划和预算编制流程，将投资分配到优势领域

要使能力型企业有效运作并发挥作用，需要重新思考如何分配预算和投资，以及如何管理损益。这是企业领导者可以使用的最有力的手段之一，可以将企业活动聚焦在最重要的地方。考虑到差异化能力对企业成功的重要性，企业的大部分支出应当用于构建和扩大这些能力。因为结果导向型团队是企业差异化能力背后的主要驱动力，所以企业的大部分投资需要用于这些团队。我们认为，如果你没有大幅调整投资，如果你的预算几乎没有发生什么变化，那么事实上你投资过去多于投资未来。

这将会对损益管理及流程规划产生重大影响。**结果导向型团队必须自己选择需要什么样的投资，以及需要职能部门为其提供哪些支持，而不是由职能部门的领导者来规定他们需要多少员工以及他们需要投资什么工具。**与此同时，必须基于结果导向型团队的最低质量标准、预算和计划来考虑对职能部门的职能卓越要求。同样，结果导向型团队需要对业务部门提出明确要求和工作目标，以便他们在做规划的时候加以考虑，业务部门也是如此。

**与传统的矩阵式组织不同，结果导向型团队在规划和预算管理上的转变需要重新思考规划流程和机制，以实现治理和协作。**规划周期由谁领导、最终预算如何确定、年度业务评估有谁参与，以及整个组织如何做出决策，这些都需要重新调整以支持新模式能顺利运作。为了释放构建企业差异化能力

所需的资源，你要果断处理有待"减负"的领域（即必要但应尽量减少开支的领域）以及必备的基础业务领域（即需要做到和竞争对手一样但无须更好的领域）。这种变化可能需要反复迭代和微调，以实现企业内部所需的力量平衡，使各个团队能真正协同作战、共同达成价值创造的成果。

## 重新设计你定义、衡量和奖励绩效的方式

**为了将企业活动的重点转移到构建和扩大差异化能力上，你要将想要实现的结果设定为组织的经营情况衡量指标。**具体采用哪些指标取决于企业的具体情况，可以是创新产品的上市时间、碳足迹和可持续性影响、客户满意度、企业对整个生态系统成功所做出的贡献，或是客户对云服务的使用等，以此衡量客户是否体验到目标结果。微软在这方面做出的重大变革举措之一是改变了员工薪酬的计算方式，不再根据合同价值，而是根据客户在一段时间内的购买和使用云服务的情况计算薪酬。公司衡量所有客户购买和使用云服务的情况，以便领导者与销售人员讨论推动客户购买决策过程中所面临的障碍。微软所做的就是根据特定业务结果而非销售收入来衡量绩效和支付员工薪酬，这也是任何一家企业向能力型企业转变过程中必须采取的变革举措。

律师事务所和咨询公司之类的企业，甚至将员工奖金激励与客户业绩挂钩。这些企业不再仅仅根据员工为企业创造的收入来衡量和支付员工薪酬，而是将其客户是否实现预期业绩纳入考量。实施这些激励措施需要企业仔细斟酌，因为客户业绩可能不会在典型的年度业绩评估周期内产生。不过，这样的激励措施建立了一种强有力的机制，促使企业专注于协作以实现真正的价值创造成果。

　　**企业还需要重新考虑个人激励与团队激励之间的平衡。** 如今，大多数岗位的激励都与产品或服务销售有关，因此员工业绩的衡量指标很容易单一化：员工是否达到了销售指标？领导者是否兑现了承诺？虽然这些激励措施很重要，但你也需要确保在构建和部署企业基本优势及能力体系方面取得进展。这需要在结果导向型团队、职能部门和业务部门之间进行有效合作，这些团队必须接受、吸纳、改进与整合这一优势。若要转型成功，还需要制定基于团队的目标和激励措施，并适当平衡对个人绩效和行为的期望。

　　**企业还需要改变绩效评估方式、参与评估人员的构成，以及评估中的对话类型。** 在微软打造能力型组织模式的过程中，卡托瓦取消了传统的年中评估，因为他发现这与新的工作方式不相符。它不仅导致领导者无法将宝贵的时间投入市场和投到客户上，同时也导致当员工在某个领域的表现落后时，领导者会对其进行批评说教和指责。卡托瓦采用季度业务连接替代传统的绩效评估方式，在这种方式下，团队成员可以就业务趋势、阻碍和问题、主要洞察以及团队需要做什么才能取得成功等方面共同展开对话。讨论焦点更多集中于为实现业绩而采取的集体行动，以及需要何种帮助与支持。由于企业能否创造持久价值取决于交付的综合结果，因此你也需要将绩效对话转移到注重协作成果上。

## 实施新的职业发展模式，使无边界液态组织成为现实

　　在过去传统的层级发展模式中，员工始终从事某一职能的工作，然后一路垂直晋升，如今这种模式已经不再适应时代。为了获得关键的跨职能能力，确保企业在全球市场上占据一席之地，企业不仅需要员工在其专业领域具备丰富经验，同时还要员工具有跨领域的多元化经历。在快速变化的商业环境中，这种工作经验的深度和广度也越来越成为员工所追求的目标，一方

面可以保持员工某一方面技能的专业性，另一方面能够使员工具有多种职业选择的机会。我们已经在许多特定领域的企业中看到了这种职业发展模式。事实上，与几十年前相比，如今的高层领导团队拥有更加多样化的经验，不仅反映出这种职业发展模式的日益普遍，而且体现出它在培养优秀领导者方面确实行之有效。

这种跨领域的职业发展模式可能不一定适用于整个组织，但企业必须阐明一系列新的职业道路和发展选项，以帮助员工培养和发展他们所需的技能。在这些新的职业道路中，员工可以在一系列不同的职能和团队中横向调动。他们不必成为管理者或领导者也能获得成长机会，在团队中承担奉献者、支持者的角色也能有助于他们成长。员工也可以扮演"翻译者"的角色，利用自己的影响力而非职位权限来促进结果导向型团队、职能部门和业务部门之间的协作。在这种新型的职业模式中，员工的考评和奖励并非基于他们管理内部资源的多少，而是基于他们对团队的贡献和他们负责要拿到的结果。在少数情况下，员工甚至会利用职业生涯的一部分时间与生态合作伙伴共同工作，积累企业外部工作经验。有些企业通过将创建借调项目这一人才培养过程制度化，将关键人才派遣到合作组织工作一段时间后，再返回原企业。随着我们不断集成能力，在生态体系内创建信任氛围和无缝合作的机制越来越得到保障，预计未来会有更多企业向生态体系中的合作组织派遣员工。总之，在能力型企业中，职业道路也需要从结果导向出发进行设计，专注于获得最佳结果所必需的一切，而不是基于传统的组织层级观念。

花旗集团前任首席执行官迈克尔·科尔巴也持同样观点："过去，员工习惯于在相对狭窄的垂直领域从事专业工作，负责某个垂直领域内的优化，并在该领域一路垂直晋升。"但是，花旗集团要想为客户提供最佳体验（详见第 1 章），就需要把许多不同的能力结合在一起。目前，花旗集团的员工能够通过许多横向调动机会来取得进步，从而获得更广泛的经验和协作技能。科尔巴补充道："员工的职业道路不再是直线型的。我们为他们提供了一条精心规划的职业发展路线。"

随着我们进入超越数字化的世界，考虑到职业路径的多样性和复杂性，员工需要更多的一对一职业辅导。晋升的通路不再单一，有许多不同的发展通路及横向调动机会。要建立无边界、人员能自由流动的流体组织，企业应该考虑下列这些步骤：

1. 在企业职业发展模式中建立一种共识，即员工不必通过职位权力，也不必管理大型团队才能获得成长和发展。通过承担多种角色、参与多个团队和多元化的工作经验，员工也可以获得职业发展并获得相应经济回报。

2. 鼓励员工不要畏惧风险，大胆进入传统专业技能和培训之外的职业领域，并为他们提供支持。

3. 建立跨领域人才评审流程，让员工了解他们在目前工作的团队之外还能有哪些职业选择。人才培养流程还需要囊括与生态合作伙伴、客户及其他人合作的机会，以获取受企业重视的宝贵经验。

4. 帮助员工发展他们在新环境中茁壮成长所需的技能（更多关于技能提升要求的内容，详见第 6 章）。

## 通过塑造新行为来促进变革

让员工在这种基于能力的新模式中工作是一项巨大转变。他们不得不放弃传统的岗位忠诚和优先事项，围绕新结果重新调整思维，在许多情况下，这些结果会随着时间推移而不断发生创新和转变。员工必须学习新的技能，这些技能对他们来说可能十分陌生，或者过去可能是依赖他人提供的。如今，他们将不能再依赖信息技术人员为他们做数据分析，而是必须学会自己做动态分析，并将自己的专业知识运用到数据分析中去。员工周围的传统权力结构和决策结构都将发生变化，他们必须学习如何通过与他人合作或通过他人帮助实现结果，而不是自己单打独斗。员工在心态和行为上很可能面临巨大转变，这些转变甚至很可能会让人感觉不自然或不安。

调整预算、指标和激励等正式措施会有所帮助，但企业如果不努力帮助员工塑造和实践新的行为，就无法成功地重新培训员工以新的方式开展工作。换言之，企业需要润滑剂来帮助组织减少转型摩擦，让企业期待的行为更容易发生、让企业按照需要的方式运作，并塑造、强化企业价值创造系统的企业文化。

企业在规范员工行为时，要确保这些行为是具体的、可见的、可操作的，且能引起情感共鸣，理想情况下，还能调动员工积极性。根据企业的具体情况，关键举措可能在于鼓励员工就产品质量、生产速度和投入预算等主题进行权衡的对话与交流；促进员工自由、自愿地提供专业的意见（但如果有人选择另一种方式也请给予支持），让员工做决策并清楚阐明决策背后的事实；明确地将资源与优先机会相结合，以最大限度地发挥影响。

对微软的领导者来说，为了让微软的商业转型计划取得成功，他们必须定义新的销售方法应该是什么样的，并尽可能地判断企业是否在朝着正确的方向前进。他们对希望员工表现出来的新行为作了非常细化的定义，正如让－菲利普·卡托瓦所解释的那样：

> 首先，我们需要员工多与业务决策者而不是信息技术人员展开

接触，这一点容易衡量。其次，我们明确定义了员工在与客户沟通时应该如何引导对话，他们如何从客户那里获取信息，以及如何通过明智的对话来建立关联？再者，在初次见面建立关联之后，他们将如何提出一种互动模式？让相关行业专家和数字顾问与客户共同进行一些业务设想，并制定出微软可以支持的转型议程。最后，他们如何将我们与客户双方的技术人员联结在一起，并将这种联结转化为我们需要构建的数字化能力？

要促成这种新的行为模式广泛发生，企业必须在日常实践中推动实施这些期望的行为，在相关的员工培训、个人与团队发展、实践参与中进行重点投入。

美国大型医药企业礼来阐明了领导层在促成这些关键行为和消除障碍方面所起的关键作用（我们将在第 5 章详细讲述礼来的转型案例）。礼来想成功转型，最重要的举措之一就是加快企业的创新进程。这需要对组织结构和领导角色进行官方调整，比如在研发后期阶段给予 5 个新业务部门的负责人更多的参与机会和决策权，但这也需要员工改变他们的行为方式。这个联合领导团队的成员丹·斯科夫龙斯基（Dan Skovronsky）表示："对变革的抵制态度在礼来尤为强烈，因为礼来是当地最大、最具吸引力的雇主，员工几乎没有其他更好的选择。员工因此害怕承担风险，因为失去工作的后果可能意味着打包行李搬离这个地区。所以为什么要尝试去改变呢？既然礼来是一个理想的雇主，那么显然跟原来一样按部就班的工作是更好更安全的选择。"

然而，抵制变革注定会导致失败，因为礼来需要以比过去更快的速度开发新药并将之推向市场。在礼来此前的工作环境中，最重要的就是在承诺的截止日期之前完成工作，因此员工会设定非常宽松的截止期限，导致礼来成为业内研发新药最慢的公司之一。斯科夫龙斯基说：

重点是我们需要设定雄心勃勃的目标，而不是惩罚那些没能达成目标的人。我们必须给员工信心，让他们相信自己不会失去工作，不会因为冒险失败而被降职。我们需要让他们知道，这实际上就是他们提升自己的必经之路。我们告诉员工："请制订业内最紧凑的研发时间表，不要再考虑留余量。告诉我，你需要哪些帮助才能按这个时间表如期完成工作任务。即使你比研发时间表迟了几个星期或几个月才完成研发工作，也不用担心。事实上，只要你去尝试做一些大胆的事情，就意味着你已经比以前有所进步。"我们有一些团队虽然错过了截止期限，但他们的时间表安排得非常紧凑，工作进度业内一流。虽然他们最终比时间表迟了两个月，但比旧体系提早了整整两年完成开发任务。我们奖励他们，把他们树为典型并加以宣传。我想说，我们做对了应该做的事，最终得以促成改变。

虽然这些案例听起来很美好，但要塑造有助于实现预期结果的正确行为，需要企业真正开展相关工作。这是一项战略性举措，需要克服困难才能达成，不能任凭运气决定，也不能留待人力资源部门去解决。多年来在这一领域的研究和工作经验告诉我们，塑造行为需要清晰界定你希望在企业中看到的一些关键行为，并努力培养它们。[1]

对于完美关键行为的界定，并没有放之四海而皆准的答案。不过，普华永道思略特的一个战略与领导力全球知识中心——卡岑巴赫中心开展的研究告诉我们，关键行为可以通过以下几个简单步骤来塑造：

1.  以中立方式调查和理解企业现有的文化特征和行为，认识到你当前的行为将产生的积极和消极的影响。评估现有的企业文化如何支持或阻碍企业战略的实施。（如需了解更多信息，请详见卡岑

巴赫中心的文化特征调查。[2] )

2.　让员工了解自己需要用什么样的具体行为来支持新的工作方式和新的价值创造模式。具体而言：这些行为看起来是怎样的？当你采取这些行为时，感觉怎么样？你在哪些地方看到这些行为在起作用？

3.　让员工找到阻碍这些行为发生的因素。可以采用哪些措施来落实这些行为？哪些促成因素会有所帮助？需要清除哪些障碍？

4.　使这些关键行为成为现实。将促成因素落实到位，并排除阻碍因素。提供平台传播榜样行为和先进典型，让员工将行为转化为与日常工作相关的具体行动，并将员工直接与战略目标联系起来。这些行为与财务结合起来意味着什么？与销售结合又意味着什么？领导者和主管应该做些什么以激励一线员工调整他们的行为？你需要不断完善这些行为，使之成为现实。[3]

建立能力型企业是一个伟大的目标，但这必然会涉及对企业所有重点领域的颠覆性变革，包括组织结构、预算和规划、绩效管理、职业通路以及员工行为方式等方面，所有这些方面都相互关联。在许多情况下，你需要重新思考甚至颠覆企业的基本工作方式。正是由于这个原因，我们看到许多企业都是分阶段逐步展开这一颠覆性过程的，在迁移整个组织结构之前引入特定的结果导向型团队。这为人力资源流程、治理流程及其他重要促成因素的完善提供了缓冲时间，使能力型企业能够有效运作。

然而，组织变革的基本原理不可忽视。当创造价值的基本模式发生变化时，企业也必须做出改变。转型需要将能力和结果呈现出来，并使它们成为组织的主要焦点。这并不是一件容易的事，旧的组织结构会对其进行抵制，但这种改变至关重要。因此，企业的高层团队必须全心全意地接受转变。高层团队本身也必须做出改变，我们将在下一章中详细讨论这一点。

# 中国企业如何施行以结果为导向的组织变革

——潘　静

普华永道中国人才和组织咨询服务合伙人

## 中国市场观察：组织变革领域的趋势与业务驱动因素

　　中国企业历经 40 多年的高速增长，伴随整体经济进入增长速度换挡期、结构调整阵痛期、前期刺激政策消化期三期叠加阶段，传统行业普遍面临业务增速减缓、赢利能力降低的困境，纷纷积极寻求新的业务增长点与转型突破口。即便身处风口、快速爆发的新兴经济与行业，也普遍面临可持续增长、从投资进入赢利状态的挑战。突如其来的全球新冠疫情则进一步加速了中国企业进入数字经济时代的脚步，外部环境的"黑天鹅"事件冲击不断、市场与客户需求瞬息万变，技术革新不断颠覆过去成熟且成功的商业模式，种种前所未有的挑战下，要打破传统竞争壁垒，持续赢得市场并获得商业成功，"变革"已然成为中国企业唯一不变的战略主题。

业务前端组织更加聚焦客户、聚焦市场需求。业务的转型突破通常伴随组织能力的变革重塑。中国企业业务变革的一大特征为更加关注市场与客户需求，从产品、技术导向转向市场和客户导向。以客户为中心成为很多企业在过去 10 年里的转型关键词。敏捷组织，尤其是直接面对客户的团队的敏捷化模式在各行各业均成为探索热点。众多企业致力于"小前端，大平台"的敏捷组织转型，期望通过强化整体平台能力，支撑业务前端组织更灵活、及时地服务于客户日益个性化、多变的产品与服务需求。

职能组织主动求变，定位业务伙伴，更加强调服务与赋能。相对于业务组织的灵活化发展，众多优秀企业的内部职能组织也积极寻求主动变革，突显出"职能服务化""服务市场化"的变革思路。通过深度思考、分析组织内的细分"客户"群体、其相应服务需求与场景的特点，重新审视职能自身的运营模式，从组织结构、业务流程、人员配置与能力要求、技术支持及信息数据分析等多维度，进行协同、优化与重塑。

对人才的获取更具开放性和前瞻性。过去，各类咨询机构在中国市场的各类首席执行官、企业家调研中，"如何获取战略发展所需的核心人才与组织能力"是高管普遍最为关注的问题之一。反观人才供给市场，高端、优质人才日益稀缺，企业获取与保留成本持续攀升，尤其伴随"90 后""00 后"成为职场生力军，其价值观、择业标准、思维方式的颠覆式变化，倒逼企业不断创新雇用模式与人才培养方式，打破优质人力资源获取的传统思维模式限制。我们在高科技、金融等人才密集型行业已观察到较多头部企业率先研究并尝试更加开放、前瞻的人才获取方式，对企业业务发展所需能力的获取与培养均不再限于业务或职能专业条线内部，而是有意识有计划地培养复合型人才、积极推动高价值人才跨条线乃至突破企业组织边界的建设性流动，同时也更加强调生态合作伙伴之间的能力共建与协作。

## 中国企业以结果为导向的组织变革实践与面临的挑战

**优秀实践一：军团制**。2004 年，谷歌成立了一种主要由博士构成的"军团""组织"，简称"谷歌军团"。在"谷歌军团"中，项目团队人员跨界调配，不同职能人员混编、技能互补。研究人员进入项目团队直接参与开发，开发人员在项目出现问题时也要从事研究工作。具有博士学位的成员密度极高，用精英人才确保谷歌品质。"谷歌军团"打破部门边界集结优质资源，快速做深做透一个领域，高效实现从业务穿透到研究、开发的职能，覆盖了从创意到市场的完整闭环。

这一探索吸引了中国优秀企业的关注。2021 年底、2022 年初，华为作为中国高科技领头企业，分两批先后宣布成立共 15 个"军团组织"，包括"煤炭军团""智慧公路军团""智能光伏军团""数据中心能源军团"等，这些"军团"业务都与数字化、智能化以及 5G 技术及应用相关。各"军团长"大都从业超 20 年，具有多领域、多岗位、"从士兵到将军"的多重历练经历，"军团"内则聚集了相关业务线乃至所需职能线不同专业背景的核心骨干。华为掌舵人任正非明确阐释了成立"军团组织"的目标："采取军团化的改革，就是要缩短客户需求和解决方案、产品开发维护之间的联结，打通快速简洁的传递过程，减少传递中的物耗和损耗。"

　　**优秀实践二：价值流**。近年来，更多中国企业开始关注围绕客户需求的"价值流"概念。以端到端的流程视角重新审视面对包括外部及内部客户的价值创造过程。实现这一目标往往需要跨条线、跨部门的能力整合与协同。其中一个典型的例子是共享服务中心组织的建设思路与实践演进。超越传统单职能共享中心仅关注对于同一类职能业务的标准化与集中处理，越来越多的中国企业开始研究全球商业服务（Global Business Services，GBS）模式，其中一大转变在于围绕跨职能的端到端流程建立工作团队，如从采购到付款（purchase to pay）、从雇用到退休（hire to retire）等价值实现链条，而非传统按职能模块进行划分，如财务共享、人力资源共享等。

　　不论是军团制还是价值流，其共同点在于聚焦客户价值创造与需求，实现所需的创新化、集成化、场景化的行业解决方案，打破传统组织内业务、职能单元的组织架构，使成员构成多样化、精英化，以明确的工作结果目标为导向，快速拿到业务结果。

　　以结果为导向的组织是数字化时代下企业更加聚焦客户价值创造，在高度市场化的竞争中集中优势资源形成核心竞争力，从而快速突破创新、推动战略转型的必然需求。然而，由于大部分中国企业在过去仍以较为传统的组织模式支撑业务运营，管理层多偏重业务经营管理，内部组织建设与变革能力相对偏弱，以结果为导向的组织创新通常也会面临管理上的挑战和难点。

　　以"华为军团"为例，各"军团"内部大部分为核心骨干及精英员工，形成新的实体、常设组织后，除了考虑军团业务运营模式的建立，其内部组织架构、岗位职级体系、绩效管理、员工晋升路径等一系列配套管理机制均需进行相应重塑，且将完全不同于传统事业部的管理方式，无法直接复制套用现有体系。同样，在打破传统职能边界，建立跨领域、拉通端到端价值流交付的团队时，对于同一组织内不同能力、不同贡献的员工如何评价，如何培养，如何实现能力在不同组织间的健康有序流动，在传统组织管理模式中均没有既定答案可寻。基于这些实操性障碍，企业往往难以全面推动以结果为导向的组织转型，而从何处切入，如何有效建立配套机制，如何与现有组织管理模式并行而不相互影响阻碍，大部分企业仍在不断探索创新过程中。

## 总结与建议

基于对中国市场与企业的观察，结合普华永道全球研究与实践经验，对于力图打破传统组织业务、职能条线边界，追求客户价值最大化而非企业专业领域最优化，推动跨领域人才培养而非单领域专业能力积累的中国企业，我们认为以下关键事项需首先得到深入思考及妥善解决，以真正有效实现结果导向的组织变革初衷。

首先，结合业务战略目标与重点，合理评估现有组织架构与管理机制基础，选择合适的切入点组建结果导向的专门团队，推动该领域的组织变革，以试点带动整体，学习在飞行中加油。

其次，需建立与创新组织模式相匹配的系列管理体系，包括创新的绩效目标设定、非传统的绩效回顾与评估方式、绩效评价结果，及其与新型组织薪酬激励方案的有效衔接。同时重新审视并设计新组织中人员能力培养体系及员工职业发展路径。对于核心与精英员工，成长与发展空间往往与有竞争力的薪酬激励同等甚至更为重要。最易形成阻碍但常常被忽略的，还包括上述各项管理机制如何与现有组织中的相应体系有效结合，同时避免矛盾冲突。

　　**最后，同步重塑组织文化**。结果导向的组织往往肩负创新、突破的战略性使命，或需打破传统组织的壁垒与"对内"关注视角，组织成员各有专长，经历背景各异。需要在新组织内快速形成团队融合，倡导与使命匹配的勇于创新、高度协作的文化氛围，最终重塑组织基因。

# BEYOND DIGITAL

## 05

### 转变领导团队重心，同心协力

我们也许搭乘不同的船而来，但如今正同舟共济。

——马丁·路德·金

## 礼来，通过创新度过危机 ————————————

　　2009 年，鉴于盈利能力急剧下降，礼来公布了一项大规模的转型计划。当时的头条新闻是，这家成立于 1876 年的制药巨头重新致力于其历史目标：创造最佳疗法，让世界各地人民的生活更美好。2001 年，公司畅销的抗抑郁药物"百忧解"（Prozac）的专利到期，公司因此进入艰难时期，内部将这一年称为"X 年"危机。2009 年，销售收入占公司收入 40% 的 4 种药物也即将失去专利保护，届时公司将面临更大挑战，礼来将当时所处的情况称为"YZ 年"危机。机构投资者对这一转型计划持怀疑态度，但礼来表示，它不会像其全球竞争对手那样，寻求与另一家制药公司进行大规模合并，也不会削减研发支出。时任首席执行官李励达（John Lechleiter）表示："我们将通过创新来解决这个问题。"

现任首席执行官戴夫·瑞克斯（Dave Ricks）解释道："我们把赌注押在创新上。没有比发明一种可以影响人类健康的新药更好的生意。如果做得足够好，它也会在世界各地创造很多经济效益以外的价值。"

礼来重提旧目标并不意味着它不需要转型。相反，该公司存在以下诸多问题：后期创新渠道正在枯竭，研发工作毫无重点，新药上市时间业内最慢，首席执行官需要做的决策过多，激励机制错位，收入面临下降压力的同时成本失控。负责推进公司转型的首席执行官李励达，在 2008 年初接任此职务之前，已经担任了 3 年的首席运营官，因此他能充分意识到形势的严重性。事实上，公司的前任首席执行官已经提前退任，以留给继任者足够时间来寻找解决方案。[1]

礼来转型的关键是改变运营模式，并大幅调整礼来高层领导团队的定位。李励达没有沿用企业以往的职能模式，而是创建了糖尿病、肿瘤、生物医学、新兴市场、动物健康等 5 个业务部门。这项改变旨在促成更多关注每个治疗领域具体健康结果的合作。这一改变同时加快了以客户为中心的决策速度。此外，公司还设立了卓越发展中心，以提高新产品开发的速度和效率。

礼来的高层团队也进行了大规模改组。在 2009 年之前，高层团队被称为"政策委员会"，13 名成员中有 9 人代表各个职能部门，仅有来自研发、制造和质量、全球制药运营部门的 3 位领导承担运营职责。这种失衡既是战略和运营存在短板的外在表现，也是其根本原因，正是这些短板最终导致了 YZ 年危机的发生。根据新的运营模式，李励达成立了新的执行委员会，将 5 个新业务部门的负责人增补到团队中，同时将职能部门负责人减少至 5 人。总的来说，执行委员会的 13 名成员中，新成员有 8 人，其中 2 人是从外部聘任。

委员会的工作重心和精力分配发生了巨大变化。"情况变得完全不同。"人力资源主管史蒂芬·弗雷（Stephen Fry）说，"在过去的政策委员会中，大多数人认为他们的工作只是制衡那些业务领导者，而在新委员会中，大多数人都要承担企业的盈亏和运营责任，会议室里的讨论变得更加以业务执行为导向，这也使得我们拥有前所未有的执行能力。"

高层团队成员的背景组合也发生了巨大变化，他们创造了一个强大的组合。李励达拥有科学研究的背景及深厚的药物开发经验，能够很好地主导推进更多创新。业务部门总裁具有丰富的商业化经验，他们之所以被选中，是因为具备高超的政治技巧，能够在决断力与剥夺他人权力之间取得平衡，并且深刻理解整个行业价值链，这些能力都有助于他们获得商业成功。礼来公司的人才管理副总裁马克·费拉拉（Mark Ferrara）说："我们很幸运，有做好准备担当这些角色的人。尤其是在此前我们已经习惯培养领导销售和市场等职能领域的将才，而不是经营整个企业的帅才。"[2]

李励达一直在寻找能够改变公司面貌的领导者，尤其是在创新方面，最终他找到了丹·斯科夫龙斯基。2010 年，斯科夫龙斯基于 2009 年创立的艾威德放射性药物公司被礼来收购，他也随即加入了礼来。他没有在大型制药公司工作的经验，最初对 YZ 年转型持怀疑态度，他用全新眼光审视了礼来的研发业务。新药研发计划实施 18 个月后，负责大幅缩短新药上市时间的团队向首席执行官进行季度报告。斯科夫龙斯基回忆道："我举起了手，然后说：'所以，如果我没理解错的话，你的意思是我们的目标是成为行业中新药研发速度最慢的公司，甚至我们连这个目标都没有实现？'正是这句非常具有破坏性的话，使得我获得了这份工作，并成为帮助公司解决这个问题的人。"

李励达选择让斯科夫龙斯基成为公司创新活动转型的两位领导者之一，这一转型后来大获成功。斯科夫龙斯基说："我学到的一个教训是，除非你想成为解决问题的那个人，否则就不要抱怨。"现如今，斯科夫龙斯基担任礼来的首席科学官和礼来研究实验室的总裁，并负责全球业务拓展。

斯科夫龙斯基记得，当时首席执行官递给他一张纸，上面写了礼来在企业发展方面存在的一些问题。他说："我到现在还把那张纸放在我的书桌里。李励达先生让我不要给任何人看，所以我从来没有给别人看过，但它是我改变公司现状的蓝图。在某种程度上，这是显而易见的事，但对我来说，从首席执行官那里得到变革的授权很重要。我们可能不会逢人就说：'你来这里是为了改变现状'。"

李励达努力在让业务部门主管专注于管理自己的部门和让高层团队共同推动公司转型之间找到合适的平衡点。业务部门面临的情况各不相同：新兴市场部门仍在经历强劲增长，而由于几乎所有专利都即将到期，生物医药部门则需要深度重组。重要的是，要让一部分领导者专注于业务增长，另一部分领导者专注于扭转局面。适当平衡可以帮助团队更快地以客户为中心做出决策：虽然李励达仍然是关键运营问题的决策者，但他不再是所有业务部门唯一的决策者。弗雷解释说："为了确保领导者把礼来团队的利益置于他们自己部门的利益之前，我们将高管激励与企业整体业绩而非业务部门业绩挂钩。这有助于领导者做出符合企业战略的正确执行决策。"

与此同时，礼来也调整了总部办公室的布局。弗雷说：

> 当时大约有30名公司员工坐在一起办公。业务部门的负责人和运营的人坐在一起，生产部门坐在其他地方，研发部门负责人来回穿梭于各部门之间。办公室到处都是木隔板，甚至大多数人的办公室里都配有卫生间，这种情况简直令人难以置信。过去有人跟我说："把这个事告诉那个人。"我会说："你就坐在他边上，为什么你不去和他说？"现在情况已经发生改变。如果需要做什么事情，我们马上会去搞定它。变化几乎是立竿见影的。令人惊讶的是，调整高层团队构成和调整办公室布局很好地推动了这种协作。

一项关于谁将负责研发工作哪个环节的关键决策大幅提高了整个公司的协作水平。2009 年，公司的高层团队召开场外会议，讨论未来该如何发展。礼来的前任首席战略官迈克尔·奥弗多夫（Michael Overdorf）回忆道："李励达先生鼓励他的直接下属们讨论利弊，他们在办公室里展开了一场全面辩论。最后他说：'好了，每个人都在坚守自己的立场，谁也不肯让步，所以这就是公司给我发薪酬的原因。我画了张图，我来做最后总结。'当会议结束的时候，大家达成一致，没有更多的争论。我觉得他还留着那张活动挂图。那是他打下的扎实根基，也是我们接下来要努力的方向。"

李励达决定，在第二阶段（临床前研究）研发计划结束后，立即将第三阶段（临床研究）的研发责任从研发部门移交给业务部门。这极大地改变了新药的研发动态，因为一旦业务部门领导者承担部分研发职责，他们就能更好地理解一些挑战和投资需求。这也增加了礼来对自身商业影响力的关注，促使公司领导者在发现某款药物不会成为公司主力产品时尽早做出决策。最重要的一点也许是，第三阶段研发责任的移交让各部门有了共同的工作内容及职责。当某个业务部门领导者决定是将一笔资金用于研发项目还是用于保留销售代表时，答案将会是研发项目。

团队需要做出许多艰难的决定，并做出相应的资源投入，他们有过许多激烈的辩论。戴夫·瑞克斯在出任首席执行官之前曾担任生物医药总裁，他回忆道："我们看待事物的方式并不总是一样的。事实上，大多数时候都是不一样的。你会自然而然站在自己的角度看问题，这是业务部门模式的一个弊端。经营高增长业务的人和经营萎缩业务的人看待问题的角度不同，两者之间存在着一种天然的紧张关系。但我认为在核心团队中，毫无疑问我们要取得一致意见并把事情推进下去。"斯科夫龙斯基补充道："一开始我持怀疑态度。最终决定加入转型计划是因为我认识到，公司领导团队致力于推进这项战略，有了合适的人员和资源投入，实际上我们是能够有效执行创新战略的。"

正如最初的转型计划所承诺的那样，礼来继续投资于药品研发。从 2007 年至 2016 年，研发支出占销售额的比例从 19% 上升至 25%，5 年间，研发部门发布了 10 款新药。斯科夫龙斯基说："虽然这些新药并非都是爆款，但其中有六七款的销量很好，这并不是偶然现象，而是系统化建立创新能力的结果。"

到 2016 年，随着研发业务持续发展、组织结构和领导团队的调整，以及企业运营足迹的精简，礼来重返盈利增长之路。在接下来的 5 年时间里，礼来公司的股价翻了 3 倍。弗雷思考了企业转型带来的影响："我认为企业今天的一切都是在 YZ 年建立起来的。不管外界有什么意见，我们始终坚持这种创新策略，才拥有了现在的成绩。所以，我认为今天的成功都建立在转型的基础之上。"

转型将要求企业像礼来一样，向领导团队说明是谁在负责、他们专注于什么，以及他们如何进行领导。正如你的企业需要从战略上加以努力，以构建正确的差异化能力来创造价值一样，团队也需要构建必要的领导能力来落实这种新的价值创造形式（详见"你的领导团队是否具有领导能力？"专栏）。

How Great Leaders Transform Their Organizations and Shape the Future

BEYOND DIGITAL

## 你的领导团队是否具有领导能力？

我们乐于向领导团队发起挑战，请他们思考自己是否真正一起花时间做引领公司发展的事情。思考下列问题，判断你和你的团队是否充分利用一起工作的时间推动公司迈向成功：

1.　你花多少时间在日常事务上，而非用于塑造公司未来？

2.　你花多少时间在应对组织遇到的问题上，而非用于领导团队应该推动的事情？

3.　你所参加的战略讨论会议，是否经常让你面临一些关于公司未来的艰难决策？

4.　当你的团队花时间制定企业战略时，你是更关注外部环境，还是更关注组织必须做出的大胆选择？

5.　你花多少时间在事后回顾总结上，而非用于积极塑造行动和方向？

6.　你是否经常驳回员工的方案，让他们下次带着更详细的方案来见你？团队是否没有充分的精力或者清晰的视野支持你做出果断的决策？

7.　你是否经常花时间讨论某个问题是谁的职责，以及谁应该去处理这个问题？

8.　你是否经常和你的同事一起讨论问题？

9.　你对领导团队中的同事有多了解？你是否感受到同事们关心你的成功，并且你也关心他们的成功？

　　你可能会对上述问题的答案感到惊讶，因为有些团队发现他们把超过一半的时间都花在相当低效的工作上。但更重要的是，他们发现自己并没有把精力投入那些有助于在超越数字化的时代使他们获得成功的变革中。

　　基于能力的工作方式并不是大多数领导者此前构建的工作方式，因此进行这种转变并不容易，你需要仔细考虑企业真正需要何种领导能力。你的领导团队需要帮助管理企业当前业务的许多需求，同时也需要就未来创造价值所需的重大选择和行为变化展开协商。

我们的研究确定了 3 项重要举措，以帮助领导团队推动向数字化驱动、能力驱动型组织的转型：

1. 建立塑造未来所需的高层团队。基于企业在全球市场上构想的新定位，你必须重新思考需要什么样的角色、技能和背景来获取所需的关键能力。你需要哪些角色来平衡传统业务部门、职能部门以及与新的差异化能力保持一致的结果导向团队？谁能帮助企业从市场、客户和技术的角度洞察关键问题？谁能挑战原有的思维，带来重新畅想未来所需的新视角？

2. 将领导团队的工作重心转移到推动企业转型上，而不仅仅是响应当前需求。你的领导团队需要完全接受转型并承担转型责任。与此同时，还必须让组织对当下的结果交付保持专注。什么样的结构和机制可以让企业确保紧急事项不会压倒重要事项？

3. 为构建领导团队的协作方式和行为方式负责。在超越数字化的世界中，创造价值需要高度协作，你自己的行为需要能够明确体现对协同的重视与关怀，这样才能构建激励组织取得集体性的成功的企业文化。

当然，企业必须同时在这些领域开展工作，因为它们之间的关系是相辅相成、互为增益的。对于组建团队这件事，企业可能很难在一开始做到完美。组建高效的领导团队需要付出努力，并且可能会成为一段时间内企业的工作重点，这个领导团队将使企业步入未来的旅途更加鼓舞人心、更具影响力。

# 基于正确的能力组合组建高层管理团队

　　**组建团队的首要任务是认真考虑你是否真的拥有合适的团队来完成所需工作。**在分析需要利用、增强或构建哪些能力时，你可能会得出这样的结论：你需要为团队增加非传统领导角色，并可能削减一些旧的领导角色。事实上，近年来我们已经观察到首席体验官（Chief Experience Officer，CXO）头衔等新的领导角色的激增。比如首席创新官，其领导的团队成员拥有研发、工程、营销、客户洞察、产品管理和信息技术等方面的背景，致力于改善公司推出产品或服务的方式；又比如首席质量官或首席可持续发展官，他们改变了公司所有职能部门的工作方式；还有首席分析官、首席行为官、首席品牌官、首席客户官和首席设计官等职位。然而，重要的不是头衔，是这些角色专注于构建规模化实现价值主张所需的能力，而非履行传统的单一职能或进行盈亏管理。有些企业已经在这个方向上迈出了第一步，但是，在许多组织中，这些角色起到的作用还远远不够，并没有转化为我们在第4章中讨论过的结果导向型组织所需的角色。如果建立客户关系是企业寻求的差异化能力，那么企业的领导团队中可能需要一个角色，这个角色负责管理客户体验的整个生命周期，而不是只负责销售或客户服务流程。

　　**你还需要将生态系统整合到新角色中去。**过去，生态系统通常等同于供应商，通常由采购主管负责将潜在问题报告给高层团队。然而，在这个生态系统赋能的时代，你的领导角色需要映射能力职责，无论是在组织内部，还是在组织之外的更大生态系统中。例如，为了简化合作伙伴和微软自有销售组织之间的协同，并使合作伙伴能够有效地为客户服务，微软成立了"统一商业合作伙伴部门"，并委任了一位副总裁来负责。这不仅仅是一个好听的头衔，创建这样一个非常高级的职位，反映了生态系统对公司落实执行价值主张的重要性，并确保生态系统的作用在决策中得到体现。

建立能力型领导模式并不一定要通过企业的重大重组来一次性完成；不过，领导者最常提及的错误之一是员工在关键岗位上行动不够迅速。有些角色可能是在企业过渡期特设的，但这些角色与企业重新畅想的市场定位越一致越好。如果你认为在转型时期需要有首席数据官或首席分析官，请确保不要让他们成为游离于核心结构之外的"海盗团队"，而应将他们与企业的实际工作紧密结合起来。

领导团队通常难以从现有领导者身上移除工作职权，而新的能力角色又因为权限太低而无法推动变革，或者角色太多导致职责不清晰。企业的领导团队应该体现出我们在第 4 章中所描述的新的组织结构平衡——面向市场和客户的盈亏管理、基于能力和结果导向的强大跨职能团队，并专注于更狭窄的职能领域。

你在领导团队中选择的角色向组织、客户、生态合作伙伴、投资者和潜在员工传递了一个信号，向他们展示了企业已经选择的战略目标，以及企业将如何通过转型来实现未来的目标。例如，苹果公司在 2015 年设立了首席设计官一职，这向公司内部（实际上也向全世界）表明了设计对苹果公司的突出重要性，也反映出这一观点：设计不仅是创始人的天赋，更是一种组织能力。首席设计官这个职位的设立，帮助苹果公司吸引到世界上最优秀的设计师，并构建起苹果公司有史以来最具差异化的能力。

一旦确定了领导团队中需要的角色，你就可以着手安排合适的人选。当然，与过去的领导者相比，你肯定会需要那些能深刻理解技术、能为企业做些什么的领导者，也需要具有不同的背景、经验和工作方式的领导者，而不是寻求那些传统意义上的领导者。

　　过去，企业领导者聘用首席信息官的原因往往是他们不太擅长处理技术问题，于是领导者将公司面临数字化挑战和机遇的工作"外包"出去。现在应该很明显，这并非一个可持续发展的模式。考虑到技术对价值创造的重要性，每个领导者都需要拥抱数字化：每个领导者都需要了解技术是如何改变周围世界的，如何利用技术来改善客户服务，如何利用技术开发、生产和提供产品及服务，如何利用技术吸引客户，等等，这样他们的企业才能在未来市场占据一席之地。尽管可能也需要掌握一点技术，但不是每个领导者都需要掌握为机器人编程的技能，也不是团队中的每个人都需要成为数字原生代，但是了解这些技术能够做什么，尤其是能给企业的能力带来什么，是如今成为一个成功的领导者的先决条件。这对当前领导团队中不了解技术的人意味着什么？我们认为，如果领导者认识不到精通数字技术的必要性，并且对开发这一技能不感兴趣，那么他们可能就无法成为带领企业走向成功未来的领导者。

　　当然，了解数字技术并非领导者需要具备的全部素质。如第 4 章中所述，你正在构建的能力型企业比过去依赖传统职能模式的大多数公司更加复杂和集成化。企业需要拥有广泛的技能、经验和见解的领导者，以确保企业有效运作。企业需要拥有能够从完全不同的角度看待问题和机遇的领导者，因此需要寻找那些观感、思维和行动方式都与现有组织不同，并对接受挑战持开放、鼓励态度的领导者。所有这些因素综合起来，意味着你需要一群更加多元化的领导者来带领企业实现转型。

　　有充分证据表明，多元化团队的确表现更好。例如，美国密歇根大学的研究人员发现，与客观能力更强的同质化团队相比，多元化团队能更好地解决问题。[4]

不过，我们在这里谈论的不仅仅是典型的企业多元化举措，企业需要站在战略高度寻找具备适合的背景和经验的领导者，这样领导团队才能代表正在转型的企业的未来。团队成员应该具有不同领域的经验，在不同的生态系统中工作过，并且了解企业将要部署的不同能力、技术、渠道和转型方法。符合要求的领导者应该证明他们已经具备实力，可以构建企业想要完善的能力并使之规模化。行业界限正变得越来越模糊，企业需要最优秀的人才来担任领导者，无论他们的核心经验是在哪个行业获得的。例如，随着医疗领域变得更加个性化和技术化，医疗保健行业正迅速演变为传统医疗保健、消费品和硅谷高科技公司的混合体。这意味着企业需要利用在传统直接面向消费者的消费产品和零售领域获得的能力来挑战传统思维，并将这些优势与硅谷设计师的技术创新相结合。因为很难找到一个人同时具备所有这些能力，所以企业需要把不同背景、生活经验、技能的人聚集在一起，帮助他们协调一致。未来企业转型本质上需要一个大胆的团队，以新的想法和思想彼此激励。如果企业想要解决未来面临的挑战，多元化将会成为制胜筹码。

**企业还需要寻找能够反映整个生态系统不同声音的团队成员，包括向你寻求服务的客户、你的员工，以及你的合作伙伴。**这些声音很可能包括性别认同差异，国家、种族和民族背景差异，能力差异，以及经济和教育背景的差异。有些公司甚至开始将一些生态合作伙伴的领导者纳入管理委员会中，以便与这些合作伙伴进行更有意义的互动与协同。

以下是飞利浦公司的互联关护业务部前任首席业务主管卡拉·克里维特对其领导团队的描述：

我的领导团队中有60%的新成员。我们新增了很多以前不存在的职位，比如企业集群层面的创新领导者或营销领导者，以及首席医疗官或"互联关护"沟通主管。我的领导团队成员来自12个不同国家，有时感觉像是个小联合国，但我认为团队成员的这种多元化背景非常重要，因为各国的医疗保健系统差异很大。如果你的团队里全是美国人，他们会以为欧洲的医疗保健系统与美国的某个州一样，那是行不通的，因为欧美两地的医疗体系和报销模式截然不同。如果团队里只有欧洲人，那他们就不会了解美国大型连锁医院的运作方式，也不了解这些医院在网络安全方面遇到的问题，那也行不通。在我的领导团队中需要自然而然能产生联结和互补的人。因此，如果谁要加入我的领导团队，最关键的要求之一就是他必须在不同的国家生活过。他此前的职责不是在中国建立一个生产基地，也不是了解印度的供应商，而是真正生活在那里，这样他就知道文化差异的重要性。

你还需要在团队中积极寻找展示关键行为的领导者：他们懂得如何通过影响力和鼓励而不是依靠职级权威来领导他人；他们不只关心自己所在领域的权力、规模和预算，而且还专注于交付结果；他们有勇气承认自己并不知道所有答案，并愿意向团队寻求答案；他们能让其他人围绕目标而努力；他们的目标既与实现个人成功紧密相连，也与交付出色的业务结果紧密相连。也许这意味着你的下一任领导者可能是有过管理教室内不守规矩学生经验的初中老师，或者是倾听教区居民抱怨和担忧，并帮助他们规划人生前进道路的牧师。未来的领导者并不一定来自工商管理硕士培养项目或工程学院。

需要澄清的一点是，我们并不是建议企业开展多元化活动，让企业年报更具吸引力，也不是纯粹出于利他主义动机或社会责任感而建议企业做出这些改变。虽然这些动机可能会成为你考虑的一部分因素，我们也强烈鼓励你这么做，但你同样需要清楚，你在为更复杂的生态系统寻找不同声音，并组建具有多重敏感性的出色团队，这个团队将帮助你丰富差异化能力系统。

以日立公司为例，随着日立公司开始从多元化的产品驱动型企业集团转变为专注于社会创新业务以创造价值的解决方案提供商（详见第 1 章），高层领导者意识到，他们需要彻底重组日立公司的领导团队，以寻求具备更加多元化、多类型的经验的人才加入。为了引领转型，日立引入了一批新的高管，这些高管具有重组企业所需的专业知识和外部视角，并且愿意对人事进行革新。首席战略官森田守回忆起时任首席执行官川村隆所说的话："你的团队需要做的是让执行委员会更加多元化。看看现在执行委员会的构成，委员们的年纪大多五六十岁，都在日立工作了一辈子。他们的想法一样，说的话也一样，这就是问题所在。"因此日立公司引进了新的人才。例如，中西宏明接替川村隆担任日立公司总裁，后来出任首席执行官。他的经验比大多数日立公司的高管都要广泛和丰富，他在美国斯坦福大学获得计算机工学硕士学位，并离开日立公司总部在海外工作多年，先是担任日立欧洲公司的负责人，然后在美国担任日立环球存储技术公司的负责人。虽然日立的领导团队仍以日本人为主，但也有多名外国人被任命为高管。2015 年，来自英国的亚利斯塔尔·多儿梅（Alistair Dormer）被任命为铁路系统业务执行主管，后来成为领导移动业务的执行副总裁。2018 年，来自瑞士的布莱斯·科赫（Brice Koch）被任命为日立汽车系统公司的总裁兼首席执行官，自 2021 年起该公司更名为日立安斯泰莫。

日立公司非常重视提高自己对非日本籍管理人员的雇主吸引力。公司在首席执行官东原敏明的领导下于 2020 年收购了 ABB 电网公司，这是一个重要的里程碑。森田守说："随着 3.6 万名 ABB 电网公司员工的加入，日立的非日籍员工数量超过了日籍员工。这将为日立提供积累全球业务经验的机会，并促使所有员工在日常工作中更多地以全球思维方式考虑问题。我们的员工将有更多的全球工作机会，这对于员工的职业发展是有利的。"

## 将你的领导团队的工作重心转向推动变革，而不仅仅是应对当前需求

有位首席执行官曾经描述过他在工作管理方式上做出的根本性转变："过去，我把所有时间都花在通过电邮和会议回应他人的问题上，往往一整天都在做别人让我做的决定。有一天，我突然意识到，领导公司的唯一方法就是去做我认为企业向前发展所必需的工作。"

时间是高层团队最稀缺的资源。高层团队要关注什么？如何确保紧急事项的优先级不会压倒重要事项？考虑到未来需要应对的大量各种各样的转变，现在更重要的是，领导团队要慎重考虑如何设定转型议程，确保推动变革，而不是让这一议程受到来自企业各方面决策要求的扰动。

领导团队始终需要管理两个截然不同的议程：不仅要管理企业每日、每季度的业务运营，还要构建企业所承诺的未来。飞利浦首席执行官万豪敦解释道："我们谈到了'执行和转型'的必要性。如果只重视转型而不执行，企业就没有当下；如果只执行而不重视转型，企业就没有未来。因此，我们用平衡记分卡衡量了这两个议程。在研究过程中，我们也对这两个议程进行了讨论。在我给所有高管人员设定的目标中，总会包括一些转型目标。"

高层团队成员需要在每个企业目标上投入足够精力，确保企业需要解决的长期性问题不会因为短期性问题的迫切性而被搁置。有些企业会成立独立小组来管理不同于运营的战略转型。通常，这些小组成员身份重叠，甚至可能包括一些高层团队之外的成员，以期为团队注入新思维。不过，即使在这些情况下，高层团队仍然需要对企业转型及转型团队的绩效负责。

你需要处理的主题可以按照本书中所述要务来构建：你需要反思价值创造之道，畅想企业定位；确定如何紧贴客户真实需求，深入洞察；开发生态网络体系，重构组织和文化以实现业务结果；重新定位领导团队并再造员工社会契约，赋能一线。

制定团队议程是首席执行官最重要的管理手段之一，他们往往不愿意将议程制定工作委派出去，而是更愿意通过制定议程推动对于企业转型的思考。领导者应腾出空间来大胆思考未来，并将这种思考转化为日常工作。有些企业把评估差异化能力建设的进展作为会议的一个固定议程，反映出这项工作的重要性和复杂性；还有些企业则定期召开专门会议讨论转型问题。

万豪敦认为召开执行委员会场外会议非常重要，所以这项工作由他亲自负责。飞利浦公司的首席财务官阿巴吉特·巴塔查里亚（Abhijit Bhattacharya）回忆道："当然，举行高层团队场外会议需要做很多准备工作。最先两次会议由万豪敦亲自负责整个会议的准备工作，没有外部代理机构参与，只有一名协助人员负责监督我们，并在我们的工作有遗漏时提供意见。场外会议是真正的由领导者组织的会议，对我们而言是巨大的投入。"

作为领导团队的一员，你的角色不仅仅是在构建差异化能力方面做出重大选择，你还需要确保这些重要选择得到贯彻执行。你需要亲自研究如何实现各种措施的细节，以及如何确保企业构建的内容形成一个连贯的整体。

最终，你和你的团队应负责花一些时间和精力来引领企业前进的方向。你可以考虑采取简单的衡量标准，比如你的高层领导议程在战略和转型议题上投入了多少，或者你可以通过更广泛地推动整个组织向前发展，来判定你的领导团队对于你们团队应如何向前推进是否形成了独立的观点。这些工具和洞察有助于确保你充分利用你的领导团队。

## 为构建领导团队的协作方式和行为方式负责

识别公司能够帮助解决的重大社会问题，是畅想企业定位工作的重要组成部分。要解决这样大体量的问题，需要联结具有共同价值观的人，并使他们开展协同合作，共同承担责任，仅仅依靠一两个人是无能为力的。但大多数企业并不具备这种共同承担责任和协同合作的理念和做法。

大多数企业的高层通常都经历过激烈的竞争，有时候竞争是为了获得更高的职位，但更多时候只是为了争夺对企业经营结果的掌控权，或者竞相成为对企业经营结果贡献最大的人。这种个人主义思想由于可以有效推动个人积极承担责任而在许多现代企业中备受鼓励，但它并不会帮助企业实现转型。但是，一旦领导团队认识到未来任务有多么艰巨和重要，一旦他们手下有能够以新方式思考的员工，协作就会变得容易得多。因此，你必须让高层团队中的每个人对这些问题的理解达成一致：为什么企业需要改变？企业在全球市场中应该处于何种地位？需要哪些差异化能力来实现这个目标？团队中的每个人都需要全心全意地支持转型计划，并看到他们的个人目标和计划与企业的成功密切相关。

如果有些人看起来无法融入怎么办？他们要么想办法迅速融入，要么就会被抛弃。礼来制药的史蒂芬·弗雷回忆道："我们不得不解雇一些领导者。这些人完全反对新的公司运营方式，完全反对业务部门的想法，因为这会削弱他们的一部分权力。让这些领导者离开是很有必要的，因为只有这样我们才能够与拥有更多决策权和承担更大转型责任的业务部门展开合作。"

围绕企业愿景来让领导团队承担转型责任还不够，你还必须为领导团队设定一个共同的目标，让他们明确自己的职责：团队为什么而存在？他们要解决什么重大问题？在界定职责范围时，团队需要被说服或需要说服他们自己，他们最重要的任务是引领企业完成转型，转型成功将取决于团队成员的通力协作，而不是将个人能力或企业经营情况进行简单求和。高层团队成员还需要就一个事实达成一致，即他们聚集在一起并不是为了像法官和立法者一样，只是批准或拒绝提交给他们的提案就行了，而是作为一个团队，创造高管团队应该创造的价值。

飞利浦首席执行官万豪敦回忆道："我开始带领执行委员会参加场外会议，你们可以称之为自然之旅。我在早些年就已经这样做了，我非常喜欢这种旅行，因为当你在大自然中，会感受到自我是如此渺小。大家将手机放在一边，彼此之间相互交流。在最初的几年里，我带领执行委员会参加场外会议，一方面是集中讨论公司面临的难题，另一方面也会进行个人反思。跟公司有关的问题类似：我们在这里要实现什么目的？成功是什么样子？跟个人反思有关的问题类似：我为什么来这里？我想来这里吗？如果我来这里，我能否改变自己和他人交流的方式？"

2014 年出任微软首席执行官的萨蒂亚·纳德拉也明确表示，他需要"高层领导团队……成为一个具有共同世界观的、有凝聚力的团队。"正如他在《拥抱变革》(*Hit Refresh*) 一书中所写的那样：

> 任何具有里程碑意义事件的背后，都有一个伟大的头脑或是一个有着相同想法的团队，比如开发优秀的软件、创新的硬件，或是运营一个可持续发展的机构。并不是说员工要唯命是从，探讨和辩论必不可少，改进彼此的想法至关重要……但最终必须达成高度一致。我们所需要的高管团队，是一个每个成员都能直面彼此的问题、促进对话并能达成预期结果的高级领导团队。我们需要高管团队中的每个人都将团队的工作视为最高优先级，而不仅仅将之看作他们要参加的另一场会议。我们需要在企业的使命、战略和文化上保持一致。[5]

你需要对领导团队的工作进行细化，使之变得更加具体。领导团队需要明确他们做什么才能推动企业转型。企业转型所期待的领导团队的行为方式，并不是让领导者之间总是一团和气或总是投赞成票，而是需要建立一种协作模式，让每个人都能高效地把问题摆到桌面上，一起解决问题，快速做出决定，为彼此的成功担负责任。

2019 年暴发的新冠肺炎疫情给全球各国企业的领导者带来警示，领导团队必须迅速有效地采取行动。这场危机表明，在巨大的压力下，高管团队实际上做得到挺身而出，并以协作、果断、结果导向的方式发挥领导作用。

他们并没有建立责成委员会为员工或供应链提供建议，而是汇集他们的集体洞察、观点和经验，以团队身份来解决这个跨越企业边界的真正重大的问题。如果有领导者曾是企业网络犯罪的受害者，那么领导层在一起共同做决策的必要性也同样显而易见。当整个世界往超越数字化的方向演进时，企业将面临更大的挑战，也许到目前为止，很多领导者们还没有意识到这种紧迫性，因此他们没有投入足够的精力、奉献精神和严谨性去推动变革。

飞利浦公司的领导者强调要将他们希望在整个企业中逐步推广的行为展现出来。首席财务官巴塔查里亚回忆道：

> 在开始企业文化之旅时，我们说："公司里发生的任何事情都反映了我们围绕执行委员会所创建的文化。"这对员工责任的影响巨大。例如，当我在年中绩效考核中进行自评时，在"客户至上"这项工作上我给自己的评价是"部分胜任"，不是因为我没有拜访客户，也不是因为我没有全程跟踪和解决客户问题。而是因为，如果我身为首席财务官，对信息技术、全球商业服务、财务等业务领域具有影响力，但客户与飞利浦做生意仍然很难，那么我个人应该承担很大的责任，所以我的自评是"部分胜任"。我对我的直接下属也是按这种思路做的评估。

与界定正确行为同样重要的是创建机制，用相关机制确保你真的会展现这些行为。在创建机制方面必须十分慎重、反复衡量，尽量不留纰漏。许多团队都约定，在做了不该做的事情时及时彼此提醒，或者明确允许向彼此寻求帮助。

微软公司的让 - 菲利普·卡托瓦回忆道："我们每天都在质疑自己，是否真的具备我们所需要的成长型思维。我问自己，我拥有的是固定型思维还是成长型思维，我知道自己的情况。我试着让自己保持诚实，并鼓励团队在我做了一些糟糕的事情后鞭策我：'卡托瓦，你在成长性思维方面还可以做得更好。'"

飞利浦公司的万豪敦也强调给予真实反馈的重要性：

在场外会议中，我们总是围绕反馈进行快速沟通，确保给予足够反馈，这种获取反馈的方式本身既有趣又有益。如果你在活动结束和晚宴开始之间有 15 分钟的时间，你需要找到两个人，告诉他们你欣赏他们什么特质，并提出几个可以帮助他们成长进步的好建议。我们规定每个人每天至少要这样做 5 次，获取反馈就是这么简单。你会看到大家积极地寻找还没有交谈过的同事。这让他们养成了习惯，思考应该告诉同事什么、观察什么。这种有趣的方式确实能让搜集反馈制度化。虽然我们也有大型论坛、讨论区等工具，但在日常工作中，人与人之间的联结以及对一两个重要问题的反馈更为重要。

**建立信任是提高团队效率的基本要素。**人们对流程有信心，与团队决策保持一致，即便他们对某些决策存在异议。这种信任也得以让企业形成一种允许测试边界和容忍"快速试错"的文化，因为员工清楚，只要能从中吸取教训，失败是可以接受的。要形成这种信任文化可能需要你重新审视和定义"成功"的标准。成功是否取决于管理的团队规模大小以及财务和运营结果？是否存在其他的衡量标准，比如向其他团队分享了多少智力成果、提供了多少协作支持？有些企业选择通过高层团队干预、野外旅行或要求领导者在特别具有挑战性和重要性的任务上开展合作来建立这种信任。

　　当万豪敦成为飞利浦公司的首席执行官时，他接手了一个团队，正如他所说："每个人都习惯于管理自己的那一块业务。然而，我需要的执行委员会成员间应相互依存，既不完全独立，也不完全依赖。我们需要共同努力，开展正确、有意义的对话，以达成共同的结论、追求共同的目标。"万豪敦是野外旅行的忠实粉丝。他的首席财务官阿巴吉特·巴塔查里亚回忆道：

　　　　自 2015 年以来，万豪敦每年都带着他的执行委员会成员们参加训练营。训练营不是五星级豪华旅行，而是非常普通的旅行。大家住在帐篷里，共用一个房间，在荒野里走上好几天。这种旅行让你的身体和精神同时远离舒适区。第一次旅行从拉斯维加斯开始，当时我们只被告知："本周放下工作，买一张去拉斯维加斯的机票。"仅此而已。飞机着陆后，我们收到了第一条信息："请自行前往入住这家酒店。"在酒店里，他们拿走了我们的包、笔记本电脑、手机……几乎拿走了所有东西。我们两人一组坐上豪华轿车，司机会带你前往目的地。我们从一个地方到另一个地方，不知道要做什么，也不知道要走多长时间。

　　　　晚上某个时候我们一起吃了晚饭。凌晨 1 点多我们回到酒店，发现要跟别人合住一个房间。这些都是小事，但都会让你感到不习惯。

　　虽然所有这些机制通常都能改善协作，但我们几乎没有看到像高管搭档合作解决企业问题那样有效的措施。常言道："让自己适应一种新的思维方式比让自己适应一种新的行为方式更容易。"高管们会更好地了解彼此，学会更好地理解成功背后的驱动因素及日常影响范围之外的潜在限制，并看到在真正协作解决方案中融合不同观点所产生的力量。随后，他们可以分享解决某个重大复杂问题后的满足感。在寻求市场定位和转型过程中，企业要面对这些问题所带来的挑战肯定不少。企业需要仔细思考哪些问题可以而且应该交给你的领导团队，这样既能带来合适的技能，也能带来建立合作与信任模式的机会。

**在高层团队中建立的领导力必须逐级向下传递，以便在整个组织中树立领导力。**自上而下的领导是必要的，但远远不够。领导者要打破组织内部条线关系，与那些需要在组织内部进行协作的团队进行交流互动。摆在企业面前的转型责任仅靠高层团队是无法承担的，在任何层级都需要树立领导力。考虑到在超越数字化世界中的创新速度，你需要在整个企业范围构建领导力，确保能够跟上市场变化的速度。

不要低估让整个组织的领导者参与并建立这种领导力体系所需投入的时间和精力。飞利浦的战略、并购与伙伴关系主管斯图尔特·麦克龙承认："我们太天真了，以为让中基层员工参与和融入进来是一件很简单的事，很快就能实现。我们抱着美好的愿望制作了一些精美的材料，举办了团建活动，但要改变如此大规模的公司，意味着要改变1 200名领导者，这远比你想象的要更复杂，需要持续和重复开展许多工作。"

如果你问那些从事过企业转型工作的首席执行官，他们最大的遗憾是什么，你经常会听到他们提及在重新部署领导团队方面不够果断。他们后悔花太多的时间和精力去争取一个或多个团队成员的支持，却没有精力去做其他重要的事情，甚至到最终往往也没能得到这些团队成员的支持。

　　只有激活领导力企业才能实现成功转型。如果不尽快这么做，企业将为此付出高昂代价。领导力一旦被成功激活，你就会拥有一个强大且将产生丰厚回报的团队，并且这个团队已经做好准备迎接未来的挑战。

# 中国企业领导团队如何成功转型

——于 晨

普华永道中国人才和组织咨询服务主管合伙人

## 中国企业在领导团队转型方面的主要障碍

在过去的二三十年间，社会经济发展的历史沿革决定了中国企业塑造领导团队的结构和运作方式，其主要目的是抓住高速成长的市场带来的机遇，处理不断增长的需求与有限的供给能力之间的矛盾和差距。在后数字化时代，中国企业面对的发展命题已发生颠覆性改变，中国企业亟须重新思考领导团队的角色、技能、权力结构与运作机制，提升协作绩效，让领导团队的工作重心从日常经营管理更多地转移到共同推进转型、管理转型过程和达成转型目标上来。

为了达到超越数字化的转型要求，中国企业在领导团队建设方面需要克服以下普遍存在的转型障碍。

第一，**传统领导团队的整体职责定位不利于转型**。一方面，由于此前需要应对的发展问题明确且复杂程度相对较低，本土公司的领导团队整体职责定位和能力发展更注重解决当下问题，偏重日常经营管理，在思考未来方面重视程度、实际投入与实践经验均不足。这些不足主要体现在评估指标设置多聚焦于盈亏等业务指标，普遍缺少推动转型变革的指标导向。另一方面，与转型变革相关的职能多由临时组建的团队承担，团队成员多为职能与业务条线负责人兼职，由于缺乏明确的机制与方法激励和保障业务高管从繁忙的日常业务管理工作中抽身出来，他们往往参与度不高或话语权不强，因此转型愿景、目标与实际业务结合度较差。

第二，**传统领导团队的能力结构不利于转型**。一方面，不论是国企还是民企，受传统的高管选拔招募方式和标准影响，领导团队在整体能力结构的全面性与复合程度、视角与观点的多元化程度方面通常具备较大提升空间。另一方面，原有领导团队成员往往与企业同生共长，在技术、销售、供应链等某一领域具有十分突出的能力与成就，是企业内的"超级英雄"。但是，企业的转型需要这些领导者将自身的工作重心从一线作战转变到思考企业长期命运、发现与培养人才、组织、协调、平衡领导团队的高效运作与协同上来，这时原有领导者自身将面临理念与能力的双重挑战。

第三，**传统领导团队的权力结构与决策机制不利于转型**。中国本土企业在传统的治理架构下，权力相对集中、权力边界意识较强，通常按开发、营销、销售、服务等业务职能组建领导团队，领导成员之间壁垒分明，难以形成一个真正"力出一孔、利出一孔"的战斗集体。当企业需要在客户体验、产品全生命周期管理等跨职能领域组建核心能力、实施整合的价值交付时，往往需要先打破原有的权力和管理边界，然后进行扩展和重建。此外，当面临高度复杂化、交叉融合的转型需求时，仅靠领导团队成员个人难以覆盖科学决策和运营所需的全部能力与经验，领导团队需要共同承担转型职责与责任，因此也需要打破此前的权力格局，根据领导团队成员的专业能力与经验、所承担的职责与责任来分配相应的权力。目前本土企业传统领导团队普遍缺少相应的激励和保障机制，让每个领导团队成员既能对自己的业务领域的运作进行决策并承担责任，也能对企业转型的整体决策、整体产出做出贡献并承担责任。

第四，传统领导团队缺乏有效的协同机制，不利于转型。一方面，初创企业的领导团队往往在使命与愿景、目标与抱负方面具有高度共识，因此从战略到执行层面协同性好、灵活度高。但当企业发展到一定规模，业务出现多元化趋势且大量引入外部人才后共识会被稀释，难以形成后数字化时代企业战略及业务转型所需要的信任与协同环境。另一方面，在协同机制上，传统领导团队中的职能与业务部门负责人各自承担业务和经营视角的评估指标，而这些评估指标往往令他们将部门利益置于企业整体利益之前，难以形成转型所需要的以整体利益为先的高度协同。此外，传统领导团队通常也较为缺乏有利于建立信任的工作方法与工具。

## 中国企业重塑领导团队的路径与方法

领导团队的重塑是推动企业开启转型的前提与保障。首先，中国本土企业应基于转型所需的能力结构，综合考虑生态结构的融入和新旧组织结构的平衡，建立未来所需的领导团队。组建者需要招募或培养拥有专业互补性、复合的技能与经验、多元化的文化背景与视角的人才，团队成员需要具有高度组织能力、合作精神，能够践行对彼此的承诺，形成一个能力结构完整、志同道合、一往无前的命运共同体。

其次，通过设计有利于转型的考评机制和支持机制，确保领导团队在转型变革上投入足够的时间与关注。无数的案例证明，成功的转型需要高层关注，需要变革团队将转型的目标与业务进行充分结合。转型领导团队应将主要的业务高管纳入进来，并设计适应转型目标的企业绩效管理（Enterprise Performance Management，EPM）体系，为领导团队成员设定适当权重的整体和分解转型变革考评指标，这些转型指标应与他们承担的业务指标充分融合。领导团队还应提供企业层面的资源和实用工具，例如给予充分的授权、培养具有一定决策能力的下属、利用各类经营分析决策工具等以支持业务高管更高效地完成日常业务管理工作，从而释放开展转型工作所需的必要时间。

再者，在领导团队内部以及企业内部创造高度信任、共同成功的协同文化与协同机制。企业的成功转型和持续发展依赖于企业职业化管理队伍的高度协同。第一，需要创造团队协作的意愿，在企业内部凝聚和统一体现企业价值观的目的和使命，通过高质量的目标分解、行动上的深度协作、责任上的彼此承诺，为组织内部和领导团队内部建立信任的基础。第二，确保各团队输出的结果具有逻辑上的关联性，能够相互支持、协同和平衡，以消除潜在的协作障碍和冲突风险。第三，搭建支撑体系，通过建设良好的信息共享、沟通与激励机制，促进领导团队成员之间加深理解与信任，最终获得达人达己、共赢互利的协同结果。

**最后，打造行动学习型领导团队，短期内加速变化的发生，长期实现领导团队的可持续发展与进步。** 企业需要搭建相应的知识与学习平台或体系，以支持领导团队和全体员工转型与提升。通过达成战略共识、技能分享、打几场必赢的硬仗，领导团队可以在实践中提升领导力，并通过行动为企业带来思想上、态度上的快速转变，充分发挥领导团队在企业转型升级过程中的引领带动作用。

相比国际上各产业龙头，中国本土企业在治理水平、业务管理水平及领导团队的综合能力水平等方面，正处在不断追赶、逐渐超越的阶段。面临高度复杂、充满不确定性的外部环境，中国本土企业家们需要不惧挑战，广泛学习和吸收先进理论与实践，将科学的方法为我所用，充分发挥自身优势，抱定必胜的信念迎难而上，打赢这场生存与发展之战。

# BEYOND DIGITAL

## 06

### 再造员工社会契约，赋能一线

要想在市场竞争中取胜，必须先在工作场所中取胜。

——道格·柯南特
金宝汤公司前首席执行官

## 克利夫兰诊所，
## 构建每个人都能做出贡献的团队

2020 年夏天，克利夫兰诊所首席执行官汤姆·迈哈维奇（详见第 2 章）成立了首席护理官办公室。他在邀请凯利·汉考克（Kelly Hancock）来领导该部门时这样描述其目标：

我们的愿景非常清晰。我们公司拥有很高的声誉和优秀的团队合作文化。但是我相信，我们还能做得更好。我们需要统一的岗位设置和办公室，让我们整个医疗保健系统的 7 万名护理人员，包括护士、雇用医生和私人执业团体等都能参与进来，真正实现"团队中的团队"概念。克利夫兰诊所的成功与其说取决于个人贡献，不如说取决于团队，在这些团队中每个人都能做出重要贡献。

汉考克强调："首席护理官办公室对我们来说具有变革意义。它不仅仅是人力资源部门的另一个名称。办公室正在关注护理人员的价值主张，因为我们知道，护理人员是我们的组织中最大的财富。这种价值主张了公司应该成为护理人员的最佳工作场所，这是使克利夫兰诊所成为患者接受护理的最佳场所的关键。护理人员的价值主张还包括通过为社区中的个人提供教育和就业机会来关爱社区。"

新首席护理官办公室的战略重点看起来可能有点似曾相识：支持护理人员的健康和福祉，强调多元化、公平性和包容性，鼓励护理人员参与，推动人力资源战略和人才获取等，但克利夫兰诊对这些战略重点的看法以及赋予它们的重要性是不同的。

"经营一家医院就像驾驶宇宙飞船穿越小行星带，问题会接踵而至。你要么现在就处理，否则就永远不会再有机会来处理，尤其是那些涉及患者安全或护理质量的问题。"迈哈维奇说："在克利夫兰诊所，我们通过一种叫作分层例会的方法来处理这些问题。"[1]正如我们在第 2 章中所讨论的，在领导克利夫兰诊所阿布扎比分院时，迈哈维奇创立了每日分层例会制度以掌握组织动向，并在问题发生时让整个组织参与解决问题。在 2018 年担任首席执行官后，他将这种方法扩展到整个公司业务网络。每天早上，每个业务部门的多学科团队都要进行 15 分钟的集中交流。他们采用结构化方式，鼓励护理人员谈论护理质量、患者安全、经验和资源利用等问题。各级护理人员通常在当天解决问题，特定团队无法解决的问题会在数小时内逐级上报至高层团队。每日例会由护理团队在早上 7 点开始，逐级上报到行政领导层，并在上午 11 点 15 分结束。通过这种方式，不仅团队之间可以相互沟通以改善协作方式，而且整个组织内部都能达成互联，并将注意力集中在最需要解决的重要问题上。

迈哈维奇解释道："分层例会可以实时解决问题。对于当天出现的问题，当天就进行处理，确保我们的组织能够更好地为患者提供护理服务，也能够成为更好的工作场所。通过分层例会这种方式，我们努力创造一种企业文化，在这种企业文化中，每位护理人员都有能力、有责任感，并且期望每天有所进步。"分层例会改善了包括工作场所安全、患者体验、护理质量、设施维修和人员配备等在内的方方面面，例如在 2017 年 1 月至 2019 年 8 月，患者跌倒率降低了 15%。

每日例会的另一个优势是，护理人员的社群意识显著提高。汉考克还记得，有一天，某个问题通过分层例会的各个层级，一直上报至第 6 层，即首席执行官和运营委员会层级。"在主院区，我们有一名儿童患者不幸已经生命垂危，而他的家人难以接受这一事实，因为觉得护理人员无法挽救孩子，开始向他们发泄情绪，甚至跑到护理人员家里威胁他们及其家人。当这个问题上报至第 6 层时，汤姆·迈哈维奇说：'我们现在必须去看看工作人员，还要去看看患者家属。现在就去。'"

他们来到护士站，见到了医生、护士，以及每个参与那名患者治疗的工作人员。汉考克继续道："汤姆说，'首先，我想感谢你们在这种情况下继续为患者及其家属提供高质量的护理服务。我们很欣赏大家的专业精神。但我也想让你们知道，我们会和他的家人谈谈，让他们知道有些原则是不能被打破的，即便在这种艰难时期，他们也需要对我们的护理人员表现出应有的尊重'。"

随后，汤姆等人去见了患者家属，倾听他们的想法，对他们所经历的痛苦深表同情，但也明确表示，他们对护理人员的威胁和行为方式是不可接受的。首席执行官的这种干预虽然不能挽救患者的生命，却产生了非常正面的影响：无论是患者父母，还是护理人员，大家都在现场给予孩子最大的支持。

汉考克说："从护理人员的角度来看，医疗保健系统的首席执行官能来到儿童医院护理科，是因为他们在分层例会上提出的问题受到了重视。这有助于建立社群意识，表明我们不仅仅可以作为个体做出贡献，同时也是团队中的一员。分层例会是一个让我们所有人每天都能交流的工具。"当诊所推出某个信息技术系统或新流程时，分层例会也是一个重要工具，它有助于员工与组织进行沟通，并立即获得关于哪些信息有效、哪些信息无效的实时反馈。

克利夫兰诊所的管理层知道，员工是最大的财富。正因为如此，它设立了首席护理官办公室，不遗余力地在员工中营造一种社群感和归属感，并建立起分层例会这种强有力的沟通方式，方便员工提出问题、贡献解决方案，使诊所成为一个更好地接收和提供护理的场所。

正如我们在第1章所述的，在超越数字化的世界中，价值创造本质上需要差异化能力，这些能力既复杂又昂贵，而且依赖于员工来构建和交付。无论企业在新技术和新业务上投入多少，如果不能让员工接受它们，并将它们融入差异化能力中，你的投资就会有浪费的风险（详见"超越数字化世界中员工参与新模式的重要性"栏目）。事实上，在我们的研究过程中，几乎每一位受访的领导者都表示，他们认识到需要与员工进行协作才能成功实现转型，并且还表示在转型之旅中，自己早该这么做。

How Great Leaders Transform Their Organizations and Shape the Future

## 超越数字化的世界中员工参与新模式的重要性

企业长期以来一直在谈论员工参与的重要性，但员工很大程度上仍然与大多数组织的目标脱节。然而，由于价值和竞争优势的性质以及工作的性质发生了变化，激励机制也发生了重大变化。今天的价值创造模式本质上依赖于将员工的经验、技能、判断力和价值观与技术、资产和流程相结合，以创造差异化能力，这是企业竞争能力的核心。

这种模式中的差异化不能仅仅依赖于智能技术等手段，因为世界上所有最智能的技术都可能被下一项创新击败，甚至会被如何使用现有技术的简单构想击败。即使在技术和机器人可能取代人类的领域，如仓库管理或离散制造，员工仍然需要学习如何使用新技术并创造价值。企业也不是仅仅依靠一个聪明的创始人或一个公认的优秀领导团队就能获得成功。智能技术可能有助于企业高层开拓思路，但要想在业务一线或在企业的其他任何地方与客户一起完成工作，仍然有赖于利用好一大群员工的能力，有赖于让这些员工取得成功。

我们在本书中所提及的畅想市场定位需要整个组织开展大量工作来驱动所需的变革类型。例如，建立独到洞察体系，将使许多职能部门的领导者重新思考企业应如何与客户互动，以及如何利用对客户的洞察。企业要参与到某个生态系统中去，可能需要几十名，可能是数百名，甚至在某些情况下需要数千名员工去学习新的外部工作方式，同时关注客户、生态合作伙伴和企业的利益。基于差异化能力的竞争方式需要团队交付明确的结果，需要员工每天都有动力应对未来的挑战和机遇。要完成这些工作需要构建一个团队，这个团队的成员不仅能够从事更加多样化、不断变化、日益增多的跨职能工作，同时还能不断改进他们的工作内容和工作方式。转型需要员工能够全身心投入，因为无论是帮助更大规模的客户解决问题，还是解决更大的社会问题，均非易事。

转型所牵涉的范围太大，需要有新的社会契约来支持一个从本质上就更加敬业和忠诚的团队，从而塑造并维护企业在全球市场中的地位。挑战在于，大多数企业难以营造出新的社会契约所需的民主所有权。我们的研究表明，在多数企业中，大部分负责执行企业战略愿景的员工并不了解企业的目标，不清楚企业想要以独特方式达成什么结果，以及他们的工作究竟与更广阔的企业愿景有何关联。思略特最近在全球范围内面向各行各业员工开展的调查显示，只有28%的受访者表示自己与企业的目标完全相关；只有39%的受访者表示他们能清楚地看到自己创造的价值；只有22%的受访者认为他们在工作中充分发挥了自己的优势；只有34%的受访者认为他们对企业的成功做出了巨大贡献。超过一半的人表示，他们对自己的工作完全没有"一点儿动力"、没有"一点儿工作热情"以及没有"一点儿兴奋感"。[①]

想想看，只有 1/3 的员工觉得他们真正理解企业想要做什么，并全身心投入工作中，或者认为自己真的有所贡献。这意味着 2/3 的员工没参与到转型中来，他们要么没有出力，要么没有朝着对的方向出力。如果没有团队与你深度配合，你的宏伟战略愿景可能永远只是一个梦想。

好消息是，我们的研究还证实，理解并接受组织目标的员工比没有目标感的员工更有动力、更有工作热情。事实上，思略特的调查表明，在那些明确定义并传达如何为客户创造价值的企业中，有 63% 的员工表示自己有动力，65% 的员工表示对工作充满热情；而在其他企业中，这两项的比例分别为 31% 和 32%。

今天，企业需要一种更全面、更协同的参与方式，将员工的内在价值和动机与企业的价值观和目标联系起来。这需要转变领导模式，从确保员工明白要做什么以及如何做，转变为授权他们去做需要做的事情。

这意味着，作为一名领导者，你需要把联系、倾听和理解员工列为更重要的优先事项。你需要了解他们的动机，并帮助他们将企业的目标与他们自身的动机产生关联。你要去了解他们需要什么，才能成功地激励他们实现你的目标价值主张。你需要授权给他们，让他们去塑造企业所需的工作方式，帮助他们以符合企

---

① 思略特，"关于战略目标与动机之间关系的研究"。

业价值观的方式进行协作，并当场解决问题。你需要员工主动拉着你前进，而不是被你拉着往前走。

过去，员工参与度通常被视为人力资源或士气问题。然而，要想在当前的市场环境中取得成功，营造参与感必须成为企业领导议程的重点工作。

那么，如何让员工充分发挥主动性，承担起转型责任呢？如何让人们拥抱变革？如何阻止员工故步自封？如何帮助他们主动提出自己的想法，并为此承担相应的风险？像克利夫兰诊所一样，你需要将员工与企业的目标和价值创造系统直接联系起来；你需要给予员工取得成功的方法；你需要有适当的机制，让他们能够提出问题，并贡献解决方案。就像克利夫兰诊所一样，你需要把所有这些举措都作为日常工作的一部分，而非偶尔为之或一年才做一次。换言之，**你需要颠覆传统的雇主和雇员关系，再造企业与员工的社会契约——将员工置于企业价值创造的中心位置，这也是领导团队的首要任务。**

## 重新考虑企业与员工间的契约关系

为了让员工充分参与到变革中来，你需要从根本上重新考虑企业与员工之间的契约关系，以便让他们每天都能尽最大努力为达成企业使命做出贡献。这里的契约关系并不是指规定雇用条款的法律文件，而是指企业和员工之间的隐性契约，以确保双方都能获得各自发展所需的资源。过去，这种契约侧重于为员工提供薪酬和福利，而且在很大程度上是单方面的。企业要求员工完成一系列工作，并为此支付报酬，而双方的责任通常也就到此为止了。现在，这种契约除了薪酬和福利之外还涵盖了许多方面。过去，企业会考虑他们需要提供什么来吸引员工。现在，这种情况正在发生改变：企业倾听员工和潜在客户的意见，并试图提供良好环境吸引他们加入。在人才紧缺的情况下这一点尤为重要，当你在寻找专家和愿意为企业做得更多的人时，人才总是供不应求的。这并不是说薪酬不重要，对部分人来说薪酬可能是决定性因素，但越来越多的领导者必须拓宽思路，思考究竟是哪些因素在激励员工努力工作。

在我们的研究中，那些成功的企业重新思考了他们与员工之间社会契约关系的下列 6 个方面，并将之转变为一套强有力的参与体系：

1. 目标。通过一种有意义的方式阐明目标，使员工认为企业值得自己投身其中。
2. 贡献。为员工提供了参与制订解决方案、创新和奉献的机会。
3. 社群。让员工参与企业文化的塑造，并通过支持性团队将他们联系在一起，共同成就伟大事业。
4. 发展。帮助员工获得在超越数字化时代成长所需的技能和经验。
5. 方法。为员工提供时间和资源来建立和扩展企业承诺的差异化能力。
6. 激励。员工感知价值的方式不仅仅是薪酬，企业需要为他们提供更全面的激励机制。

## 目标：让员工认为企业值得自己投身其中

要超越数字化，你必须阐明企业目标，让员工认为企业值得自己投身其中，让员工愿意主动贡献自己的力量。要做到这一点，你需要了解员工的个人使命感是如何与你的企业联系在一起的，为什么员工会选择与企业的愿景和价值观保持一致。

过去 10 年里，"使命"已经成为一个管理学术语。自 2010 年以来，这个词已经出现在 400 多本和商业与领导力相关的书籍以及数千篇文章中。员工希望自己的生活有意义，这一点很好理解，而且考虑到人们花在工作上的时间越来越长，很多人（不仅是千禧一代）选择就职企业的重要原因是他们能够在智力和情感上与这些企业的使命感和商业理念产生共鸣。

然而，我们所说的目标远不只是一个崇高的宣言，必须以一种能够阐述企业给客户和社会带来的价值、能够激励员工的方式，阐明企业在全球市场中的定位。事实上，正是通过描述企业在哪些方面比其他人做得更好，员工才更容易发现这种定位与团队之间的直接联系。人们很难与某个产品建立联系。虽然有些杰出的设计师或工程师可能会与自己设计的产品有一种紧密的关联感，但企业的大多数员工不会直接与企业提供的个别产品或服务产生明显的关联感，只有当员工清楚差异化能力是如何产生时，他们才会更好地了解这些能力是如何发挥作用的。这样，员工就可以清楚地诠释自己扮演的角色、对公司的贡献，从而可以每天积极地投入工作、精神饱满地完成任务。

**当员工理解并接受企业的目标时，他们在工作时就会加倍努力。**飞利浦公司的斯图尔特·麦克龙解释道："进入医疗科技领域的优势之一是，这对员工，尤其是千禧一代来说，是一个极具吸引力的领域。拯救生命是我们每天都在做的事情，这也是员工想要参与的事情。在飞利浦的求职者中，有80%会提及我们'到2030年改善25亿人生活'的目标，这是他们想要加入飞利浦的原因之一。这个目标对新员工来说非常鼓舞人心，对于我们这些在飞利浦工作时间较长的员工来说也是如此。"

　　在规划转型之旅时，利用这一分水岭，评估企业的目标分别向员工、生态系统及其他利益相关者传达了什么含义，对员工来说什么是重要的，对客户来说什么是重要的，企业的产品和服务对社会有何影响。利用这些洞察来帮助你将企业目标与员工动力联系起来。例如，正如我们在第2章中所述，小松公司转型是为了解决日本建设行业严重的劳动力短缺问题，通过提供先进的施工机械和软件解决方案实现施工现场数字化，使客户在使用更少人力的情况下，能够更精确、更高效地工作。小松集团智能施工推进部负责人四家千佳史说："当一个项目提供了超出客户期望的社会价值时，吸引员工投身其中并不是什么难事。"

　　礼来公司很关注如何在逻辑和情感上吸引员工参与。对我们在第5章中所述的YZ年转型，它有一个简单且合乎逻辑的理由：占公司总营收40%的4种主要药物专利即将同时到期，对公司的生存构成威胁。如果礼来想要生存发展，就必须在创新上加倍努力，使研发项目现代化，并填补受专利影响的产品线。但公司并未止步于这些逻辑严谨的论证，它还增加了一个情感上的理由：重申了致力于研发药物以改善人们生活的历史目标，以及它对印第安纳波利斯和印第安纳中部社区（礼来公司总部所在地）经济福祉的承诺。在与员工的交流中，首席执行官李励达没有把重点放在介绍转型项目对礼来的意义上，而是强调它对患者意味着什么，提醒大家患者需要礼来的帮助。

虽然员工通常会被那些承担社会最大挑战的组织所鼓舞，但大多数员工都希望了解企业如何创造价值，以及自己如何能为此做出贡献。最重要的是，企业必须兑现自己的目标。日复一日，企业必须展示出与其目标相一致的行为，做出与目标相一致的选择，以赢得员工的认可和参与。

## 贡献：让员工参与制定解决方案

我们的研究发现，**成功的公司在转型早期就会让员工深入组织内部和整个生态系统中去**。企业越早让员工参与变革，变革实现的可能性就越大，即便是那些艰难的变革、那些可能对员工个人产生重大影响和后果的变革也是如此，比如对员工职能和团队做出有意义的改变，新技术的集成及其对员工就业的显著影响。如果员工缺少这种参与机会，企业就会发现员工似乎无法克服对技术的恐惧，难以理解为什么他们应该改变看似运行良好的现状，甚至坚持认为领导层发生决策错误，而这一错误决策实际上正在损害企业利益。如果员工觉得变革是企业强加给他们的，并且他们在这个过程中没有发言权的话，他们就会认为变革不会奏效，并开始抵制变革。

我们并不是说所有改变都必须由共识驱动。事实上，很多最艰难的决策都不是由共识驱动的，但没有其他办法可以吸引团队加入进来做出贡献。

**第一，让员工对变革产生影响**。明确企业目标后，你需要建立一个从团队中获得反馈的机制，并让员工自行决定实现企业特定目标的方法和路径。员工可以知道他们如何发挥作用，并决定如何做出贡献。

克利夫兰诊所的每日分层例会是一种强有力的方式，可以让整个组织的员工提出问题，并贡献解决方案。有些企业还会举行创新挑战。在微软公司，"年度增长黑客活动"已经成为一种传统。正如其首席执行官萨蒂亚·纳德拉所描述的：

> 每年，包括工程师、营销人员和所有专业人士在内的微软员工们都会为在各自国家举办的"一周增长黑客"活动做准备，就像学生为科学博览会做准备一样，组团合作解决他们感兴趣的问题，然后制作展示稿来争取同事投票。他们聚集在名为哈克纳多（Hacknado）和科达帕鲁萨（Codapalooza）的帐篷里，消耗数千磅①的甜甜圈、鸡肉、小胡萝卜、能量棒、咖啡，偶尔还喝点啤酒来激发创造力。程序员和分析师们突然变成了狂欢节上招徕顾客的小商贩，向任何愿意倾听的人兜售他们的想法。听众的反应不仅包括有礼貌的提问，也会有激烈的辩论和质疑。最后，人们通过手机以投票方式对项目进行评估，并庆祝获胜。部分项目甚至会被选为企业的创新业务而获得资金支持。[2]

泰坦公司利用员工的创造力为未来的发展提出宏伟的构想，同时非常清楚如何才能使这些构想与企业定位相匹配。泰坦公司前任首席执行官巴斯卡尔·巴特（Bhaskar Bhat）解释道：

> 我们启动了一个名为"点火器"（Ignitor）的项目，鼓励团队为企业未来发展提出想法。为此，我们发布了"泰坦6因素"规则。在选择要进军的业务时，企业应该考虑6个因素：这个业务必须是一个无组织、不受监管的类别，必须是个人产品，该类别产品必须适合做品牌推广，设计应该是购买时考虑的一个重要因素，成本不

---

① 磅：英美制重量单位，1 磅等于 0.454 千克。

应成为一个重要的驱动因素，品类不应该有激烈的竞争。例如，我们永远不会进入手机行业。在启动"点火器"项目时，我们收到了700 个项目策划，经过评审，民族女装品牌塔内拉（Taneira）在最终的 14 个候选项目中脱颖而出。

员工的参与可以而且应该采用多种方式。你的目标不仅是让他们在过程中参与进来，而且要将与客户关系密切的员工群体的想法并入到你的能力系统中，并赋能员工执行变革，以塑造企业未来。

**第二，让企业参与到生态系统中去**。只让员工在企业内部做贡献是不够的。由于企业转型成功与否不仅取决于自己的组织，还取决于许多不同的利益相关者，比如供应商、合作伙伴、股东和客户，因此你需要让更大的生态系统参与进来。企业越来越依赖主要合作伙伴来提供关键的差异化能力和人才，而这些合作伙伴需要参与到企业的愿景中来。例如，尽管创意营销专家通常在组织边界之外，但他们往往会密切参与企业愿景和目标的设定及执行过程。

正如第 4 章中所讨论的，微软公司的人工智能／云优先战略要求对其商业销售组织和实践进行转型。微软依靠庞大的合作伙伴网络进入市场，其常见的合作伙伴有信息技术公司，比如软件公司或系统集成商，以及电信公司或传统的制造商和零售商，提供基于微软技术的解决方案，这些合作伙伴的职能也需要做出重大调整。就像微软自己一样，合作伙伴公司需要更多地关注云服务，而不是本地部署的基础设施服务。无论客户使用什么设备，都需要更多地关注用户体验，而不是仅仅关注桌面版用户的体验。

微软公司在合作伙伴赋能培训方面投入资源，并开发专门的销售工具帮助合作伙伴适应这种职能的调整。但不仅仅是推动合作伙伴做出调整，微软自身也在改变。全球销售、营销和运营部门转型副总裁尼古拉·霍德森还记得微软是如何从仅仅给合作伙伴提供工具出发做出转变的："我们曾经为经销商开发了很多工具，然后劝说大家都去使用这些工具。结果你猜怎么着？……没人真正喜欢这些工具，也没人愿意用。我们投入了大量资金却没有取得任何成果。"因此微软改变了做法，只有当合作伙伴积极参与并确实做出贡献时，微软才同意为其开发所需的工具。

微软公司现在每个月召开两次开发团队全球会议，收集各种想法并排定工作优先级。霍德森说："我们共同制定路线图，共同听取反馈，路线图也在持续迭代。我们将静态、单向和跟不上变化的开发计划，转变成动态、双向和真正贴合需求的开发计划。"

## 社群：通过支持性团队将员工联系在一起，共同成就伟大事业

要让员工主动站出来为转型作贡献，企业需要创造机会让他们在社群中建立联系。在社群里他们可以放心大胆地表达意见，并与志同道合的朋友一起工作，共同成就事业。企业需要创造这样的环境，让员工觉得他们的工作有意义，并且对团队中的其他人也有贡献；需要让员工觉得他们可以充分发挥自身才能，并在一个包容的社群中得到支持。这时企业就能构建起强有力的、愿意脱离传统行事方式、勇于尝试新事物的强大社群和内部组织。

**社群意识是企业和员工之间契约的关键组成部分。**企业需要帮助员工获得安全感，让他们能够诚实表达自己的真实意见，彼此关切所说所做是否有助于企业创造所承诺的价值。要让员工有这样的感觉："我想待在这里，我希望和这些同事一起工作，我觉得身处在这样的工作环境中非常自在。"这

种感觉至关重要。这里所说的不是企业需要让每个员工都感觉人生幸福美满，而是要让员工为企业和企业想要创造的价值开展富有成效的工作而感到心理上的快乐和满足。由于新冠肺炎疫情的影响，许多企业不得不选择让员工居家办公，为社群的建设运营增加了难度。随着越来越多企业开始采用更多远程办公的新工作方式，我们需要特别注重寻求创新方法来建设和运营社群。

有些企业仍然寄希望于赛马机制，通过鼓励员工参与内部竞争，让他们相信只有打败同事才会成功。在我们最近进行的一项关于团队合作的调查中，只有34%的受访者表示，他们与团队成员之间的关系不具有竞争性。然而，这种内部赛马机制在下面这种情况下是行不通的：价值创造依赖于将具有不同技能的人聚集在一起共同做出伟大成就，而不是依赖于那些从打败同事中获得激励的人的创新。57%的受访者表示，他们认为内部竞争会导致消极结果，如糟糕的团队合作、团队成员不愿意主动担责担风险等。

当然，这种社群意识与企业文化息息相关。员工会提出这样的问题："我认同公司的价值观吗？我的同事们呢？""企业要求我们做的事是否符合我的价值观？"

飞利浦的卡拉·克里维特花了大量时间让她的团队参与讨论企业的文化和价值观：

> 我认为让这些价值观与员工产生关联是非常重要的。如果你只是告诉他们："我们有这5种价值观。"他们会说："嗯，有道理。"只有让员工真正参与到对企业价值观的讨论中来，这个价值观才有可能变成员工自己的价值观。比如我们可以这么说："'质量第一'是我们秉持的企业价值观，那为什么我们在市场上还是没有达成质

量目标呢？如果存在质量问题，是不是因为管理方面的一些错误安排阻碍了员工畅所欲言？我们是否给予了员工充分的授权？让我们一起来讨论一下吧。"你需要激发员工真正去思考他们在这些事情中扮演的角色："你到底在做什么？你的角色是什么？这对你意味着什么？你遇到了哪些困难？如果遇到困难，你要用什么方式把这些困难提出来让大家一起讨论和解决？"这种类型的讨论更重要、更有效，不要只是就结果追究责任，比如"你之前承诺过要交付20 个系统，但现在只提交了 18 个，剩下的两个怎么样了？"如果不改变这些沟通方式和行为，企业就永远无法实现转型。

## 发展：将帮助员工拓展转型所需的技能和经验作为首要任务

**企业的转型要求员工以新的方式工作：习得新技能，使用新技术，与新合作伙伴携手并肩，在新平台上，跟陌生和灵活机动的团队成员一起工作。**企业需要员工在工作方式上做出的一些改变可能会让员工感觉难以接受。比如一位员工一直以来都待在企业内部，但现在要求他到企业外部去工作；又比如要求一位员工为一个可能取代他工作岗位的机器人编写代码。如果企业希望让员工充分参与到转型中来，解决问题的关键是要帮助他们习得在新环境中继续成长所需的技能。显然赋能员工已经成为企业发展的必然需要。在2021 年初普华永道第 24 期全球首席执行官年度调查的受访者中，有 72%的受访者表示，他们担心员工缺乏关键技能。[3] 要想在超越数字化的世界中取得成功，企业必须将员工培训和技能提升列为自己的战略重点。

企业不仅要让员工学会如何使用技术，还需要在持续不断的技术变革中给予他们安全感，因为技术变革可能会威胁到他们的工作岗位。因此，每个企业都需要采取一些策略来帮助员工发展必要的技术技能和能力上的敏捷性，这无疑是企业在构建差异化能力系统时所需要的。

例如，作为商业转型计划的一部分，微软公司开展了一个覆盖广泛的技能提升项目。尼古拉·霍德森回忆道："很明显，帮助客户进行更深入、更大规模的数字化转型所需的技能与我们原有的技能是不同的。我们需要员工与客户的高管层进行对话，讨论客户可能面临的深层次业务挑战，讨论转型的步调和节奏，并让客户理解微软能为他们带来哪些改变，以帮助他们应对挑战。这种顾问式的销售方式与销售软件或服务有很大不同，因为以前我们的员工通常是面向客户首席信息官团队内较低级别的对象展开沟通。"微软公司就"销售的挑战"这一主题重新培训了组织里的每个员工，并开始着手进行大量深入的行业知识培训。

不是只有销售人员才需要提升技能。很明显，客户实际上要求组织中的每个人都变得更有技术性。让－菲利普·卡托瓦回忆道："技术认证现在是我们所有员工的必修课。我们每个人都要参加一些大型的技术认证论坛，会议级别视职务而定。每个人每半年通常要完成 100 至 150 个小时的在线培训任务。员工的工作技术含量越高，标准和要求就越高。此外，我们正在帮助合作伙伴及客户进行同样的大规模的技能提升，以帮助他们实现数字化。"为了员工能够主动寻求培训，而不是被迫接受培训，微软将大量精力投入游戏化学习的开发设计中，以求让培训活动更吸引人、让培训内容更容易习得。

微软还启动了一项辅导计划作为正式教学的补充。卡托瓦回忆道："我们一直在与一家公司合作，帮助我们的经理摆脱传统的大型组织中十分常见的命令型和控制型的管理方式，成为所谓的'教练型经理'。我们不想让经理告诉员工说：'这就是你在工作中需要做的事情，计分卡上已经用红、绿、黄三种颜色标注了紧急程度。这是你的工作手册，现在快去把活干完。'我们希望经理与员工之间有更加开放的对话，双方都能提出一些有见地的问题，一起找出帮助客户获得成功的最佳方法。"

有时候，仅仅只是简单地说出你想要什么样的新技能，会让那些你不认识但拥有这些技能并受到企业愿景激励的人才浮出水面。例如，在霍尼韦尔建立新的互联飞机业务时（详见第4章），领导者本来预计新公司需要从外部招聘工程、数据分析和其他技能方面的人才。但事实证明，许多已经厌倦当前工作，或者因为职业发展停滞而停止提出创意的员工站了出来，希望成为团队的一员。最终，内部招聘和外部招聘的比例为6:4，这与领导者最初的设想恰恰相反。

对于那些职务和技能将被逐渐边缘化的员工，企业应该帮助他们了解需要如何改变或如何才能提升自己的技能。企业在这个过程中必须很有耐心。许多员工需要在新技能、流程和能力方面接受深入培训，企业需要给他们成长的时间，并要做出一定的预算投入。对于培训内容和培训形式，企业经常采用的有内部开发、高管培训和外部认证计划。我们现在还看到领先企业开始与生态合作伙伴一起建立人才发展计划，从而同时实现双方的人才发展目标。

当企业对员工技能和能力进行投资时，要记住更广阔的目标。你希望整个生态系统能够更好地协同工作，员工能够更有效率、更有成就感；你还希望认可并支持员工对工作场的所多样性，更平等、更灵活的工作条件，工作更有意义感及在社群等各方面的需求和期望。

## 方法：在建立差异化能力方面进行投入，让员工有机会参与实现组织目标

即便企业已经清楚地阐明目标，并进行了有效的沟通传达，但如果不在设计、扩展和实施差异化能力方面进行投入，员工将无法充分参与进来。对于员工来说，没有什么比身在一个关键的岗位上却没有足够的资源可使用更令人沮丧了。

当商业环境困难时，对这一问题要特别加以关注。企业需要确保降本增效的举措不会导致能力建设的进程被打断，进而导致企业无法按计划在未来创造优势。在 YZ 转型过程中，礼来制药经历了痛苦的成本削减，公司削减了 10 亿美元的成本，解雇了数千名员工，并面临着华尔街要求其进一步紧缩开支的压力，但领导团队每年都在增加研发投入。从 2007 年至 2016 年，研发投入占销售额的比例从 19% 上升至 25%。[4]

企业要从哪里获得所需的资源来构建创造成功的核心能力？如何为员工的相关想法提供资金？既然企业需要在这些领域超过竞争对手，那就必须在其他方面尽量缩减开支。企业需要把每一项成本都视为一项投资。企业需要明白，同一笔资金既可以用于培养强大的差异化能力，也可以用于开展那些最终会拖累企业、与构建差异化能力无关的商业活动。

以这种方式管理成本能够将企业的财务纪律提升至全新水平。在市场景气的时候，你不会因为同时在数十个新项目上注资而减少对差异化能力的投资。相反，你要找出最有可能成功的领域，并将投资集中至该领域。当形势艰难时，企业也不会全面削减成本，而是更加重视战略优先事项，并削减其他一切无关开支。

然而，企业转型需要的不仅仅是资金。企业还需要建立健全组织结构、治理体系、流程和控制机制，使员工能够实现组织的愿景和目标。如果任其发展不加以控制，偏差就会带来副作用，并扼杀企业获得成功所需的员工参与。

最后但同样重要的一点是，企业需要明确地给员工留出足够的"带宽"，让他们在与当前工作没有直接关系，但可能在未来会为企业带来创新或更好执行方式的项目上投入更多时间。这方面最著名的例子是谷歌的"20% 时间制"。谷歌公司创始人从 2004 年开始鼓励员工每周安排一天时间在自己选择或创建的项目上，这些项目在未来可能会为公司带来回报。虽然对于拥有传统企业背景的领导者来说，这似乎是一种奢侈或低效的表现，而且还需要配备更多数量的员工和不同的企业文化规范，但支持员工为未来工作的回报是巨大的：在谷歌，Gmail 邮箱和谷歌地图都是"20% 时间制"的产物。

## 奖励：报酬固然重要，但还不够

报酬很重要，无论是在招聘合适的人才方面，还是在设计公平机制分享企业利润方面。但是，不论报酬对个人何等重要，**社会契约的意义在于企业能够认识到，几乎所有员工也都重视其他形式的奖励。他们喜欢看到自己为企业转型做出了有意义的贡献，喜欢看到自己成为客户积极体验的关键部分，或者帮助组建了一个以结果为导向的团队。**他们个人也很享受因为自己所做的事情而得到认可的感觉，即使是像"月度最佳员工"这样的小荣誉，也会让员工感觉备受重视。超越数字化的世界为企业提供了大量机会，以创造性的新方式来认可个人和团队的努力。

STC 支付前任首席执行官萨利赫·莫赛巴对此进行了很好的总结：

员工需要信任和支持。是的，他们需要得到充分补偿，但有许多软性因素比金钱更重要。如果你只是付给他们更多的报酬，但不给予他们所需要的尊重和他们想要的自由，不让他们参与决策，他们就会辞职去其他企业工作。有些企业给我们的一些员工开出了双倍工资的待遇，但他们仍然不愿离职。因为他们只信任 STC 支付公司；他们相信自己的未来就在这里；他们认为自己正在对社会产生重大影响；他们充满激情，想要成为企业成功故事的一部分。

仅靠薪酬和福利无法赢得人才竞争，将个人和团队激励与员工对实现企业战略和目标的影响紧密联系起来将变得越来越重要。企业需要清楚自己的新价值池在哪里，以及该如何衡量围绕价值池的成功，然后将员工的动机与这些措施的实施联系起来。回报是股权、现金还是其他形式的福利要视情况而定，此外还应综合考虑个人贡献获得回报的时间、希望员工为公司工作多久，以及员工的根本动机。同一个团队里有着不同的薪酬模式当然会增加管理上的复杂性，但在这个更加复杂的世界里，这种做法往往是必需的。

下面这个案例是关于 STC 支付如何激励员工不断突破极限的，案例中着重突出了几个方面的激励措施（关于 STC 支付如何与客户建立独有洞察体系的更多内容，详见第 3 章）。前任首席执行官萨利赫·莫赛巴曾反对建立创新中心。"创新是原则，就像协作一样。每个人都应该参与创新和协作。企业不需要建立一个专门的协同部门，因此也不应该建立一个专门的创新部门，"他说，"我见过很多大公司的创新部门。它们往往是理论型的，与实践相去甚远。然而，真正的创新要么来自那些有具体实践经验的人，要么来自那些每天看到客户并销售产品和服务的人，要么来自那些构建技术和开发软件并了解客户如何使用它们的人。这些人通常才是企业创新的主力。"

　　对于莫赛巴来说，成功取决于员工的个人承诺："你是否真的喜欢 STC 支付这家企业？你认为未来 5 年内你会和 STC 支付一起携手并进吗？如果答案都是肯定的，员工自然会关心企业的未来。未来 5 年，他们将把自己视为高管、经理、董事，成为企业的一部分。他们不仅会担心能否达成今年的关键绩效指标，而且会有更长远的眼光，他们会提出一些可能在两年后才能得到回报的想法。"

　　莫赛巴还认为，应该给员工施加适当的压力，给他们更大的目标和更紧张的资源，因为在这样的条件约束下，员工除了创新之外，没有别的办法可以达成目标。"适度的工作压力是良性的，只要不是精神上的压力，只要它伴随着信任、自由和支持，那这种压力就是健康的。在这种情况下，员工总是会积极去创新；他们工作更努力，更敬业，并能提出更多创意。"

　　信任、自由和支持是关键。莫赛巴说："员工需要看到他们可以影响决策，他们可以改变企业的发展方向。"他经常接到员工的电话，质疑他的一些决定，很多时候都认同了员工的意见，并重新研究这些决定，必要时他还会改变已做的决定。"我们企业中没有盲从领导的文化。所有高管都很平易近人，不是因为我们很谦虚，也不是因为我们很善良，而是因为这样做对企业来说是有利的，而且这是他们作为员工的权利。在很多情况下，员工比我们更了解业务。保持倾听那些每天跟客户打交道的一线员工的声音对企业来说是在做正确的事。这些一线员工的反馈可能非常有价值，甚至可以改变整个公司的发展方向。"

　　**重塑与员工的社会契约是一项艰巨而复杂的任务，但有了敬业的员工和生态合作伙伴的支持，企业转型就有了极为强大的力量来源。**这些受到激励的人不仅会去实现企业所承诺的价值主张，而且还会敦促你对实现转型负责。

# 中国企业如何重塑与员工的社会契约

——朱佳怡
普华永道中国人才和组织咨询服务合伙人

## 中国企业的独特机遇和挑战

在后数字化时代，尽管机器和人工智能正在诸多领域分担工作，但企业仍然高度依赖于人来构建差异化的能力、创造差异化的价值。从数字原生的互联网产业到传统消费产业，相比全球，中国企业面临的社会文化环境、商业发展阶段和职场劳动力结构呈现出独特性和更高的复杂性，使得企业社会契约的重塑过程既迫切又充满挑战。

**首先，在中国的整体社会文化环境下，企业重塑与员工的社会契约需要开放包容的文化。**中国本土企业长期以来形成尊重权威、关注等级、强调集体目标和利益的文化，而数字化浪潮引发的组织模式、员工

235

契约、文化环境的改变，正在中国的整体文化环境中掀起一种去中心化、更关注个体主观能动性和创造力的"亚文化"。对于社会和企业，处理"整体文化"和"亚文化"的共频存在挑战。文化具备包容性和开放性的企业，往往能够首先在小范围内突破，建立有利于数字化的"亚文化"，继而依靠局部突破推进企业整体文化的迭代，实现和员工社会契约的转换，最终加速自身数字化的进程；文化相对保守封闭的企业，即便投入大量的技术资源，往往由于难以真正形成配套的组织、人才和文化体系，数字化转型难免步履蹒跚。

其次，当前中国市场从增量驱动转为存量升级的商业发展状态加大了企业和核心关键人才重新建立社会契约的紧迫度。过去大多数企业的成功主要依靠市场的自然增长、领导者对机会的判断以及员工的执行力、勤奋和忠诚。随着很多行业进入发展"新常态"，实现增长的第二曲线需要依靠技术攻坚、创新开拓、精益运营和体系管理能力，企业需要员工所具备的能力是对事业的热情和坚持，是敢于突破现有规则或填补空白的创新推进能力，是应对不确定性的灵活和韧性，是与人链接推动协作和共创的能力。因此，企业设立共同的愿景与价值观吸引人才、为员工提供足够的信任与支持，关注个体主观能动性、激发个体和团队创造力成为重塑企业与员工社会契约的核心组成部分。由于优质人才的市场供给远小于需求，率先完成社会契约重塑的企业将先吸引到人才而具备先发优势。

最后，中国职场劳动力结构的代际差异较西方更明显，使得重塑"社会契约"的复杂度提升。受急剧的经济社会变迁影响，中国劳动人口中不同年龄层之间的价值观、态度及行为差异较大。举例而言，20世纪 70 年代出生的"X 世代"对企业的期待主要围绕就业保障和稳定性，在工作上更重视专业度、权威性以及岗位责任；而21世纪出生的"Z世代"更注重自我价值实现、兴趣和开放的企业氛围，渴望在工作中获得话语权和学习新技能的机会。由于不同年代员工的价值观、行为方式与激励因子不同，对于持续经营年限较长，决策层、管理层与一线员工往往分属不同时代的传统企业，代际差异无疑增加了企业的管理复杂度。普华永道全球文化调研的中国地区数据显示，大部分中国企业高层和基层员工之间对企业文化存在较大的感知偏差，说明基层、年轻人没有适当渠道充分表达自己的声音和愿望，或是没有受到应有的重视与关注，所以重塑"社会契约"很难发生，企业在转型过程中也难以获得他们的认同与接受，这部分员工往往没有机会成为转型助力。这也是尽管大部分企业为了转型在新技术和新业务上做出大量投入，却无法产生预期产出的主要原因。

## 代表性产业的社会契约重塑之路

在中国，不同产业的发展空间和发展阶段、劳动力结构不尽相同，来自不同产业的企业之间重塑社会契约所面临的具体问题因此各有不同。但不论企业属于哪个产业、处于何种发展阶段，都应当把改进和重塑企业社会契约的重点落在更利于实现企业升级转型目标上。以下是我们对部分典型产业的观察和建议。

第一，数字原生互联网产业。中国互联网产业进入下半场以来，普遍面临增长空间见顶、监管日益加强、由面向消费者向面向企业转型等挑战，以往靠晋升发展机会、股权激励、品牌自豪感、平等自由的工作氛围等要素构成的员工社会契约吸引力逐渐减退；同时随着持续经营年限的延长，传统互联网企业的员工代际结构也更加多元化。下一阶段互联网公司重塑社会契约，首先应关注重塑自身的定位与价值主张，积极探索与重大社会问题产生联结，让员工对新的价值观与目标产生更多共鸣。如在"共同富裕"的政策导向下，找到自己在行业生态体系中的价值点，真正做到愿景驱动。其次，互联网企业在前期面向消费者业务阶段，普遍重视敏捷与创新，流程与内部机制的设计侧重发挥员工的个人能力及小团队的灵活性和快速反应能力，但面向企业的业务决策链路长、专业复杂度高，必须跨部门甚至与生态伙伴协同才能交付完整价值，对员工在业务理解、行业积累、协同开发与交付能力方面的要求更高。互联网企业应加强组织、流程和制度体系建设，在保持敏捷的同时，沉淀企业的可标准化能力，给员工更强的基础能力支撑和赋能，让员工释放更多个人能力用于创新。再者，用有顶层规划、有方向引导的创新，以及更多的支撑合作的机制，取代此前以小团队为单位的自由赛马机制，让高影响力的"创新"更高效地发生。最后，在企业规划和生态影响力不断扩大、原有价值观及文化被稀释的情况下，应积极持续迭代和打造符合年轻人群需求的企业文化，关注对各层级领导干部能力的提升，同时将生态员工纳入自己的管理体系内，使其认同企业愿景和目标，激发他们成为转型力量的另一个源泉。

**第二，高科技产业。** 对于研发占据重要地位的高科技企业，攻克关键技术、占领创新高地是未来构建核心能力的关键。一方面，企业需要激发研发人员对创新愿景的热情，充分发挥其智慧和创造力。另一方面，研发人员的培养和研发成果的打造，需要产学研多方位的配套，形成一个更加长期导向的，更加尊重、保护和奖励创新的生态体系。以生态网络相对成熟的医药类高科技企业为例，在重塑员工社会契约时，首先，应注重将企业的愿景和国家、社会、人民生活的改善和提升联系起来，形成和员工在价值观上的共识及情感的链接，激发并提升员工的工作热情和敬业度；尽可能地与生态体系的合作方融合，共同奔赴创新愿景。积极组建医药联合体，探索和高校科研、医院、医生、经销商、行业机构、技术平台的创新合作模式，通过愿景链接生态相关方共同创业，共同分担风险，也共同分享利益和成果。其次，提升研发人员的获得感和价值感。攻坚类产品研发周期长、投入高，企业一方面需要为研发人员创造安全感与归属感，为研发人员在项目和产品上的关键决策节点进行充分授权，同时建设包容冒险和失败的研发文化；另一方面还需要将大的科学研发项目按早期研究、项目开发、商业转化等不同阶段设置里程碑目标和激励机制，认可研发人员在不同阶段的差异化价值，并为他们设置清晰的成长通道。最后，高科技企业还需注重对综合管理类人才和数字化人才的培养，尽早识别有管理潜力的技术人员，在技术通道的晋级之路上逐步关注商业敏锐度、项目管理、团队建设、全局视角等方面能力的评估和发展，帮助企业打造一批技术能力强的管理干部；同时也需要识别对新事物接受程度高的年轻高潜力人员，将他们充分纳入到数字化转型的推动力量中来。

**第三，传统消费产业。**以家电、汽车为代表的传统消费类企业的数字化进程，是用数字化重新定义"产品"及其运营模式，从打样突破到规模化全链路，比拼的是产业和数字化融合的能力和速度。从数字化人才获取和培养角度，传统企业通常先从数字原生企业中引入小部分核心人才，逐步形成数字化人才和企业原有人才的融合，最后实现数字化人才的产业化和产业人才的数字化。这三步的每一步，都要求企业不断更新和员工的社会契约。首先，传统企业需要在对标互联网企业的人力资源管理机制和文化的基础上，构建差异化的价值主张，为来自互联网企业的数字化人才提供一个将数字化技术融入实业以创造独特价值的机会和平台。其次，要打破组织边界，让前后端团队同频共振。集成用户、场景、解决方案、产品、技术、市场等团队，让各团队人员明确自己在整个价值链上如何与他人联动，对创造价值有何具体意义，促进信息与创意无障碍流通，成就数字化人才对企业内外部的带动力和影响力，提升其意义感与成就感。最后，整个企业全链路的数字化转型需要发动和依靠企业内部产业人才，需要明确企业对各专业团队数字化能力的要求、进行全员人才盘点，根据差距规划全员数字化能力提升路径与方法，并通过企业绩效管理、目标和关键成果（Objectives and Key Results，OKR）等管理工具的引入或管理流程的再造，结合系统性的变革推广升级员工能力和企业文化，推动企业成功实现数字化转型。

## 结论与建议

企业重塑其内外部社会契约的过程，是企业重新定义其自身在社会关系中的角色，定义与各利益相关者互动方式的过程。随着数字化的不断深化，中国商业环境的逐步规范和精细化，中国企业进入了"内功修炼"的窗口期。**凭借着中国互联网行业的先发优势，未来几年，是众多企业重新识别自身在生态系统中的位置、重塑愿景和差异化优势，并通过组织结构、协作方式、人才梯队打造、生态合作等方式提升组织能力的关键时期。**不管是大型企业还是中小型企业，创新性构建和最大化激发组织活力才是数字化时代的关键制胜要素。

# BEYOND DIGITAL

第三部分

## 超越数字化转型的领导者要务

How Great Leaders
Transform Their Organizations
and Shape the Future

在超越数字化的世界里，领导者面临的挑战与 5 年前或 10 年前已截然不同。企业转型需要领导者采取新的领导方式。转型的本质要求领导者对此前做出的一系列决策进行大胆的思考并采取勇敢的行动。

# BEYOND DIGITAL

## 07
### 颠覆自身领导方式，兼收并蓄

见贤思齐焉，见不贤而内自省也。

——孔子

　　在我们为撰写本书开展研究的过程中，发生了一件令我们印象深刻的事：受访的企业领导者始终强调，在转型的过程中，企业发生多大改变，他们自己就得发生多大改变，企业领导者自身的改变只会更多不会更少。如果不颠覆自身的领导方式，这些领导者将无法重构企业创造价值的方式，无法重新构建组织结构和领导团队，也无法以有意义的方式让员工参与转型。换言之，如果不颠覆自身领导方式，他们就无法实现公司转型，并在超越数字化的时代里取得成功。

　　飞利浦公司首席执行官万豪敦回忆道："我自身的领导力发展是一段意义深远的旅程。"万豪敦于 1986 年加入飞利浦公司，一开始从事的是营销和销售工作，后来相继在三个大洲担任多个全球领导职务。他觉得自己十分幸运，自 21 世纪初以来一直有机会担任大型企业的领导职务。他职业生涯中的一个重要阶段是在 1999 年开始负责亚太地区的消费电子业务。他说：

"飞利浦前任首席执行官科奥·布恩斯特拉（Cor Boonstra）派我去那里学习如何领导他人，而不是只成为团队里的优等生。对我来说，那是一次永远难忘的冲突与对抗。"

2004 年，万豪敦成为飞利浦公司半导体业务的首席执行官。他于 2006年主导将该业务分拆出去，成立了恩智浦半导体公司，此后一直担任该公司的首席执行官。正如他所说："对于我而言，这又是一次重大的领导力转型。我们的股东要求很高，而我又不是半导体专家。这意味着我必须推动变革，不能让自己被那些更懂半导体却抵制变革的人拖住脚步。在那些年里，我做了很多革命性的改变。尽管最终因为经济危机我被迫在 2008 年底离开恩智浦，但这家公司到目前仍然运转良好。这场经历让我认识到自己的不足，但或许也是件好事。我知道当一扇门关上后，总有另一扇门为我打开。"18 个月后，他重返飞利浦，成为首席运营官和首席执行官的继任者。

当万豪敦回顾自己的转型经历时，他提道：

这些年来，我越来越意识到，企业的领导者需要通过员工来达成目标，理解并影响他们的信念和行为对实现目标至关重要。也正是在这个时候，我开始更多地关注自己做事的动机和原因。我对于员工之间如何发生联结，以及他们的信念如何影响其行为都非常感兴趣。我将这些软性管理的内容融入自己的角色中，并让更多的员工了解这些观点和洞察。

此外，我越来越认同的另一个方面是，领导者要真诚。你不能向组织中的大部分人提出一些不切实际的想法。为了长期拥有足够的体力和精力来领导一家大企业，你需要依靠自身的力量，所以你必须真诚可信。如果你能把真诚的态度与企业目标结合起来，就会收获一个非常有效的秘诀：当员工看到你并非为了自身利益，而是实实在在地为企业的目标付出，尤其是当你也给他人留下了获得成功的足够空间时，他们会追随你的脚步。

我们也从其他领导者那里听到了类似的故事：有些领导者走出舒适区去获取知识；有些领导者特意尝试不同的角色，获取有助于他们走向成功的经验；有些领导者是如何发现了自身的优势；有些领导者是如何认识到，随着世界走向数字化，他必须舍弃一些曾经很有帮助的习惯。花旗集团现任首席执行官简·弗雷泽和她的前任迈克尔·科尔巴通过在花旗控股的工作经历，对公司的内部运作有了深刻的了解，他们对公司的了解程度之深，就像将某种事物拆开后还能再重新组装回去一样。他们从好的决策和不好的决策产生的不同后果、风险和员工管理方面的挑战中学到了很多经验。克利夫兰诊所首席执行官兼总裁、医学博士汤姆·迈哈维奇借鉴和利用他在阿布扎比建立医院的独特经验，来改善克利夫兰诊所及其分院的临床操作。中西宏明则利用他在日立环球存储科技公司（HGST）扭亏为盈的过程中所获得的经验，客观评估母公司所面临的挑战。

万豪敦、简·弗雷泽、迈克尔·科尔巴、汤姆·迈哈维奇、中西宏明，以及其他类似的领导者，他们自身必须不断成长，只有提前做好应对未来的准备，才能带领企业完成所需的转型。这一过程对企业和领导者来说都困难重重。事实上，我们所研究的企业必须经历的转型旅程与企业领导者需要经历的转型旅程存在许多相似之处。领导者也需要重新畅想自己在市场中的定位和目标，需要确定对其至关重要的少数核心领导技能，并与自己的现状相对照以找到差距，最后还需要找到方法填补差距。与企业一样，领导者不需要自己培养所有能力，企业可以与生态系统中的其他参与者合作为客户提供价值，而领导者是团队的一部分，成员之间可以互补，以平衡彼此的弱点。

## 数字化时代成功领导者的特征

　　尽管每段领导力的发展旅程都是独一无二的，但无论是与领导者之间的访谈，或是在为撰写本书而进行研究的过程中，我们都观察到，那些引领企业实现成功转型的领导者都有一些共同的特征。我们发现，让首席执行官获得成功的并不是某个单一特征，而是一系列必要的品质，其中很多乍看之下似乎还有些矛盾。例如，在《让战略落地》（*Strategy That Works*）一书中，我们广泛讨论了领导者需要在深刻的战略洞察力和强大的执行力之间取得平衡，这与传统观点相悖，传统观点认为领导者要么是伟大的战略家，要么是伟大的经营者。[1] 我们的同事布莱尔·谢泼德（Blair Sheppard）在《至关重要的十年》（*Ten Years to Midnight*）一书中发表了 6 个这样的悖论。[2] 我们发现，这 6 个悖论与我们为本书所开展的研究具有高度相关性，同时对我们的研究也很有帮助（详见"领导力的 6 个悖论"栏目）。

How Great Leaders Transform Their Organizations and Shape the Future

BEYOND
DIGITAL

### 领导力的 6 个悖论

　　布莱尔·谢泼德和他的团队在最近出版的《至关重要的十年》一书中，总结了世界各地的人们在他称为 ADAPT 的框架中

所关注的问题：[1]

1. 财富和机会不对等；
2. 技术和气候带来的负面后果所造成的社会混乱；
3. 年龄差异——由幼年人口或老年人口造成的压力；
4. 两极分化导致全球和国家共识的瓦解；
5. 对支撑和稳定社会的机构失去信任。

团队对一些领导者展开研究，这些领导者都花时间去了解这些令他们担忧的问题产生的根源和威胁，并且在其他人还在努力发现和识别这些问题的时候他们就已经提出了解决方案。研究人员发现，这些领导者完美地调和了一些看起来十分矛盾的独特特质：关于领导力的6个悖论。

谢泼德写道："每个悖论的焦点都是一种核心张力，这种张力包含了同时存在并随着时间的推移仍将持续存在、相互矛盾但又相互关联的元素。当这些特质不同步时，结果几乎总是令人失望。试想一下，一位能将一家公司从破产边缘拯救回来的备受瞩目的英雄人物，却缺乏寻求建议的谦逊态度或缺乏改变航向的能力，企业转型很可能会因为他而以失败告终。"

---

[1] Blair H. Sheppard, *Ten Years to Midnight: Four Urgent Global Crises and Their Strategic Solutions* (San Francisco: Berrett-Koehler Publishers, 2020), 162.

领导力的 6 个悖论

**1. 深谋远虑的执行达人**

如何在深谋远虑的同时有效地落地执行？

深谋远虑：能够展望未来，洞察世事，为当下的决策提供依据。

执行达人：能够出色地应对当今的挑战。

**3. 秉承传统的创新先锋**

如何以史为鉴，指导未来获得成功，同时创造鼓励创新、学习和成长的企业文化？

秉承传统：能够从根本上响应组织的目标，并将这种价值融入当下环境。

创新先锋：能够推动创新、尝试新事物；勇于失败并允许他人失败。

**5. 谦卑低调的高光英雄**

如何在充满不确定性的世界中自信地前进，并在犯错时谦逊地承认？

谦卑低调：能够培养自己和他人坚韧不拔的性格，认识到他们何时需要帮助和如何帮助他人。

高光英雄：能够凭借对竞争的嗅觉和严谨的举止，处处散发自信。

**2. 德才兼备的政治大家**

如何在长袖善舞的同时，保持真实自我？

德才兼备：能够在所有互动中保持诚信并建立信任感。

政治大家：能够获得支持、开展谈判、组建联盟并克服阻力，不断保持进步。

**4. 精通技术的情商高手**

如何变得日益精通技术，同时牢记组织由人管理，亦服务于人？

精通技术：能够推动技术进步，进而实现未来的成功。

情商高手：能够深入了解员工在既定系统中的能动性。

**6. 放眼全球的本地专家**

如何驾驭全球化和本地化并存的世界？

放眼全球：能够对信仰体系和市场结构保持敬畏，从全球化的经营中不断学习。

本地专家：全心致力于促进本地市场的成功。

　　谢泼德继续道："想要同时掌握一个悖论的两个要素并非易事。许多领导者（事实上是我们所有人）都会走到自己的'最佳击球点'附近，注重发挥自己所擅长的某一方面的技能和特质。但是，根据领导力悖论的定义，要求我们在运用所擅长的技能和特质的同时，必须改善那些我们不擅长的技能和希望避免的特质。"[1]

---

[1]　Blair H. Sheppard, *Ten Years to Midnight: Four Urgent Global Crises and Their Strategic Solutions* (San Francisco: Berrett-Koehler Publishers, 2020).

　　每个领导者都会把自己的优势带到工作中，就像组织应该发现和利用他们潜在的力量一样，你也应该这么做。你之所以能够获得机会领导这家企业，必定有其原因，所以一定要发挥自己的优势，特别是当这些优势有助于推动企业转型时。但你也需要认识到，当今环境下企业需要更广泛的、多样化的领导方式。你可以把这些悖论当作一张地图，在自身的领导力成长过程中给予指引。你不一定需要精通全部 6 个悖论，但至少需要对这些悖论保持敏锐，这样一旦当你或你的团队没有在这些悖论中实现平衡时，你就能够及时发现。这些悖论将帮助你认识到自己的差距，并将精力集中在最重要的事情上。它们将帮助你确定自己想要发展的技能，以及你需要在哪些方面与专业人士合作。

## 深谋远虑的执行达人

　　虽然我们已经详细介绍了当今领导者成为伟大的战略家所需要的全部策略，但仅仅成为优秀的战略家是不够的，领导者同样需要出色的执行力。**优秀的领导者们既要具备广阔视野，也要能够脚踏实地。**他们需要在决定目标和开始旅程之前了解企业的执行能力；他们需要深入参与企业执行目标的过程，无论是组织结构、关键系统或员工职业道路的设计，还是开展技能提升或客户体验设计活动；他们需要确保战略执行与战略意图相匹配，同时向组织发出信号，表明他们不会在对企业成功至关重要的任何领域"掉链子"。

　　霍华德·舒尔茨（Howard Schultz）在 2008 年重返星巴克担任首席执行官，展现出一位优秀的战略执行者应有的风采。秉承将星巴克作为办公室和家庭之外"第三空间"的初心，舒尔茨将关注点放在各种细节上，包括停止使用密封包装的袋装咖啡豆，每当咖啡师从豆箱中舀取并研磨咖啡豆时，咖啡的香气会弥漫整个门店；调整大型咖啡机的摆放位置，让顾客可以看到咖啡师制作饮品的过程；收银机周边不再摆放商品，虽然这些商品能带来收入，但却有损消费体验。在他看来，这种体验正是将星巴克与麦当劳和唐恩都乐（Dunkin' Donuts）等竞争对手区分开来的关键。

在我们的研究中，霍尼韦尔航空航天公司前任总裁兼首席执行官蒂姆·马奥尼，以及时任电子解决方案公司总裁卡尔·埃斯波西托（详见第 4 章）正是这种"深谋远虑的执行达人"的代表人物。20 世纪 90 年代，早在相关必要技术问世之前，他们就已经开始设想互联互通将如何彻底改变航空业，因此当这些技术问世时他们早已做好准备。卡尔·埃斯波西托回忆道："我们中有些人对于公司的发展方向有着更广阔的视野，我们可以看到，把并购、互联互通传输、航空电子设备、机械系统的数字化这些独立业务组合在一起，如何构成了更广泛的企业战略的组成要素。"

当实施互联战略的时机成熟时，他们没有委托他人，而是亲自下场执行，连发布产品经理职位、改变人力资源系统中运营人员的汇报条线等细节问题都亲自过问。虽然有大量细致的工作要做，但他们都深度参与其中。埃斯波西托回忆道："我们需要找到那些在互联互通和服务方面更有数字化天分的人，必须考虑如何从原有的以产品为核心的业务体系转变为更多以服务交付为核心的业务体系。我们还必须了解如何对这些新的业务估值定价，了解其背后的商业模式。"

埃斯波西托还在一件事上起到了重要作用。他将来自不同产品领域和具备不同专业知识的员工汇集在一起，思考如果把引擎、气象雷达等独立飞机部件联网，或者应用新技术让这些独立部件共享数据，将会带来什么样的变化。在此之前，这些员工只会按照每个产品线来开发商业案例、调查客户关注和明确价值主张。

蒂姆·马奥尼和卡尔·埃斯波西托并非只有战略远见，也不是只有执行力。他们是真正具有战略视野的执行达人，超越数字化的世界需要更多这样的人。

## 精通技术的情商高手

**当今世界，企业领导者需要了解并利用技术进步来驱动成功。**过去，领导者可能会把企业技术方面的挑战委托给首席信息官或首席数据官去解决，但现在这种方法已经行不通了。如今，技术已经成为企业几乎所有业务的关键驱动因素，创新、运营、供应链管理、销售和市场营销、财务、人力资源，或其他任何一个领域的领导者都需要了解技术能为企业带来什么价值。这不仅在重新畅想企业在全球市场中的定位时至关重要，在企业重新定义工作方法、扩大差异化能力，以及推动客户和员工参与企业转型等方面也十分关键。

**在精通技术的同时，领导者还需要了解和关心客户、生态合作伙伴和企业内部员工的想法和需求。**市场研究不足以让企业了解客户需求，领导者需要深谙人性以获得对客户的独有洞察。领导者还需要以同理心和真诚吸引员工参与，并将企业的目标与员工的核心关切联系起来。所有这一切都要求领导者看到消费者或员工背后的人性本质，并对他们的需求和期望表现出真正的关心。

举例来说，STC 支付公司的创始人兼首席执行官萨利赫·莫赛巴在处理技术和人性化之间的对立与平衡方面一直非常慎重："时刻保持对技术的高度关注是很重要的，因为你需要知道哪些东西是技术可以帮你实现的。但是，你不能过于高估技术带来的可能性，无论是移动电话、智能手机、区块链、人工智能还是大数据等技术。虽然你必须了解这些技术，但应该永远将客户放在首位。与客户产生共鸣是真正的关键所在。"

在担任首席执行官期间，莫赛巴以"不遗余力地向传统银行和 STC 支付发起全方位挑战"而闻名。他坚持认为："你需要不断挑战自己的思维，才能充分理解数字时代带来的可能性。"当 STC 支付公司成立的时候，公司聘请了反洗钱、打击恐怖主义融资、交易监控等领域的专家。但是，由于这些专家都只有传统银行业的从业背景，他们并不了解软件和技术的巨大潜在价值，仍以非常传统的方式使用技术。莫赛巴回忆道："当我们向他们展示了技术的可能性之后，专家们的梦想发生了很大改变，他们开始提出越来越多的需求。"STC 支付公司的大部分合规管理工作现在已经实现了自动化，这在以往任何金融机构中都是前所未有的。"我们聘请了行业专家，并向他们展示数字时代的各种可能性，通过实施这些举措我们达成了今天的成就。"

莫赛巴不仅精通技术，而且他主张公司在开发产品和服务时要采用非常人性化的方法以尽量贴近客户的真实需求。"我们创建了 10 个虚拟用户的角色，"他说，"每个角色都有名字，我们知道他们从早上起床到晚上睡觉的一整天是怎样度过的，他们的每一周是如何安排的，他们在周末做什么，什么时候领薪水，领到薪水后做什么。"举个例子，开发团队会举行头脑风暴会议，讨论如何帮助虚拟用户商人穆罕默德解决支付中遇到的问题。"他的痛点在于，只要他花钱买东西，雇主就找他要发票，显然他和雇主之间存在一些信任问题需要解决。"

STC 支付公司的所有产品和服务都是从用户角度出发进行设计的。莫赛巴坚信："我们必须模仿用户使用产品和服务的方式，把自己代入他们的真实生活场景中，然后问自己能为他们做什么。解决方案的初始版本一旦推出，客户就会开始使用并告知我们更具体的需求，此后随着版本迭代不断优化和新增服务和功能。我们做的所有这一切都是为了持续满足用户不断变化的需求。"

## 德才兼备的政治大家

在当今的生态系统环境中，企业和个人秉持共同的目标，但合作的状态较为松散。**在需要时能够获得支持、与利益相关方展开协商、结成联盟和克服阻力是领导者的必备技能**。领导者往往需要做出妥协，灵活调整自己的方法，以退为进。处理生态系统内部关系的能力正变得越来越重要，因为生态合作伙伴超出了你的指挥和控制范围，而内部各级利益相关方越来越希望他们所做的工作与他们个人的价值观保持一致。领导者还需要说服大量利益相关方做出相应改变以配合企业在市场中的新定位，这可能包括重新确定投资组合、改变底层商业模式、重新定义组织模式以及改变股东期望。考虑到未来面临的巨大变化，领导者需要采取高超手段来赢得广泛支持，并帮助关键参与方找到自己的转型之路。

这是公司政治的最佳状态，完全不同于它通常给人留下的糟糕印象。政治是一门艺术，它帮助那些形形色色，有时甚至存在利益分歧的群体找到一条求同存异的前进道路。只有领导者保持正直，并能在所有的交流互动中与相关方建立信任，这种政治才能成功。当人们知道他们所做的工作有助于实现他们所关心的更大目标，并且领导者会一直忠于这个目标时，即使有时候不得不做出妥协或绕道而行，人们仍会选择加入，把他们的职业生涯或事业发展押注在他们认为值得为之奋斗的理念上。

考虑到生态系统对微软价值创造的重要性，公司的领导者们（我们在第4章中讲述了他们的转型案例）必须特别注意"德才兼备的政治大家"领导力悖论。微软公司过往与很多合作伙伴存在法律纠纷。当萨蒂亚·纳德拉担任首席执行官之后，他知道自己必须"刷新"伙伴关系实践：

　　微软已经拥有世界上最大的合作伙伴生态系统……我的终极目标是让微软成为最大的平台提供者，为创业能量提供支撑，坚定不移地专注于为他人创造成功机会。但是如果想要说服世界各地数以百万计的新公司选择我们的平台，我们首先需要赢得他们的信任……信任需要通过长期坚持才能建立。信任首先基于达成明确的共识，在某些领域我们将力争成为佼佼者，而在某些领域，我们可以通过共同努力为彼此的客户增加价值。要构建信任还需要尊重、倾听、透明、保持专注以及在必要时愿意回到起点重新开始。要构建信任，我们必须坚守原则。[3]

　　这种高层思维的转变，促使微软开始将其合作伙伴视为商业转型计划的盟友。此前提供给内部员工的培训与提升计划、企业能力也一并向合作伙伴开放。微软公司全球销售、营销和运营部门转型副总裁尼古拉·霍德森表示："我们现在为微软、合作伙伴和客户在市场上推出的所有解决方案提供全面认证。"

　　在回顾自己从微软公司商业转型过程中得到的收获时，霍德森首先想到的是"先慢后快"："我在一家美国软件公司工作时，我们喜欢迅速行动。但有时也需要放慢脚步，才能获得想要的结果，而不是一味突进。有时候你不能只顾自己向前冲，因为你必须带领所有人一起前进。虽然这听起来有点老套，但如果没有良好的同盟支持，就可能不是继续向前推进的好时机。我已经充分认识到这一点。"她继续说道："我知道这份工作的主要职责是管理好利益相关方，但我在管理利益相关方上花的时间比预期多了十倍都不止。因此对我来说，跨越组织边界建立支持联盟，保持先慢后快的节奏十分重要。磨刀不误砍柴工，先打好坚实的联盟支持基础，转型行动自然得心应手。"

## 谦卑低调的高光英雄

这个时代呼唤那些有勇气在不确定性下做出重大决策并展露自信的领导者。7大领导力要务要求领导者做出大胆的决策，并能一以贯之。仅仅研究和评估这些要务是不够的，企业转型还需要领导者具备勇气、决断力，以及即使开局不顺也要沿着选择的方向坚持到底的毅力。

领导者要勇于冒险？是的。妄自尊大？不。**超越数字化的世界既奖励谦逊态度，也鼓励英勇行为，这两种特质需要齐头并进**。领导者需要保持谦逊的态度，了解自己的短板并寻找能够提供帮助的人。这适用于你与生态合作伙伴之间的协作，他们可能在某个领域比你的企业更有优势。如果你重新规划自己的领导团队，邀请一些思维和行为方式与你截然不同的成员加入，或是让组织内部的人员参与，它也同样适用。考虑到变革的速度和未来任务的复杂性，没有任何一位领导者或一个高层团队能够单凭自己的力量解决所有问题。领导者需要清楚企业的发展方向，然后让那些更接近客户或更精通技术的人有机会发挥所长，以共同实现目标。

万豪敦就是"谦卑低调的高光英雄"这一领导力悖论的典型例证。正如第1章中所述，万豪敦带领飞利浦公司进行了一系列的变革。他回忆道："刚开始4年情况很糟糕。转型需要极大的勇气，我们作为领导团队可以看到企业未来的发展方向，但并非所有人都能做到这一点。股东们对此并没有太多信心，毕竟在过去的30年里，飞利浦一直在苦苦挣扎，没有找到出路。我们周围有很多质疑的声音，他们都在问：'你们到底在做什么？'"

但万豪敦和他的高层团队始终坚持自己的看法。出售照明业务是公司转型过程中的关键决策。"你可能会觉得，退出消费电子产品、电视和音像制品是必要的，因为它们都是亏损业务。但照明业务意义非凡，它是飞利浦成立之初的创始业务，剥离照明业务从根本上改变了这家公司。"做出这些艰难决策是飞利浦公司重新聚焦于健康科技并加速成功的关键：营收增长，利润增加，与客户一起突破极限，创造无限可能，并且能够吸引到更优秀的人才。万豪敦的勇敢无畏的领导能力得到了公司上下的高度认可。飞利浦公司前首席创新与战略官杰伦·塔斯说："如果不是因为万豪敦，我不会参与转型。他很有远见，而我也很认同他的远见。如果首席执行官本人没有全身心投入，我就不会追随他。"

但万豪敦仍然非常谦虚。他对自己为胜任这份工作而经历的领导力提升历程持非常开放的态度，并持续把自我成长放在首位。他非常注重倾听反馈，鼓励团队向他提出坦诚的意见，告诉他哪些地方做得好，而哪些地方可以做得更好。他努力让整个组织的人都参与转型，因为他很清楚，企业经营太过复杂，他和他的高层团队不可能面面俱到。他的谦逊还体现在对生态系统的看法上：飞利浦公司并不打算一直在生态系统中占据主导地位，如果另一家企业更有能力发挥领导作用，飞利浦愿意退回到生态系统参与者的角色。万豪敦还坚持让部分优秀的生态合作伙伴派代表参加他的高层团队会议，以便他们可以从这些宝贵的合作关系中持续学习。

## 秉承传统的创新先锋

数字时代的领导者需要平衡企业的过去和未来。在第 1 章中，我们讨论了如何发现企业的潜在优势，并将其作为了解企业未来发展方向的一种方式。回顾过去的发展历程非常有意义，因为你可能会发现一些此前忽视的资源或能力，而它们也许会成为未来帮助企业取得成功的重要因素。

　　但是，领导者不能回顾过去。**传统会成为企业发展的阻碍，企业比以往任何时候都更迫切地需要领导者推动创新，尝试新事物。**领导者需要有勇气面对自己的失败，并容忍他人失败，但他们不能成为各种扰动力量的牺牲品。随着企业变革速度的加快、组织边界的模糊，以及企业中越来越多的员工参与到变革中来，这些扰动的力量也在不断增长。因此，实验和创新不是不受约束的，它们必须发生在企业市场定位所设定的范围之内。否则，企业资源会分散，宝贵的精力会浪费在无法打动客户的业务上，导致企业不能有效扩大所需的能力，也不能使企业步调一致向前迈进。

　　礼来在 YZ 年的转型（详见第 5 章），以及两位首席执行官李励达和戴夫·瑞克斯所展示的领导力充分阐明了 "秉承传统的创新先锋" 这一悖论。当药品专利到期的压力越来越大，营收下滑的趋势日益明显时，时任首席执行官的李励达决定坚守公司在创新生物制药领域的定位和目标以求度过危机。尽管投资者曾建议他进行大规模收购、削减成本，并出售动物健康业务，但李励达采取了恰恰相反的策略，把公司的发展押注在通过创新实现传统业务的增长上。

　　YZ 年对于礼来公司的员工来说是个艰难时期，他们遭遇了很多的挫折和挑战。不过，首席执行官带领公司度过了这段时间并很好地实现了目标。前任首席战略官迈克尔·奥弗多夫回忆道："李励达一直在说，'不要把注意力放在我们自己身上。公司会好起来的。这并不是我们面临的最严峻的挑战。我们应该担心那些得不到帮助的患者，担心那些因为我们不能提供所需药物而无法改善生活质量、无法留住美好记忆的人 [①]'。这条讯息振聋发聩，也坚定了员工的

---

① 制药的产品中有一款用于治疗阿尔茨海默病，可以有效减缓患者认知及记忆功能的衰退速度。——译者注

信念：'好吧，转型这个挑战没什么大不了的。迎难而上拯救人们的生命才是我们最大的挑战，让我们把精力集中到这件真正重要的事情上去。'"

作为创新者，坚守传统并不意味着公司会停滞不前。实际情况正好与此相反，坚守传统也会推动公司往前发展。礼来制药曾不得不大幅度加快药物研发速度，当时礼来研发一款新药需要大约 13 年的时间，这个研发速度可谓是业内最慢。管理层设定的目标是将研发速度提升到行业领先水平，并在 5 年内实现新药上市。为了做到这一点，李励达彻底改变了高层团队，重组了公司的组织结构，并改组了研发部门。现在，礼来制药在许多治疗领域拥有最快的新药研发速度。奥弗多夫说："这不仅仅是研发速度方面的提升，而是翻天覆地的变化。"

## 放眼全球的本地专家

与过去相比，现在我们更容易接触到地球另一端的客户，更顺利地与来自不同地域的人展开无缝合作。即使你的公司只在某一个国家或地区范围内开展业务，但你所服务的客户、你的供应链以及你的合作方很可能具有更独特的背景，他们会受到比以往任何时候更多样化的因素的影响。成功的领导者需要具备全球思维，对社会总体发展趋势有深刻理解，能够发现他们的客户、员工及生态合作伙伴的共同需求和期望，并将相关的解决方案和举措扩展并落实到他们的业务中去。

但是，领导者比以往任何时候都更需要深刻地了解个人客户的情况和偏好、员工的文化差异，以及企业所在地区当地社群和生态系统中存在的问题与细微变化，并做出适当反应。在这种复杂环境下，领导者必须决定他们需要持续在企业内部推进哪些工作，以及在哪些方面可以灵活变通并能够针对本地市场开展定制业务。事实上，**如果企业领导者能够在创新解决方案的同时，强化与个人客户建立牢固关系的必要性，使企业发展在所有市场上都能得到最好结果，那么企业建立独有洞察的能力就会大幅提高。**

例如，印地纺公司的领导者很好地诠释了"放眼全球的本地专家"这一悖论。该公司的成功之处在于，通过深入倾听消费者的意见，了解消费者的偏好，利用这些洞察推断他们需要面向市场推出什么时尚趋势，并且比其他任何企业更准确、更灵活地发布这些趋势。ZARA 纽约旗舰店主管索尼娅·方坦（Sonia Fontán）说："我每天都和西班牙的设计师交谈。讨论的话题可能是'这个单品卖得很好，第一天就卖脱销了。请务必给我们多补点货'，也可能是'昨天收到的霓虹色飞行夹克有很多没有卖出去'，但昨天的销售情况并不具有参考性，因为当时天在下雨，店里空无一人。并不一定是顾客不喜欢这款产品，而可能仅仅只是因为天气不好。"

方坦负责这家门店已经有 10 年时间。她了解自己的客户："一年中有各种各样的游客到访我的门店。在夏天，会有很多巴西人和阿根廷人来店里。工作日来的顾客和周末来的顾客是两拨不同的人。在复活节、犹太新年等节日来的顾客很特别。当你在店里待久了之后，你就会知道这些情况。基于这些专业知识，你要经常改变门店的布局和商品展示方式。"

根据与当地专家的讨论，以及每件单品的全球销售数据，西班牙的设计师可以了解世界潮流趋势，并根据他们所掌握的客户偏好来设计系列产品。这样一来，每年就有 6.5 万件不同的新款服装问世，公司可以每周向门店发送两次新品。

印地纺的领导者对时尚界持有两个基本信念，这两个信念体现了他们的全球本土化思维。第一个信念是"客户永远是对的"。虽然设计师为自己的能力和作品感到自豪，但他们需要谦虚地接受客户的意见，无论是哪个地方的顾客，他们所说的都是事实。第二个信念是"在东京畅销的新品，在纽约、巴黎或伦敦等地也都会畅销"。这一点能让你在满足当地数百万顾客时尚偏好的过程中获得规模效益。

要调和所有这些领导力悖论看起来令人望而却步，虽然你可能会对其中几项感到自信和轻松，但其他人可能会觉得困难重重（详见"6个领导力悖论的重要性和领导者之间最大的差距"栏目）。不过，没有人需要你完美地调和所有这些悖论。当你从这些领导力悖论的角度来审视你自己和你的团队时，你很可能会发现你在某些方面是独一无二的，在其他方面却存在局限性。而领导团队内可能有一些成员具备相应的互补技能，可以填补你的局限性。领导者们会发现，要成为一名卓有成就的领导者和组织的变革者，不可避免地需要在某些方面提升自己。

How Great Leaders Transform Their Organizations and Shape the Future

BEYOND DIGITAL

**6个领导力悖论的重要性和领导者之间最大的差距**

思略特在2021年春季对来自不同地区和行业的500多名参与者进行了一项调查，以了解对企业未来成功最重要的领导力特质，以及组织的高层领导者在这些特质上的具体表现。结果验证了我们为撰写本书所做的研究取得的成果，以及我们多年来在客户与领导者合作中的观察所得。

事实上，绝大多数受访者认为，领导力的6个悖论和12项特质中的每一项对企业的成功都很重要。"深谋远虑的执行达人"是受访者认为最重要的悖论，96%的受访者认为"深谋远虑"和"执行达人"对企业未来成功都很重要或非常关键。紧随其后的是"精通技术的情商高手"（90%）、"德才兼备的政治大家"（84%）和"谦卑低调的高光英雄"（83%）。在多个地区开展业务的企业，对"放眼全球的本地专家"悖论的重要性给予了更高评价。在多个地区经营主要业务的企业受访者中，82%的人认为"放眼全球"和"本地专家"对成功至关重要；而对于只在一个地区运营的企业受访者，这一比例为67%。"秉承传统的创新先锋"是一个有趣的悖论，受访者普遍认为"创新先锋"比"秉承传统"更重要，但仍有71%的受访者认为这两者对企业成功都很重要或关键。

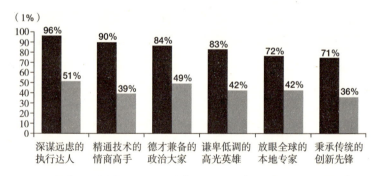

■ 相关性：认为悖论的正反两个特质对企业未来成功都很重要的受访者占比

■ 精通度：认为企业高层领导者在悖论的正反两个特质方面都很出色或达到业内一流的受访者占比

**图7-1　6个领导力悖论的重要性和精通度**
资料来源：思略特2021年对515名参与者的调查分析

当谈到领导者对这些特质的精通度时，调查结果显示出一些明显的差距。对于构成悖论的两个特质，半数或超过半数的受访者认为，他们企业内的高层领导者在其中一个或两个特质上表现欠佳。这一差距在"秉承传统的创新先锋"（只有 36% 的受访者认为领导者在这两个特质上都很出色或达到业内一流）和"精通技术的情商高手"（39%）方面是最明显的，而在"放眼全球的本地专家"（42%）、"谦卑低调的高光英雄"（42%）、"德才兼备的政治大家"（49%）和"深谋远虑的执行达人"（51%）方面差距依然非常明显。

## 重塑你自己和下一代领导者

如果你已经是位领导者，你就会知道时间是最稀缺的资源之一。你每天都在"救火"，但仍必须抽出时间来思考企业该如何定位以实现长期成功，同时安排所需的转型工作，并随时掌握执行情况。很少有高管能有足够的时间和适当的心态来反思自己的领导风格，以及他们需要如何发展自身的领导力。然而，在我们的研究中，那些成功的领导者都充分意识到，他们必须为自己的个人发展而努力。

你如何开始自己的成长之旅，并培养自己，使自己具备企业所需要的领导力特质？在此过程中，应该如何从公司或更广泛的角度重新思考你要培养哪些方面的领导力？毕竟，领导力不仅对你自己很重要，对你现在的团队和企业的下一代领导团队来说也至关重要，因为他们会在你离开后很长一段时间里继续推进你开启的转型工作。

**你要做的第一步是确定对企业发展最重要的领导力特质。**我们在上文描述的 6 个悖论都很重要，但根据企业的战略和具体出发点，发展有些领导力特质会比其他特质更加紧迫。

我们想提供一些在与领导者打交道时经常使用的原则，这些原则或许可以帮助你规划自己的领导力提升路径：

1.  保持敏锐的自我意识。你需要诚实地与自己对话，了解自己的优势和劣势。你也许对自己的立场已有客观真实的认知，但也一定要听取其他人的反馈，这些反馈可能来自你的导师、老板、同事、团队成员、朋友或者家人。你可以使用我们的在线诊断工具，它简单易用，有助于你将自己认为最重要的方面与自身最大的差距进行比较。你可以以这个评估结果开启你与同事或导师的对话，帮助你制订自己专属的领导力提升计划。

2.  利用你的长处来克服缺点。如果你很自律但不是特别有创造力，利用你的自律来留出一些休息时间，让自己投入一些富有创造性的活动中。如果你很有条理但在管理内部关系方面存在困难，那就制订一份关系地图和关系管理计划，并采用你验证过的确实行之有效的方法来贯彻执行。

3.  向那些与自己跟不同的人学习。虽然很多人觉得和与自己相似的人交流感觉十分轻松自在，但自己不同的人身上有更多东西值得学习。寻找那些在你所不擅长的领域表现出色的人，观察和借鉴他们的思考和行为模式，形成适合自己的学习、模仿及适应变化的方法。

4.  获取实践经验。领导力悖论的各项特质只有通过实践才能培养，让自己置身于能够尝试和学习新行为的环境中，有许多机会会让你不得不走出自己的舒适区，最好的学习方式就是在实践中学习。

　　表 7-1 以建立驾驭 6 个领导力悖论所必需的知识和思维方式强调了领导者可以采取的一些措施。这并非完整清单，而是一系列供你参考的想法，希望可以让你在制定个人发展计划时激发更多想法。

表 7-1　6 个领导力悖论的典型发展措施

| 领导力悖论 | 建立知识和经验的典型措施 | 发展心态和信仰体系的典型措施 |
|---|---|---|
| 深谋远虑的执行达人 | ● 扭转经营状况<br>● 担任战略决策角色（比如首席战略官）<br>● 管理本地运营或市场<br>● 在初创公司工作 | ● 寻找导师和你一起制订并支持你完成个人发展计划<br>● 跳出自己的舒适区以寻求挑战（比如参加公共演讲、运动、冒险计划） |
| 精通技术的情商高手 | ● 到一家科技公司（比如生态合作伙伴）或技术部门工作<br>● 为非营利组织工作<br>● 参加网络课程，积累新领域的知识 | ● 从事一些非领导岗位的工作，比如进行志愿服务和社区服务<br>● 与那些能在你不了解的领域向你传授经验的人建立反向指导关系 |
| 德才兼备的政治大家 | ● 参加并购交易<br>● 支持并购后整合<br>● 参与客户谈判<br>● 与生态合作伙伴一起工作 | ● 把照顾好自己放在首位<br>● 要求人们针对自己的特定行为提供反馈，并乐于接受这些反馈（来自同事、配偶、朋友等） |
| 谦卑低调的高光英雄 | ● 领导一家你不了解的企业<br>● 领导成本改善计划，并解决难以权衡的问题<br>● 扮演扭转局面的角色 | ● 通过思考环境和社会问题，拓宽你对影响世界的问题的理解；与来自不同背景的朋友和同事交流，了解他们的社会经历和世界观<br>● 学习一种新语言<br>● 通过美食了解新文化 |
| 秉承传统的创新先锋 | ● 考察创业公司<br>● 识别你所在组织的真正差异化因素 | |
| 放眼全球的本地专家 | ● 获得在海外的本地化工作经验（在不同的国家生活，而不仅仅是领导那个国家的员工）<br>● 走出外籍人士社群，加入当地社团<br>● 领导全球能力团队 | |

　　图 7-2 这份工作表供你参考，我们希望这些示例可以引导你制订自己的发展计划，当然你的发展计划肯定会跟这份实例有所不同。

| 为了让企业在数字时代取得成功,你需要:<br>• 反思价值创造之道,畅想定位;<br>• 拥抱生态网络体系,共创价值;<br>• 紧贴客户真实需求,深入洞察;<br>• 建设结果导向组织,打破孤岛;<br>• 转变领导团队重心,同心协力;<br>• 再造员工社会契约,赋能一线;<br>• 颠覆自身领导方式,兼收并蓄。 | 具有看似矛盾的特质的新型领导者 | 悖论对于你取得成功的重要性(高、中、低) | 你对这个悖论的精通度(高、中、低) | 建立知识和经验的方法 | 发展心态和信念系统的措施 |
|---|---|---|---|---|---|
| | 深谋远虑的执行达人 | | | | |
| | 精通技术的情商高手 | | | | |
| | 德才兼备的政治大家 | | | | |
| | 谦卑低调的高光英雄 | | | | |
| | 秉承传统的创新先锋 | | | | |
| | 放眼全球的本地专家 | | | | |

图 7-2　个人发展计划工作表

无论你手头的工作事项优先级多高或多么紧迫,你都需要为自身的发展投入大量精力和时间,领导力发展一直都很重要。毕竟,领导者不是超人,优势与不足是我们所有人与生俱来的组成部分。但是考虑到你需要带领企业完成的转型的规模和性质,你身上的不足之处可能会严重阻碍企业转型。

**你的自身发展是企业取得成功的关键。你需要把自己的个人发展放在首要位置。你不仅要为自己着想,也要为你领导的企业以及员工着想。**

# 中国企业领导者如何完成领导力转型

——鲁 可

普华永道中国人才和组织咨询服务合伙人

## 中国企业领导者的独特挑战与解决思路

　　在数字经济时代，中国企业面临着来自政策、技术、市场、消费者各方面变化交织所形成的变革压力。对外，领导者需要思考如何应对外部世界的新要求，如何调整企业定位，如何真正做到以客户为中心、把握市场机遇，如何构筑生态环境以及与外部建立和谐的共生关系。对内，领导者需要思考如何打造不可替代的差异化竞争优势，如何打破部门或层级间的壁垒，促进协同以及对共同目标的关注，如何激发组织士气并为员工赋能。就像给行驶中的汽车更换轮胎，领导者需要推动企业不断变革创新以把握新的市场机遇，同时还要保持业务高质量成长，这对中国企业的领导者在理念与眼界、方向把控、技术悟性、创新力、生态组织力、敏捷执行力等方面提出了极高要求。

在超越数字化时代，成功的领导者所需发展和平衡的 6 个领导力悖论中，扎根于中国的企业领导者们表现出一些普遍存在的特征，以及由此带来的领导力转型方面的独特挑战。

**第一，传统企业领导者更多专注于日常事务性工作，执行力强而战略力相对较弱**。过去，国内企业要在快速增长的市场中取得成功，对市场需求的灵活判断和快速反应是必备能力，这就要求领导者将主要精力放在解决当下供需矛盾、资源矛盾等日常经营管理工作上。当数字化转型对领导者的全局视野、战略制定能力提出更高要求时，这方面的短板就容易显露出来。

领导者们需要注意到，当战略方向发生偏移时，执行力越强，后果越糟糕。尤其是在不可以预测的未来，企业外部环境的不确定性还将加剧，考虑到企业领导者对产业未来战略要素的理解将对企业目前的决策产生决定性影响，领导者视野的广度、在愿景和战略方面的前瞻性，以及对战略和执行的平衡等方面的能力需要获得足够的重视。

**第二，生态网络方面，中国传统企业的领导者们在构建跨组织边界的信任与协同方面存在短板**。在后数字化时代，称职的领导者需要为目标各异、利益可能存在分歧的内外部相关方找到方法达成共识，并在共同前进的过程中保持高度的诚信和契约精神。企业做出长期合作决策通常相当谨慎，只有在基于法律和契约精神构建起来的充满信任的生态环境下，利益相关方才有可能对长期、深入的协同合作进行投资，从而在生态系统内产生突破性的成果和共同收益。

　　尽管目前中国企业领导者们的职业化程度、契约精神都在不断提升，但整体而言，相比企业数字化转型的要求仍有不小的差距。在中国传统社会文化下成长起来的企业家往往以血缘、地缘等为纽带，以共同的价值观和人生信条为基础，在小群体内彼此信任、信守承诺。但生态伙伴往往超出小群体的控制和指挥范围，其目标和价值观可能也较为多元化，领导者必须理解、兼顾相关方诉求，通过求同存异、平等合作、相互扶持达成互惠互利，才能真正发挥出生态网络低成本、强大的资源调配、应对复杂性问题等方面的优势，共同实现总价值最大化。

　　**第三，中国企业领导者普遍可以做到抱持初心，但在推动企业创新方面往往不容易坚持。**国内企业普遍对创新有期待，但领导者对于构建一个支持创新的内部环境所需要做出的改变和可能付出的代价往往心存疑虑。领导者对于企业文化的影响力是决定性的，只有领导者愿意并且找到方法创造一种具有本企业特色的、勇于创新、鼓励冒险、容忍失败的学习成长的企业文化，辅以有效的创新制度和激励手段，创新才会真正发生。

　　企业领导者们必须认识到创新是企业发展之路上无法回避的命题。创新关乎企业是否还有未来，是否能寻找到第二、第三增长曲线，是否能突破与目前的经营管理实际需要脱节的传统理念和观点的束缚，实现面向未来的新型经营管理方式的转变。构建创新型环境需要在企业内部建立和发展符合转型需求的理念、价值观和态度，唤起员工的主动性和责任感，鼓励产生涉及企业效率与职能发展进步方面的观点和变化，即便这些变化通常意味着与常规和传统行为之间的冲突。企业领导者需要尊重员工实现自我价值的意愿，培养员工的参与意识和独立意识，给予他们充分的信任与授权，接受并容忍相当一段时间内创新在投入和产出上的不确定性。

　　**第四，技术型领导者往往倾向于低估人的作用，管理型领导者倾向于低估技术的作用。**技术与管理属于两个不同的专业门类。技术型领导者通常具备深厚的技术功底与强烈的工程师文化认同，追求技术上的卓越，带领企业从技术角度思考和解决问题。管理型领导者擅长从人的角度思考和解决现实问题，理解利益相关方的愿望与诉求，深谙组织中的相关方在特定情境下的有效性与局限性。

　　在技术的战略重要性不断凸显的当今，技术型领导者除了需要解决如何通过技术实现业务战略的问题之外，还必须持续深入研究技术，并推动整个领导团队不断在战略上做出调整。换言之，技术型领导者必须积极参与到战略决策中去，必须帮助和影响其他高管在技术趋势上做出正确判断。此外，技术最终是由人来使用，技术型领导者需要重视人的问题，积极推动员工、伙伴和客户加强对技术的理解与信心，通过共识驱动产生转型所需的行为，最终通过技术的落地创造成功。

　　管理型领导者则需要理解技术的战略重要性，技术不再仅仅只是实现战略目标的工具，技术本身就是关键战略要素。为了带领企业走向正确的战略方向，管理型领导者需要培养自身的技术悟性，需要理解技术能做什么，对企业的未来有何影响，对企业开展各类变革、创新有何作用。通过与技术型领导者保持高频交流，通过信息搜集与解读、培训，积极将技术成果应用到业务中，或通过与上下游产学研及咨询等专业机构加深日常知识合作等，即便是没有技术背景的管理型领导者也可以快速成长为具备高度技术敏感性的转型领袖。

第五，领导者从企业内部某个业务领域的领袖角色转向内外部协作的参与者和组织者角色，理念意识和能力转换面临巨大挑战。中国企业的领导者通常是在某一方面取得卓越成功或做出巨大贡献的英雄式人物，因此他们才能坐上领导者的位置。但后数字化时代一家企业难以靠提供单一价值在市场中立足，领导者必须更多地参与跨领域的协同，更多地联结组织边界以外的伙伴和群体共同交付综合价值。领导者们不得不突破自己的舒适区，在此前不擅长的领域寻求助力、谋求成功，而领域的扩张可能会暴露领导者能力上的不足、带来观念的碰撞与行事方式的冲突。

不论是中国企业还是发达国家的企业，没有一位领导者会具备推动企业转型所需要的全部能力。领导者一方面必须接受自身还需要不断快速成长的现实，对这个高度不确定性的世界保持好奇心，持续进行高强度、开放性的学习；另一方面需要评估企业转型所欠缺的领导团队能力，通过针对性招募或培养人才填补缺口。

第六，总体来讲，传统企业领导者在全球化理念与实践经验方面引进模仿多，真正吸收全球化经营的原理、内涵、逻辑而开展的本地化原创不足。在企业高速增长、粗放式经营的阶段，通过引进模仿海外标杆企业的经验与实践通常可以有效降低试错成本、快速扩大业务规模。但近年来随着中国各主要产业价值链区域化、全球化联结程度不断加深，消费者获取全球资讯越来越便捷，本地化市场开始与区域和全球市场同频共振，中国企业在全球竞争中依靠引进模仿无法超越对手获得竞争优势与独特价值。领导者必须改变此前的模仿思路，培养企业多元文化及视角，以及在特定情境下可以切换的多维思维方式，理解这些成功实践背后的思想与原理、逻辑与必要条件、风险及关键控制点，并能结合各本地化市场的实际情况，创造性地为我所用。

先有本地化才有国际化。成功的区域化与全球化经营奠基于一个又一个本地化市场的成功。企业领导者必须具备全球视野，时刻关注战略要素的变化对各本地市场的影响，同时必须脚踏实地，通过全球资源调配与联合创新致力于在各个本地市场获得成功。

## 小结

企业的领导者是企业的灵魂和砥柱，领导者自身能否根据企业升级转型的具体要求拓展和提升自身能力，决定了企业是否能被引导到正确的方向、以正确的方式开启转型之路。**在后数字化时代，带领中国企业走向成功的领导者，其能力规划的关键词将是"全面"与"平衡"。** 领导者应首先意识到自身能力的拓展对企业成功转型的重要性和必要性，根据企业转型要求进行针对性规划，并优先聚焦构建当下亟需的能力。

# BEYOND DIGITAL

## 结　语

### 加速企业的成功之路

种一棵树最佳的时机是 20 年前，其次是现在。

——中国谚语

　　此时此刻，我们希望你能被前路上的机遇所鼓舞，并认识到在通往不同价值创造水平的道路上，可能存在着明显的鸿沟。我们列出的 7 大领导力要务和 12 个案例为企业转型提供了路线图，希望能给你带来信心，让你相信自己也一样可以做到，让你的企业在超越数字化的世界中拥有一席之地。与此同时，我们认识到，7 大领导力要务也许会让人感到招架不住。虽然在正常的业务过程中对每一项要务单独管理的难度不大，但如果要全部或部分同时执行，企业将要持续付出不懈的巨大努力。有一点毋庸置疑：**你创造价值的方式不会在一夜之间发生转变，而是需要历经多年才能完成。**

　　所有统计数据都表明，大规模的转型计划最终往往无法兑现承诺。由于人们觉得未来的不确定性太高，那些旨在改变企业方向的重大决策会被弱化；转型选择需要进行风险对冲。短期经营业绩压力往往会转移到对长期业绩的关注和资金投入。考虑到剩余任期长短，高管有时会选择推迟转型行动。传统业务一直占用企业大量的精力和资源。企业在过往各种转型举措的重压下苦苦挣扎，转型结果令人失望。

那么，你要如何在别人失败的地方获得成功呢？

你需要回答一系列问题：你相信自己所描绘的未来吗？你会让你的团队和组织负责实现这样的未来吗？你是打算冲破将要面临的挑战，还是任由它们拖累你？你是准备加速转型，还是放慢速度退回到渐进式改革？

对你来说，最重要的任务是具备 7 大领导力要务中每一项所需的决断力和诚实品质。如果你从一开始就采取妥协态度，这就相当于发出一个信号，自此你尝试做出的任何努力都会有所削弱。

所以，我们在此提供若干机制，可以帮助你坚持前行，直至到达既定的目的地。

## 遵循可靠路径的机制

根据我们的经验，当企业开始转型时，领导者们往往很可能将注意力集中在感觉非常紧迫的领域，比如追赶竞争对手推出新的产品或服务的步伐。但是这种紧迫感并不足以为你长期坚持下去提供支撑，一系列相互孤立的举措也无法确保你达成预期目标。

你需要先退后一步，按照你的方式推动 7 大领导力要务：重新畅想企业定位、拥抱生态体系、获取独到洞察、建设组织结构、转变领导团队、再造员工社会契约，以及颠覆自身领导风格。虽然你可以分阶段执行这 7 大要务，但必须清楚，它们是作为一个整体出现的。只执行其中一两项很可能会功亏一篑，甚至会遭受更多不必要的阻碍。

**7 大要务必须连贯执行。**如果你不让员工参与进来并改变组织他们工作的方式，就不能指望企业会以新的方式运作。你不能寄希望于领导者承担更多工作或企业在一夜之间做出改变，你必须先重新定位领导团队。你还需要定义企业在市场中的定位，以及企业该如何适应生态系统中的其他相关方，在你做决定的时候，别人可不会按兵不动。

**在初始阶段，你对 7 大要务了解得越清楚，就会越明白企业的成功真正需要的是什么，也就会更有动力向前迈进。**但你和你的团队必须诚实地面对企业领导者自身与这 7 大要务的每一项要求存在的差距。我们在研究和客户调查过程中发现，缺乏这种坦诚正是导致企业失败的最大原因之一。

在这里借用我们的同事加里·尼尔森[①]（Gary Neilson）的一句话。他说，在转型过程中，"忘掉过去"至关重要。[1]我们必须让所有高管清楚地了解成功所需的资源与能力，而不是考虑为什么他们之前没有弥补自己与成功之间的差距。如果差距列表很长，那就顺其自然。你会有时间去理清这些差距的顺序、确定优先级、权衡取舍。但你不能一开始就目光短浅，认为真正的差距要么根本不存在，要么可以被轻松弥补，这既说服不了自己，也说服不了别人。

---

[①]　《结果》（*Results*）一书的合著者。

即便你秉持良好的初衷、真诚和热情，在转型过程中也有可能犯错，所以我们邀请了我们研究的这些领导团队分享他们在转型过程中吸取的经验教训。虽然每个团队的经验教训会略有差别，但共同点也很明显，并且极具启发性。以下是你在采取下一步措施时需要考虑的主要经验教训。

**第一，在转型要务上与董事会合作。**对领导者来说，进行转型存在很大风险。如果对市场的一些假设存在误判该怎么办？如果短期业绩受到太大冲击该怎么办？如果组织没有能力达到转型目标又该怎么办？

在我们的采访过程中，很多首席执行官表示，他们取得成功的关键是，在创造价值的方式、寻求实现的目标，以及相关领导力要务等问题上，提前与董事会沟通。董事会往往对企业有较长远的看法，很可能正在考虑同样的问题。他们也可能会受到外界的压力，或向管理层施加压力，要求进行某种形式的转型。在与董事会对话时，你会希望将讨论重点放在你的愿景、当前的运营模式所面临的挑战和可能的替代方案、组织的能力，以及通过转型可以实现的目标等方面。

几乎所有受访的领导者都强调在整个过程中保持目标一致的重要性，尤其是在面临挑战的时候。有些情况下董事会会调整自身结构以引入新的见解和活力；有些情况下，每次董事会会议都以回顾企业转型进展开始，这有助于企业领导者获得董事会的关注和支持。无论采用何种机制，向董事会清晰阐明目标及实现目标的路径，是推动企业变革、让变革稳定持续下去的关键。

**第二，让关键股东参与进来。**这有助于为转型创造空间，尤其是存在短期痛点与长期成功等利益权衡取舍的情况下。帮助这些股东了解你将要解决的重大问题、为什么必须由你来解决这个问题、你将如何实现目标、转型和不转型存在什么风险，以及预期对公司业绩会产生何等重大的影响等问题。在部分案例中，有些首席执行官和首席财务官告诉我们，在向股东分享转型计划时，通过介绍转型所需的时间、涉及的不确定性和所需付出的大量努力，他们会创造出一种额外的、意想不到的变革驱动力。高管们原以为自己可能会因为忽略季度收益而受到批评，但他们发现，关键股东同样会受到大胆变革的激励，即使这么做会伴随着更高的风险，而且关键股东也同样不希望企业为了当前利益而牺牲未来的发展机会。转型对股东来说很重要，他们希望企业立刻采取行动，以确保在未来取得成功。

第三，优先考虑客户。你在市场中的定位、你对客户及最终用户的独有洞察、你在生态系统中所扮演的角色，这些都与为你的客户创造价值息息相关。解决实际的客户问题和满足客户需求是进行任何转型的原因和目的所在。因此，将你的变革努力锚定在客户身上是创造动力的最佳方式。这会让包括员工、领导者、股东、生态合作伙伴在内的每个人都感到振奋，当然还有客户自己。在你开始规划如何通过实施新技术来降本增效之前，请将精力集中在如何提升差异化能力上，这是你如何为客户创造价值的核心。围绕直接触达客户的问题的解决方案以及面向客户提供服务的一线工作，打造你的数字化目标。这些一线工作通常可以发现创造新价值的机会，并促成相应的行动。让员工看到企业如何通过为客户创造差异化价值来赢得市场竞争的胜利，比公司内部采取"增加营收"或"占领市场份额"的公司目标，在激励员工做出改变方面更为有效。在那些接受采访的领导团队中，虽然有一部分在开始转型时专注于解决内部挑战，但他们也强调锚定客户的重要性，因为这对于赢得市场有着实实在在的影响。

第四，关注能力和结果，而非数字化举措。你构建的大多数差异化能力将不可避免地需要用到一些技术。你需要为每项差异化能力可能带来的成果制定蓝图，详细列明必须做出改变的每个要素，包括数据、系统、员工和流程。当你进行数字化转型时，不要在新系统上线或工具投入使用后就马上宣告胜利，因为在优化工作流程和提高员工技能方面还有很多事情要做。围绕你寻求实现的最终结果来设定目标，比如提升客户服务、提高预测准确性、改善业务可预测性等，可促使整个团队专注于交付这些结果，而不是仅仅因为一项技术的应用就宣告胜利。关注结果还有助于让你的投资得到适当引导，让你的跨职能团队有共同的责任感，从而确保投资取得成功。

**第五，从一开始就对你的员工进行投资。**7 大领导力要务极其强调企业领导者和员工的转型参与度。受访领导团队几乎一致认同让员工参与推动变革的重要性。然而，员工参与的话题被提及的时间通常较晚，甚至在委派的"变革管理"工作中被忽略掉了。虽然领导者最初的想法可能是更多地专注于开发新的数字解决方案和创建新的业务线，但这些往往无法迅速提升差异化能力以提供竞争优势。与此同时，员工也在寻求改变，通过激励他们实现你的企业新目标，可以带来丰厚的回报，并消除员工认为变革会让他们落后的心理焦虑。

在企业未来发展过程中，帮助员工进行转型，可以创造出能够让企业变革自我驱动的动力。事实上，在我们的采访中，成功的高管们都强调要让员工知道自己受到重视，并表示要帮助员工建立他们的数字敏感性、技能和适应能力，这比投资数百万美元开发新的解决方案更有价值。新的解决方案、与客户合作的新方法，以及创造显著增量价值的新方法，只有在企业准备好向前发展时才能有效扩大动作规模。事实上，一些领导者认为，赋予员工发展新技能的权力，会带来新的解决方案和工作方式，否则企业将需要花费更长的时间和更多的成本。对你的员工和生态系统进行投资，使其能够尽早成为变革驱动力，是构建未来竞争优势的催化剂。

企业的领导者也是企业的员工，拥有合适的领导者和合适的领导团队来管理企业未来转型至关重要。你必须有合适的领导者，有正确的集体努力心态，因为我们所看到的任何成功的转型都不是个人主义行为的结果；你还必须建立适当的机制，为领导团队留出空间来推动所有变革。否则，你很难取得成功。

**第六，区分新旧业务。**同一个团队可能无法同时做到维护传统业务和开拓新业务。因此，有些企业采用了一种区分新旧业务的运营模式。

这种运营模式可以采取多种形式实现。有些企业设立了两个独立的团队：一个团队负责研究如何最大限度地利用传统业务，如何维持可观的现金产出，以及在可能情况下如何将该业务出售；另一个团队则专注于如何发展新业务，如何构建企业所需的差异化能力，如何在新的生态系统中创造价值。还有一些企业则选择剥离或出售非核心业务。虽然方法可能不同，但目标一致：即企业在发展新业务的同时，不要受太多传统业务遗留问题的阻碍。

我们研究的企业和领导团队都强调，要让新模式按照自己的规则逻辑蓬勃发展。使用旧的组织结构、绩效指标和机制体系来约束新的商业模式和解决方案，注定会失败。从传统业务中汲取能力固然有帮助，但是成功所需的新思维和新运营方法无法在传统模式中获得。企业构建新的运营模式是十分必要的，这让企业变革可以随着时间推移逐步进行，以实现从传统到未来的稳定过渡。正如如果不将传统业务剥离给花旗控股，花旗集团将无法开拓新的银行业务一样，如果 STC 支付公司与其母公司的关联太过密切，它就无法做到在新业务上灵活机动、反应迅速。

其他一些企业甚至在区分新旧业务模式上更进一步。这些企业通过有重大意义的事件触发连锁反应，发出了与过去决裂并专注于未来的明确信号。这些变化促使企业内部和外部利益相关方对长期以来关于如何创造价值的信念提出质疑。飞利浦公司剥离基础照明业务，专注于医疗保健转型，或许是企业宣布与过去决裂的最鲜明的例证之一。这是非常明显的标志性变革事件，它引发了公司内部和投资者之间关于"如何变革才能取得成功"的全新对话，激发了变革能量。这一变革改变了员工对公司的旧有看法，并使员工对未来产生了新的关注。

无论选择何种变革机制，我们都会得到深刻的经验教训，那就是尽早采取行动，将新旧业务和商业模式分离开来。受访者们都不希望自己在识别和扩大新业务方向上花费过多时间。清晰快速的突破本身会产生变革动力，但这并不意味着可以不尊重、不重视甚至认为过去的经验不值得利用。传统业务有其宝贵之处，但新业务无法在其阴影下茁壮成长。

渴望塑造未来是商业领导者的特质之一。避免渐进主义才是真正需要领导力之处。你已经知道自己肩负着巨大责任，你可以有机会做大多数人无法做到的事情：**为企业创造一个有意义的未来，从根本上解决一个客户挑战或社会问题，并坚持到底。**

有时候，也许你自己会觉得，或者听到别人对你说，"我们做不到""这不适合我们""我们已经成功了""我们有个计划"等，还有很多其他鼓动渐进式改革的言论。我们知道这时你会想起那些出色的企业转型故事，也会想起在决定转型的那个时刻，你是多么迫切希望帮助同行看到超越数字化世界的潜力。

你能为自己、企业和我们其他人留下些什么，这一切都取决于此。

# 纯音模式

为了帮助你思考为客户及客户的客户增加价值的潜在方式,我们在下面列出了一组创造价值的常用战略原型,我们称之为"纯音模式"。这些通常是企业最终价值主张的关键元素,可以帮助你了解这样的价值主张是否适用于你的企业。

近年来,有些纯音模式变得更加流行,例如平台提供者和体验提供者;其他的则变得不合时宜,例如品类领导者或整合者。表 A-1 总结了我们在研究中发现的纯音模式,列举了一些展现这些模式的企业,并讨论了数字时代中新的竞争动态如何影响着这些模式。当你开始为企业确定在市场中的定位时,可以将这份列表作为起点。

表 A-1　纯粹模式列表

| 纯粹模式 | 定义 | 范例 | 在超越数字化时代的演变 |
|---|---|---|---|
| 聚合者 | 提供简单方便的一站式购物 | ·亚马逊<br>·易趣<br>·爱彼迎<br>·旅行社<br>·固安捷 | 变化：数字时代让聚合变得更容易，也更有价值，但聚合者通常也需要提供其他服务，特别是关于内容和产品的管理，以帮助客户理解其提供的所有产品 |
| 品类领导 | 保持在某一类别的最高市场份额，并利用这一地位塑造市场和影响下游渠道及上游供应市场，获得影响力和客户忠诚度 | ·可口可乐<br>·菲多利<br>·英特尔<br>·欧莱雅<br>·星巴克<br>·沃尔玛 | 重要性下降：在超越数字化的时代，仅凭规模竞争已无法成为一种竞争力之外，除了对某一行业产生影响力之外，企业往往还需要在更多方面实现差异化，除非是进入需要非常高的领域比如如受到如政府影响的领域 |
| 整合者 | 通过收购来主导某个行业，即"整合行业"，为消费者提供价值利益或支持访问某一平台，获得利益或其他情况下无法获取的产品及服务 | ·丹纳赫<br>·通用电气 | 重要性下降：这种整合的方式本身并不能立即为用户提供价值。在摩擦越来越小的环境中，合作障碍降低，企业不必非要通过收购来累积规模，仅仅通过大的价值主张，创造经济效益并不能实现强大的价值主张，但这种战略可能是以客户为中心的运作方式的一个组成部分，企业需要扩大规模，或是产生协同效应，从而真正实现差异化 |
| 定制者 | 利用洞察和市场情报提供量身定制的产品或服务 | ·汉堡王（"我选我味"营销活动）<br>·按照订单生产电子设备和计算机系统的公司<br>·印地纺 | 重要性增加：客户期望他们的需求能够在更细化的层次上得到满足，技术使企业能够以较小规模获得较高的生产利润 |

续表

| 纯在模式 | 定义 | 范例 | 在超越数字化时代的演变 |
|---|---|---|---|
| 脱媒者 | 帮助客户绕过无法触及或更昂贵的分销渠道部分，获取在其他情况下无法获取的产品及服务 | ·优步（取消居间调度员和出租车牌照）<br>·位智（取消居间地图制作商） | 重要性增加：技术使参与者能够直接展开合作，而这在以前需要有中间人进行操作 |
| 体验提供者 | 通过强大的品牌或体验，创造乐趣、参与度和情感依恋 | ·苹果<br>·以设计为基础或具有特色价值主张的连锁酒店<br>·跑车制造商<br>·星巴克 | 重要性增加：如今，客户体验十分重要，以至于有时似乎每家企业都必须拥有体验。对于那些选择以某种方式竞争制胜的公司，客户的期望值非常高 |
| 快速跟随者 | 利用创新者奠定的基础，迅速推出竞争产品，通常具有更高价值或更广阔的消费者群体 | ·仿制药品制造商<br>·合歌（安卓系统）<br>·现代<br>·"山寨"（创新仿品制造商） | 重要性下降：这可能是那些选择作为低创新者的企业的常规操作，但本提供者参与竞争以解决客户对某种解决方案的要求日益提高，仅仅复制产品不足以带来差异化 |
| 创新者 | 向市场推出创意产品或服务 | ·苹果<br>·印地纺<br>·前沿生物技术公司<br>·宝洁 | 重要性不变：这种方式仍然非常相关。为了赢得胜利，创新者需要善于获取对客户的独有洞察，从而为他们的创新工作提供指导 |
| 集成者 | 将相关产品和服务进行捆绑销售 | ·总承包商将供应商提供的服务进行捆绑，交付新建或翻修房屋<br>·医院将医生、医疗服务及诊所整合到医疗保健系统中，为患者提供服务<br>·旅行社将航班、地面交通、医院、号游等服务以捆绑方式进行提供 | 重要性增加：通过将多个供应商的产品和服务捆绑，为客户提供一站式体验。集成者有时会在去中介化，但随任系列产品及服务方面会更加细化，指导和组合它们的创新操作，以简化最终客户的操作 |

**续表**

| 纯音模式 | 定义 | 范例 | 在超越数字化时代的演变 |
|---|---|---|---|
| 适配者 | 使多个生态系统参与者能够协作，为客户提供更高价值 | · 小松集团<br>· 医生网络，医生在其中相互转介患者 | 重要性增加：在不完全整合服务的情况下，通过更好地协调使各贡献者的工作，使生态系统为客户提供更多价值。与成本不同，适配者并不一定要捆绑产品和服务，以便更多地关注于协调个生态系统，以交付前所未有的全新解决方案 |
| 平台提供者 | 运营和监督共享的资源或基础设施 | · 亚马逊<br>· 脸书<br>· 微软<br>· 纽约证券交易所 | 重要性增加：许多生态系统由平台提供者推动。企业可以使用平台提供者来获取相关能力，而无须实际拥有这些能力 |
| 高端竞争者 | 提供高端产品或服务 | · 赫曼米勒<br>· 宝马等豪华汽车制造商<br>· 路易威登<br>· 丽思卡尔顿等高档连锁酒店 | 重要性下降：现在纯粹以高端竞争者的身份存在而不提供其他价值变得更加困难。高端竞争者越来越需要提供相关的体验或其他优势来继续保持差异化 |
| 监管应对者 | 通过在政府规则和监督范围内进行管理并监督其对其他提供者在客户提供的产品及服务方面无法获取的产品及服务 | · 健康保险公司<br>· 受监管的公用事业公司<br>· 中国海洋石油总公司（国有）<br>· 中国工商银行（国有）<br>· 某些贸易公司（三井） | 不变：这些参与者在不太开放的市场中仍然存续，并且甚出成长 |

**续表**

| 纯音模式 | 定义 | 范例 | 在超越数字化时代的演变 |
|---|---|---|---|
| 口碑注重者 | 作为值得信赖的产品提供者，收取额外费用或获得接触客户的特权 | ·开市客<br>·以诚信著称的金融服务公司<br>·塔塔集团<br>·第七世代<br>·沃尔沃（吉利汽车） | 不变：声誉和信任对于开拓客户以及企业获得独特洞察都非常重要 |
| 风险吸收者 | 为客户降低或集中市场风险 | ·大宗商品对冲基金<br>·新的混合医疗保健提供者—支付者，遵循凯撒医疗模式<br>·某些保险公司 | 不变：我们仍然需要风险吸收者来帮助其他人扩展创业或帮助他们应对不确定性 |
| 解决方案提供者 | 提供全面满足客户需求的捆绑产品及服务 | ·飞利浦<br>·日立<br>·微软 | 重要性增加：任何企业之间的电子商务公司间的直接面向消费者的参与者都必须考虑成为解决方案提供者。许多企业还将成为平台提供者，因为他们将不同的技术和实践结合在一起，包括来自客户甚至可能是竞争对手的技术和实践 |
| 平价竞争者 | 针对同类产品和服务，提供最低价格或巨大价值 | ·宜家<br>·捷蓝航空<br>·麦当劳<br>·瑞安航空<br>·西南航空<br>·沃尔玛 | 不变：成功的平价竞争者使用全套数字工具和技术，降低整个价值链的成本 |

　　企业通常不会只根据一种纯音模式来创造价值，他们往往混合多个纯音模式元素来构建成功的价值主张。以宜家为例，宜家是世界上最大的家居用品公司。毫无疑问，它是一个平价竞争者，致力于提供人们负担得起的家居用品。但宜家是独特零售氛围，如瑞典风格的餐厅、游乐场和儿童浴室的创造者，也是体验提供者。如果您看到企业采用不止一种纯音模式，不必大惊小怪。

时常有人问我们何以还有时间写书，并进行所有这些研究。事实上，我们在普华永道和思略特拥有许多杰出的同事，他们非常支持我们的工作，正是因为有了他们的协助，我们才能为领导者提供务实有效的建议。

我们也很幸运，多年来能够与很多优秀的客户合作。这些企业和个人做出有魄力的决策，经历了雄心勃勃的转型旅程，同时也激励着我们深入挖掘，针对他们所面临的一些关键机遇和挑战，找到更好的解决方案。

我们在著书过程中也得到了 12 家企业的积极配合。在此感谢 Adobe、花旗集团、克利夫兰诊所、礼来、日立、霍尼韦尔、印地纺、小松、微软、飞利浦、STC 支付和泰坦的领导团队（以及许多幕后团队的帮助），让我们有机会从他们的成功和挫折中学习，并与他人分享这些经验教训。有人可能会问："为什么他们愿意分享自己的成功秘诀？"我们认为其中一个原因是，他们知道世界上存在着许多挑战，还有许多问题有待解决，并希望以这种方式做出贡献。毕竟，成功不是零和博弈。

虽然这些企业提供了非常重要的信息来源，但所有研究均由一人主导。她要求研究保持高度的严谨性，并确保本书及相关系列文章符合标准。她就是我们的同事、普华永道总监纳迪亚·库比斯（Nadia Kubis）。纳迪亚非常聪明，也很善于合作，她坚持以准确、高效的方式开展研究，这项综合能力是其他许多人所不具备的。在形成具有深刻影响的思想领导力方面，她有着无与伦比的专业知识。我们非常幸运有她来主持本项目，这让一段充满挑战的经历变得非常有收获，且趣味十足。谢谢你，纳迪亚。

我们在撰写本书过程中，也得到很多其他人的帮助。感谢罗伯·诺顿（Rob Norton），他进行了早期研究，获得了重要认知，并为本书初稿提供诸多支持；感谢保罗·卡罗尔（Paul Carroll），他帮助我们完成了最终手稿的润色；感谢阿特·克莱纳（Art Kleiner），他给予了我们极好的指导；感谢汤姆·斯图尔特（Tom Stewart），他为我们提供了非常实用的建议，而他作为嘉宾出现，也使得本书内容更加丰富，让我们的工作也更加有趣。

我们的同事迈克·康诺利（Mike Connolly）推动我们开始这个项目。在我们的上一本书《让战略落地》出版一年后，迈克说："你们那本书写得太棒了，下一本书是什么？"他敦促我们专注于为正在进行变革的企业提供急需的建议。由此启动了我们的"数字时代的领导力"研究项目。谢谢您，迈克，从来不让我们"躺平"。

感谢鲍勃·佩西克（Bob Pethick）的支持，他主张将这种思想领导力付诸实践，并与约阿希姆·罗特林（Joachim Rotering）、艾伦·韦伯（Allen

Webb）和玛蒂娜·桑金（Martina Sangin）共同帮助推进这项工作。他们鼓励我们采用一种新的思想领导力模式，从"写一本书，接着写一系列的文章"，变成"写一系列的文章，然后出版一本书，这样你就能尽快把研究结果传递给高管人员"。这一方法非常有效，在《哈佛商业评论》中，"数字化不是数字转型"和"后疫情时代的 6 个领导力悖论"等文章的阅读量非常高。他们每个人都以不同的方式推动我们不断产生更好的想法，并形成文字予以发表。

感谢普华永道的领导层支持本项目，并看到其潜力。我们特别要感谢凯文·巴罗斯（Kevin Burrowes）、穆罕默德·坎迪（Mohamed Kande）、鲍勃·莫里茨（Bob Moritz）、蒂姆·瑞安（Tim Ryan）、马丁·斯科利奇（Martin Scholich）和布莱尔·谢泼德（Blair Sheppard），他们支持这项工作，共同兑现我们为改变社会做出改变的承诺。

普华永道拥有十分强大的合作伙伴关系，这一点通过合作伙伴的积极参与即可看出。他们阅读书稿，有些人甚至读了好几遍，并提出很好的观点，很多都是本书的有待改进之处，而这些正是我们需要了解的信息。感谢尼辛·本多尔（Nithin Bendore）、伊恩·卡恩（Ian Kahn）、丹·普里斯特（Dan Priest）和布莱尔·谢泼德（Blair Sheppard）。感谢安 – 丹尼斯·格雷奇（Ann-Denise Grech）给予宝贵的反馈。感谢奥拉夫·阿克（Olaf Acker）、丹尼兹·卡格拉（Deniz Caglar）、维奈·库托（Vinay Couto）、凯莉·杜阿尔特（Carrie Duarte）、彼得·加斯曼（Peter Gassmann）、保罗·盖纳（Paul Gaynor）、安·约翰斯顿（Ann Johnston）、穆罕默德·坎德（Mohamed Kande）、科尔姆·凯利（Colm Kelly）、科林·莱特（Colin Light）、斯科特·利肯斯（Scott Likens）、康奈尔·诺尔特（Cornel Nolte）、布汉·塞蒂（Bhushan Sethi）、马特·西格尔（Matt Siegel）和卡罗尔·斯图宾斯（Carol Stubbings），你们投入自己的专业知识和智慧，围绕本书涵盖的一些重要主题展开了富有启发性的讨论。

感谢杰拉德·阿道夫（Gerald Adolph）和德安妮·阿奎蕾（DeAnne Aguirre），两位在客户工作方面拥有丰富的经验。尽管已经退休，但他们不仅详细审阅书稿，而且还提供了非常用心的指导，使这本书从整体上变得更加完善。两位都是我们多年的导师，知道如何给予正确的反馈。虽然大家都已知晓，但我们依旧忍不住要赞叹：你们俩太棒了！

许多同事为我们的研究提供了很大帮助。感谢加里·阿尔奎斯特（Gary Ahlquist）、斯科特·布朗（Scott Brown）、西达尔特·多西（Siddharth Doshi）、丹·以利沙（Dan Elisha）、嘉德·哈吉（Jad Hajj）、戴夫·霍夫曼（Dave Hoffman）、岩岛泰三（Taizo Iwashima）、岸本吉行（Yoshiyuki Kishimoto）、鲍勃·隆恩（Bob Long）、查克·马克思（Chuck Marx）、艾莉森·迈克纳尼（Alison McNerney）、艾莉森·米勒（Alison Millar）、帕特里克·皮尤（Patrick Pugh）、尼萨·穆和麦德·谢里夫（Nissa Mohomed Shariff）、古佩特·辛格（Gurpreet Singh）、亚由美·苏达（Ayumi Suda）和安德鲁·缇平（Andrew Tipping），如果没有你们的帮助，研究是无法完成的。

我们还获得了优秀营销团队的大力支持，他们在本书的市场宣传方面投入诸多心力。感谢全球营销团队和世界各地许多优秀人士的帮助。特别感谢盖瑞·吉布森（Geri Gibson），他为本书的推广做出了重要贡献。

我们与哈佛商业评论出版社的合作始于十几年前，当时他们从我们有关能力的想法中看到了出版的潜力。他们一直是很好的合作伙伴，出版了我们的4本书。梅琳达·美利诺（Melinda Merino）从一开始就参与到我们的工作中来。这次，除了梅琳达之外，还有编辑凯文·埃弗斯（Kevin

Evers）。他们都非常积极、有思想、有建设性，是优秀的合作者。感谢萨利·阿什沃斯（Sally Ashworth）、阿基拉·巴拉苏巴拉曼尼晏（Akila Balasubramaniyan）、茱莉·德沃尔（Julie Devoll）、林赛·迪特里希（Lindsey Dietrich）、斯特凡妮·芬克斯（Stephani Finks）、布莱恩·高尔文（Brian Galvin）、埃里卡·海尔曼（Erika Heilman）、亚历山德拉·凯哈特（Alexandra Kephart）、茱莉亚·马格努森（Julia Magnuson）、艾拉·莫瑞斯（Ella morrisish）、埃里森·彼得（Allison Peter）、乔恩·希普利（Jon Shipley）和费利西亚·斯努萨斯（Felicia Sinusas）给予高度关注。感谢埃米·伯恩斯坦（Amy Bernstein）和萨拉·莫提（Sarah Moughty），他们在本书出版之前，将我们的一些想法积极地推向世界。

必须指出的是，本书以我们之前与哈佛商业评论出版社合做出版的 3 本书为基础，这些书都是与切萨雷·马伊纳尔迪（Cesare Mainardi）合著的。他在战略思维领域的远见以及战略咨询的实践，为《超越数字化》奠定了坚实基础。感谢您与我们进行了这么多年来的良好合作。

感谢辛迪·芬克（Cindy Funk）、伊冯娜·劳佩（Yvonne Lauppe）和马洛·麦克米兰－奥库阿迪多（Marlo McMillan-Okuadido），如果没有你们在办公室里提供支持，安排会议和工作，我们不可能顺利完成本书。

不过，最要感谢的是我们各自的家人。为了完成本书，我们经常工作到深夜，即便是周末也在与他人进行电话沟通。对此，我们的家人表现出非常大的耐心，他们从未抱怨，而是一路鼓励我们坚持前行。谢谢你们：Te、Cia 和 G. G.；梅雷迪思（Meredith）、普里扬卡（Priyanka）、埃里克（Alik）和阿马（Amma）。

## 引 言　塑造企业未来，推动成功转型的 **7** 大要务

1.　了解更多关于企业如何构建和利用差异化能力来创造可持续优势的信息，详见：
Paul Leinwand and Cesare Mainardi, with Art Kleiner, Strategy That Works:
How Winning Companies Close the Strategy-to-Execution Gap (Boston:
Harvard Business Review Press, 2016)。

2.　Shep Hyken, "Customer Loyalty and Retention Are in Decline," Forbes,
October 13, 2019.

3.　Business Roundtable, "Business Roundtable Redefines the Purpose of a
Corporation to Promote 'An Economy That Serves All Americans,'" August
19, 2019, www.businessroundtable.org/business-roundtable-redefines-the-
purpose-of-a-corporation-to-promote-an-economy-that-serves-all-americans.

4.  Ernest Hemingway, The Sun Also Rises (New York: Scribner, 1926).

5.  这段引文以及本研究中企业高管的其他引文都来自作者在 2018 年至 2021 年进行的访谈，时间截至 2021 年春季。

6.  "Inditex 1Q20 Sales Drop Limited to 44% Despite up to 88% of Stores Closed," Inditex .com, June 10, 2020, www.inditex.com/article?articleId=648065.

7.  了解更多关于这种方法背后的研究，详见：www.strategyand.pwc.com/gx/en/unique-solutions/capabilities-driven-strategy/approach.html。

## 01　反思价值创造之道，畅想定位

1.  www.philips.com/a-w/research/vision-and-mission.html.

2.  "Hitachi's Challenges," interview with Hiroaki Nakanishi in Diamond Harvard Business Review, July 2016, https://www.dhbr.net/articles/-/4325.

3.  Paul Leinwand and Cesare Mainardi, The Essential Advantage: How to Win with a Capabilities-Driven Strategy (Boston: Harvard Business Review Press, 2011).

4.  制胜权是一个重要概念，详见：Leinwand and Mainardi, The Essential Advantage. You can find an exercise that guides you through your right-to-win assessment at www.strategyand.pwc.com/gx/en/unique-solutions/capabilities-driven-strategy/right-to-win-exercise.html。

## 02　拥抱生态网络体系，共创价值

1.  "Komatsu Partners with Propeller," Modern Contractor Solutions, August 2018, mcsmag.com /komatsu-partners-with-propeller; "Japan's Komatsu Selects NVIDIA as Partner for Deploying AI to Create Safer, More Efficient

Construction Sites," NVIDIA press release, December 12, 2017; nvidianews.nvidia.com/news/japans-komatsu-selects-nvidia-as-partner-for-deploying-ai-to-create-safer-more-efficient-construction-sites; "Komatsu Partners with Advantech for AIoT Heavy Duty Construction Equipment," Advantech website, April 1, 2020, www .advantech.com/resources/case-study/komatsu-partners-with-advantech-for-aiot-heavy-duty-construction-equipment;Patrick Cozzi, "Cesium and Komatsu Partner on Smart Construction Digital Twin," Cesium.com, March 10, 2020, www.cesium.com/blog/2020/03/10/smart-construction/.

2. "The History of Smart Construction," Komatsu website, October 16, 2019, www.komatsu.eu/en/news/the-history-of-smart-construction; "Everyday Drone Survey," Komatsu website, https://smartconstruction.komatsu/catalog_en/construction/everyday_drone.html.

3. "Realizing the Safe, Highly Productive and Clean Worksite of the Future: Launch of 'Smart Construction Digital Transformation,'" Komatsu website, March 10, 2020, home.komatsu/en/press /2020/management/12053541840.html.

4. "Patient First: How Karolinska University Hospital Is Transforming to Meet Future Demands of Healthcare," Philips website, www.philips.com/a-w/about/news/archive/case-studies/20190128-patient-first-how-karolinska-university-hospital-is-transforming-to-meet-future-demands-of-healthcare.html.

5. Satya Nadella, Hit Refresh (New York: Harper Collins, 2017), 124.

6. U. N. Sushma, "Titan Opens India's First Karigar Centre at Hosur to 'Transform the Lives of Goldsmiths,'" Times of India, February 22, 2014, timesofindia .indiatimes.com/articleshow/30810718.cms.

## 03 紧贴客户真实需求，深入洞察

1. Eric Cox, "How Adobe Drives Its Own Transformation," Adobe Blog, March

17, 2019, theblog.adobe.com/how-adobe-drives-its-own-transformation/.

2.　"Digital Transformation Is in Our DNA," www .adobe.com/chde/customer-success-stories/adobe-experience-cloud-case-study.html.

3.　Dan Murphy, "Saudi Arabia's STC Pay Eyes Rapid Gulf Expansion After Billion-Dollar Valuation," CNBC, November 23, 2020, www.cnbc.com/2020/11/23/saudi -arabias-stc-pay-eyes-rapid-gulf-expansion.html.

4.　Paloma Díaz Soloaga and Mercedes Monjo, "Caso Zara: La empresa donde todo comunica," Harvard Deusto Marketing y Ventas 101 (November–December 2010): 60–68; and Zeynep Ton, Elena Corsi, and Vincent Dessain, "Zara: Managing Stores for Fast Fashion," case 9-610-042 (Boston: Harvard Business School, rev. January 19, 2010).

## 04　建设结果导向组织，打破孤岛

1.　Jon Katzenbach, Gretchen Anderson, and James Thomas, The Critical Few: Working with Your Culture to Change It (San Francisco: Berrett-Koehler, 2018).

2.　The Katzenbach Center, www.strategyand.pwc.com/gx/en/insights/katzenbach-center.html.

3.　Katzenbach, Anderson, and Thomas, The Critical Few.

## 05　转变领导团队重心，同心协力

1.　William R. Kerr and Alexis Brownell, "Transformation at Eli Lilly & Co. (A)," case 9-817-070 (Boston: Harvard Business School, November 7, 2016).

2.　Kerr and Brownell, "Transformation at Eli Lilly & Co. (A)."

3. Doug J. Chung, "Commercial Sales Transformation at Microsoft," case 9-519-054 (Boston: Harvard Business School Publishing, January 28,2019).

4. Greg Satell, "The Truth about Diverse Teams," Inc., April 22, 2018, www.inc.com/greg-satell /science-says-diversity-can-make-your-team-more-productive-but-not-without-effort.html.

5. Lu Hong and Scott E. Page, "Groups of Diverse Problem Solvers Can Outperform Groups of High-Ability Problem Solvers," PNAS 101, no. 46(2004): 16385–16389, sites.lsa.umich.edu/scottepage/wp-content/uploads/sites/344/2015/11/pnas.pdf.

6. Satya Nadella, Hit Refresh (New York: Harper Collins, 2017), 81.

## 06　再造员工社会契约，赋能一线

1. Tomislav Mihaljevic, "Tiered Teams Solve Problems in Real Time," Consult QD website, October 5, 2018, consultqd .clevelandclinic.org/tiered-teams-solve-problems-in-real-time/.

2. Satya Nadella, Hit Refresh (New York: Harper Collins, 2017), 104.

3. PwC 24th Annual Global CEO Survey 2021, www.pwc.com/gx/en/ceo-agenda/ceosurvey/2021.html.

4. William R. Kerr and Alexis Brownell, "Transformation at Eli Lilly &Co. (A)," case 9-817-070 (Boston: Harvard Business School, November 7,2016).

## 07　颠覆自身领导方式，兼收并蓄

1. Paul Leinwand and Cesare Mainardi, with Art Kleiner, Strategy That Works: How Winning Companies Close the Strategy-to-Execution Gap (Boston:

Harvard Business Review Press, 2016), chapter 7.

2. Blair H. Sheppard, Ten Years to Midnight: Four Urgent Global Crises and Their Strategic Solutions (San Francisco: Berrett-Koehler Publishers, 2020).

3. Satya Nadella, Hit Refresh (New York: Harper Collins, 2017), 134.

## 结　语　加速企业的成功之路

Gary Neilson and Bruce Pasternack, Results: Keep What's Good, Fix What's Wrong, and Unlock Great Performance (New York: Crown Business, 2005).

# 未来，属于终身学习者

我们正在亲历前所未有的变革——互联网改变了信息传递的方式，指数级技术快速发展并颠覆商业世界，人工智能正在侵占越来越多的人类领地。

面对这些变化，我们需要问自己：未来需要什么样的人才？

答案是，成为终身学习者。终身学习意味着具备全面的知识结构、强大的逻辑思考能力和敏锐的感知力。这是一套能够在不断变化中随时重建、更新认知体系的能力。阅读，无疑是帮助我们整合这些能力的最佳途径。

在充满不确定性的时代，答案并不总是简单地出现在书本之中。"读万卷书"不仅要亲自阅读、广泛阅读，也需要我们深入探索好书的内部世界，让知识不再局限于书本之中。

## 湛庐阅读 App: 与最聪明的人共同进化

我们现在推出全新的湛庐阅读 App，它将成为您在书本之外，践行终身学习的场所。

- 不用考虑"读什么"。这里汇集了湛庐所有纸质书、电子书、有声书和各种阅读服务。
- 可以学习"怎么读"。我们提供包括课程、精读班和讲书在内的全方位阅读解决方案。
- 谁来领读？您能最先了解到作者、译者、专家等大咖的前沿洞见，他们是高质量思想的源泉。
- 与谁共读？您将加入优秀的读者和终身学习者的行列，他们对阅读和学习具有持久的热情和源源不断的动力。

在湛庐阅读 App 首页，编辑为您精选了经典书目和优质音视频内容，每天早、中、晚更新，满足您不间断的阅读需求。

【特别专题】【主题书单】【人物特写】等原创专栏，提供专业、深度的解读和选书参考，回应社会议题，是您了解湛庐近千位重要作者思想的独家渠道。

在每本图书的详情页，您将通过深度导读栏目【专家视点】【深度访谈】和【书评】读懂、读透一本好书。

通过这个不设限的学习平台，您在任何时间、任何地点都能获得有价值的思想，并通过阅读实现终身学习。我们邀您共建一个与最聪明的人共同进化的社区，使其成为先进思想交汇的聚集地，这正是我们的使命和价值所在。

# CHEERS

湛庐阅读 App
使用指南

**读什么**
· 纸质书
· 电子书
· 有声书

**与谁共读**
· 主题书单
· 特别专题
· 人物特写
· 日更专栏
· 编辑推荐

**怎么读**
· 课程
· 精读班
· 讲书
· 测一测
· 参考文献
· 图片资料

**谁来领读**
· 专家视点
· 深度访谈
· 书评
· 精彩视频

HERE COMES EVERYBODY

下载湛庐阅读 App
一站获取阅读服务

图书在版编目（CIP）数据

超越数字化 / （美）保罗·林文德（Paul Leinwand），（美）马哈德瓦·马特·马尼（Mahadeva Matt Mani）著；普华永道思略特中国译 . -- 杭州：浙江教育出版社，2023.9

ISBN 978-7-5722-6486-3

Ⅰ . ①超… Ⅱ . ①保… ②马… ③普… Ⅲ . ①数字技术－应用－企业管理 Ⅳ . ① F272.7

中国国家版本馆 CIP 数据核字（2023）第 161827 号

上架指导：数字化转型 / 商业管理

浙江省版权局
著作权合同登记号
图字：11-2023-012号

## 超越数字化
CHAOYUE SHUZIHUA

［美］保罗·林文德（Paul Leinwand）　　　［美］马哈德瓦·马特·马尼（Mahadeva Matt Mani）著
普华永道思略特中国　译

责任编辑：刘姗姗
美术编辑：韩　波
责任校对：胡凯莉
责任印务：陈　沁
封面设计：张志浩

出版发行：浙江教育出版社（杭州市天目山路 40 号）
印　　刷：天津中印联印务有限公司
开　　本：710mm ×965mm 1/16
印　　张：20.25　　　　　　　　　字　　数：226 千字
版　　次：2023 年 9 月第 1 版　　　印　　次：2023 年 9 月第 1 次印刷
书　　号：ISBN 978-7-5722-6486-3　　定　　价：99.90 元

如发现印装质量问题，影响阅读，请致电 010-56676359 联系调换。